Jørgen Gaare, 1955 in Oslo/Norwegen geboren, studierte Philosophie, Ideengeschichte und Sozialanthropologie und schrieb seine Abschlussarbeit über Sokrates und Kierkegaard. Heute arbeitet er als Lektor, Autor und Übersetzer für Philosophie und Belletristik in einem norwegischen Buchverlag.

Øystein Sjaastad, 1945 in Oslo/Norwegen geboren, studierte Philosophie, Religionsgeschichte und Ideengeschichte der Antike. Seine Magisterarbeit schrieb er über Immanuel Kant. Er hat bereits mehrere Bücher zu philosophischen Themen veröffentlicht und lehrt Philosophie an der Universität Oslo.

Ihr gemeinsames Buch *Pippi & Sokrates* haben die Autoren und Philosophen Gaare/Sjaastad »mit großer Begeisterung und viel Humor geschrieben« (Uppsala Nya Tidning).

Jørgen Gaare und Øystein Sjaastad

Pippi & Sokrates

Philosophische Wanderungen
durch Astrid Lindgrens Welt

Deutsch von Gabriele Haefs

Verlag Friedrich Oetinger · Hamburg

Für Ylva, Peder, Jonas, Rasmus, Ada und Peik

Diese Übersetzung erscheint mit freundlicher Unterstützung
von MUNIN, Oslo

© Verlag Friedrich Oetinger, Hamburg 2003
Alle Rechte für die deutschsprachige Ausgabe vorbehalten
© Jørgen Gaare und Øystein Sjaastad 2002
Veröffentlicht durch Vermittlung der
Agentur Literatur Gudrun Hebel, Berlin
Die norwegische Originalausgabe erschien 2000 bei C. Huitfeldt Forlag A.S
unter dem Titel »Pippi og Sokrates. Filosofiske vandringer i Astrid Lindgrens verden«. Die vorliegende deutsche Ausgabe ist der 1. Band der von
den Autoren bearbeiteten und in zwei Bände aufgeteilten Ausgabe.
Deutsch von Gabriele Haefs
Einband von Jan Buchholz
Satz: Dörlemann GmbH, Lemförde
Druck und Bindung: GGP Media, Pößneck
Printed in Germany 2003
ISBN 3-7891-3610-7

www.oetinger.de

Die Sterne leuchteten über dem Dach der Villa Kunterbunt. Dort war Pippi. Sie würde immer dort sein. Es war wunderbar, daran zu denken. Die Jahre würden vergehen, aber Pippi und Thomas und Annika würden nicht groß werden. Natürlich nur, wenn die Kraft aus den Krummeluspillen nicht herausgegangen war! ... Ja, das war ein wunderbar tröstlicher Gedanke – Pippi würde für immer in der Villa Kunterbunt bleiben.

Inhalt

Vorwort
9

Prolog
15

Pippi Langstrumpf als Philosophin
»Das wird immer geheimnisvoller. Aber was es auch sein mag, herauskriegen werde ich es.«
23

Völkerkundlerin im Rückwärtsland
»Ich war überall auf dem ganzen Erdball und hab noch viel komischere Sachen gesehen als Leute, die rückwärts gehen.«
36

Seeräuber und Wirklich-Feine-Dame
»So geht es, wenn Eine-Wirklich-Feine-Dame Karussell fährt.«
47

Kritik der gesunden Vernunft
»Ab und zu redest du so klug, dass ich fürchte, es wird etwas Großes aus dir.«
64

Pippi und Sokrates
»Was gibt es da zu fragen und zu streiten, wenn zwei arme Zwillinge sich zufällig ähnlich sehen?«
80

Pippi und Nietzsche
»So ein lustiges, lustiges, lustiges Feuer!«
104

Die Geburt der Tragikomödie
»Ich lüge so, dass meine Zunge schwarz wird, hörst du das nicht?«
128

Über »Spunk« und Sprache
»Wer hat eigentlich zuerst herausgefunden, was die Wörter alle bedeuten?.«
154

Hunger nach Worten
»Das Einzige, was ich weiß, ist, dass es nicht Staubsauger bedeutet.«
170

Zur Wurzel des Chaos
»Es gibt überhaupt keine Ordnung, und man findet nicht immer alles.«
190

Pippi Rotstrumpf
»*Mann,* ja, aber ich bin das stärkste *Mädchen* auf der Welt!«
208

Das ewige Reich der Kindheit
»Liebe kleine Krummelus, niemals will ich werden gruß!«
228

Danksagungen
237

Literatur
239

Register
244

Epilog
253

Vorwort

»*Als Sokrates im 20. Jahrhundert wiedergeboren wurde, nahm er nicht die Gestalt eines alten, rundlichen weisen Mannes mit langem, langem Bart an, sondern die eines schmächtigen Mädchens mit starren roten Zöpfen.*«

»*Gott schütze uns vor den braven und vernünftigen Kindern, die erwachsen geworden sind, ohne unterwegs Pippi zu begegnen!*«

Zwei freche norwegische Philosophen – Jørgen Gaare und Øystein Sjaastad – reißen alle Fenster in der alten Bücherei sperrangelweit auf. Durchzug entsteht, Staub wird hochgewirbelt und verschwindet in der frischen Luft. Die alten Bände in D und E – den Abteilungen für Philosophie und Pädagogik – purzeln aus ihren schräg stehenden alten Regalen. Die Seiten flattern, der Wind jauchzt und spielt und jagt weiter in die Kinderabteilung, wo er sich zwischen den Regalen tummelt, während die freundlichen Kinderbibliothekarinnen entsetzt und verwirrt versuchen, die Kinderbücher an Ort und Stelle festzuhalten, dort, wo sie immer stehen, auf gleicher Höhe mit den Kindern, streng getrennt von den Erwachsenen. Dort soll sie zu finden sein, die einstmals so wilde Pippi Langstrumpf, die im Laufe der Jahre gezähmt und, mit den Worten ihrer Autorin, »zugrunde toleriert und entschärft« worden ist.

Aber Pippi scheint ihr enges Regal bereits verlassen zu haben. Wir können eine Menge Videogeräte sehen, auf denen eine schrill gezeichnete Gestalt sich Pippi Langstrumpf nennt, ohne auch nur im Geringsten an das Original zu erinnern. Weiche, kuschelige Pippi-Puppen äffen eine Pippi nach, die es niemals gegeben hat.

Wo ist Pippi Langstrumpf, the real one, the one and only?

Jetzt dröhnt der Donner, der, das sagt ein alter dänischer Philosoph, Herr K., häufig dröhnt, wie Genies eben dröhnen: »Er geht gegen den Wind an und macht den Menschen Angst.« Pippi hat den großen Bibliothekssaal bereits erreicht. Sie hat sich aus ihrem engen Rahmen befreit. Sie stürmt mit dem Sturm und dröhnt mit dem Donner: »Pippi ritt durch die kleine Stadt, und die Leute drückten sich ängstlich gegen die Hauswände, als sie vorbeigestürmt kam.«

Natürlich war Pippi immer schon frei und konnte mit anderen archetypischen Helden durch den großen Bibliothekssaal stürmen: mit Batman, Robinson Crusoe, Tarzan, Odysseus. Es mischen sich nicht viele Heldinnen unter diese Helden; Pippi ist eben ein Solitär.

Und jetzt wollen Gaare und Sjaastad sie mit Sokrates zusammenbringen. Sie behaupten, die beiden hätten Ähnlichkeit miteinander und die Bücher über Pippi Langstrumpf seien philosophisch durch und durch:

»Vom ersten Moment an donnert Pippi Langstrumpf als philosophisches Gewitter durch die idyllische Kleinstadt und stellt alles auf den Kopf. Sie ist Sachensucher und Denkerin, und sie interpretiert die Welt neu und verändert sie.«

Wo liegen die Ähnlichkeiten zwischen Pippi und Sokrates? Nun, Sokrates ist einzigartig. Und Pippi ist einzigartig. Weder er noch sie haben Ähnlichkeit mit irgendeinem anderen Menschen.

Ich denke an damals, als Astrid Lindgren auf der Straße von einer ihr unbekannten Frau angesprochen wurde:

»Ach, verzeihen Sie, aber Sie sehen ja aus wie Astrid Lindgren!«

Und Astrid erwiderte: »Ja, stellen Sie sich vor, das behaupten alle!«

Die Autoren von *Pippi & Sokrates* wissen, dass wir unter Kindern die aktivsten Philosophinnen und Philosophen finden. Kinder fragen immer wieder »warum« und wollen wissen, was die Menschen mit dem meinen, was sie sagen. Ein erwachsener Philosoph muss das Kind in sich am Leben erhalten und die Welt mit Kinderaugen sehen, muss neugierig sein und immer wieder dieselben schwierigen Fragen stellen wie das sechsjährige Kind an unserer Hand: Wer bin ich? Was ist wirklich? Warum muss ich diesen scheußlichen Brei essen? Nimmt das Weltall nie ein Ende? Warum muss man sterben?

Wer hat hier das Sagen? Oder: Warum haben die einen etwas zu sagen und die anderen nicht? Wer ist böse und wer ist gut? Wer hat sich alle Wörter ausgedacht? Warum heißt es Streuzucker, wenn man ihn nicht auf den Boden streuen darf?

Die Neugier ist die Triebkraft, und die Philosophie stirbt, wenn alle Fragen beantwortet sind und der erwachsene Konformismus bei braven Bürgern und Gewohnheitsmenschen gesiegt hat. Das war auch der Fall in der kleinen Stadt, in die Pippi als Befreierin einzieht. Pippi ist das KIND, »ein vollständig unzivilisiertes ›Wolfskind‹ und ein vollständig überlegener Übermensch zugleich«. In der Kleinstadt muss Pippi betreut und eingesperrt und kontrolliert und erzogen werden. Dort herrscht nicht die gesunde Vernunft, sondern die kleinliche Vernunft. Und diese kleinliche Vernunft, meinen die Autoren, ist eine Karikatur der gesunden Vernunft. Kleinlich vernünftig wird man, wenn man nur lernt, wie man von außen zu wirken hat. Die kleinliche Vernunft kennt keine Fantasie, kein Mitgefühl und keine Leidenschaft.

Pippi und Sokrates, natürlich haben die beiden Ähnlichkeit miteinander. Beide sind ständig in Bewegung und bewegen sich mitten in der Menge. Sokrates versammelt seine Jünger um sich, sie gehen spazieren und unterhalten sich, seine frechen Fragen fliegen durch die Luft, und niemand weiß so recht, ob die Antwort mit lächelnder Ironie oder tiefem Ernst entgegengenommen wird.

Pippi läuft umgeben von allen Kindern durch die kleine Stadt. Sie provoziert und irritiert und stellt das, was als selbstverständlich gilt, auf den Kopf. Sie steht selber auf dem Kopf und stellt gleichzeitig philosophische Fragen. Sie klettert und balanciert tollkühn über Seile, sie singt ihr eigenes derbes Lied, während die Feuersbrunst wütet und die Zuschauer vor Angst außer sich oder hin und weg sind, je nach Geschmack und Neigung. Es wird behauptet – unter anderem von dem Gehirnforscher Matti Bergström –, dass es im Gehirn ein Zentrum für Schwerelosigkeit gebe, das vor allem bei Kindern entwickelt sei: je kleiner das Kind, desto stärker das Zentrum. Daher stamme der Drang von Kindern, immer in Bewegung zu sein, zu springen, zu hüpfen, zu schaukeln, sich zwischen den Ästen eines Baumes umherzuschwingen. Pippi lebt nach diesem Lustprinzip, das Schulsystem versucht, es zu bekämpfen.

Wenn ich mit Pippis Schöpferin zusammen war, ist mir immer wieder klar geworden, wie viel die beiden – Pippi und Astrid – einander verdanken. Das lustvolle Klettern hat Astrid bis weit ins Rentenalter hinein verfolgt: »In den Zehn Geboten steht ja wohl nicht, dass alte Tanten nicht auf Bäume klettern dürfen!«

Ich war dabei, als ihr Augenarzt ihr etwas schonend beibringen wollte und dabei so anfing:

»Jetzt lesen wir wie immer, also von links nach rechts.«

Darauf sagte Astrid aufsässig:

»Nein, so lese ich nie. Ich lese von rechts nach links.«

Wie alle guten Philosophen sind Pippi und Sokrates auch gute Pädagogen, und es ist eine Freude, das Sokratische bei Pippi zu entdecken, wenn sie die Lehrerin mit ihren schlauen Gegenfragen in die Enge treibt. Sie kann eine Pferdebremse sein, wie Sokrates das war. Es ist eine Freude, den verschlungenen Bahnen zu folgen, die die Autorin im Irrgarten der Pädagogik einschlägt und bei denen weder Ellen Key noch Dr. Spock ungeschoren davonkommen. Was für eine Vorstellung, dass Key und Langstrumpf dermaßen übereinstimmen, wenn es um die Schule in ihrer ödesten Form geht. Ich denke an eine Stelle bei Ellen Key, ein Zitat, einen Aphorismus, der sich auch in Pippis Mund gut gemacht hätte:

»Sie sagen, Sie sind nie in die Schule gegangen – und doch sind Sie von so verstockter Dummheit!«

Astrid Lindgren war nie eine, die sich Applaus verschaffen wollte, indem sie die Schule verspottete und die Lehrer lächerlich machte. Pippis Lehrerin wirkt ziemlich sympathisch, auch wenn sie ebenfalls von dem Scheinwerfer erfasst wird, der alle trifft, die den unverrückbaren Stand der Dinge in der kleinen Stadt hinnehmen: »So war es immer, und so wird es auch bleiben!« Nicht selbst zu denken ist für Pippi unmöglich, selbst zu denken ist das Mantra, das sie den Kindern in die Ohren flüstert. Glaubt nicht der Lehrerin, glaubt nicht der Polizei oder dem Jugendamt, und auch euren Eltern sollt ihr nicht alles abnehmen!

Pippi ist glücklich von ihren Eltern befreit, und als Kapitän Langstrumpf endlich wieder auftaucht, muss er zunächst mit einem selbstständigen Willen ringen, der sich durchaus nicht unterdrücken lässt.

Ein solches Verhalten ist nicht ungefährlich. Sokrates wurde zum Tode verurteilt. Pippi ist mehr als einmal in den Giftschrank gesperrt worden. Ich glaube, Gaare und Sjaastad sehen sie lieber dort als auf dem Salonsofa – schmuseweich und harmlos.

Wie Astrid Lindgren selbst das sieht, werden wir nicht erfahren. Sie hat oft geseufzt, wenn irgendwelche Autoren in ihren Büchern eingestreute Anspielungen auf Jesus und Buddha, die altnordischen Spruchsammlungen und Shakespeare entdeckt haben wollten.

»Reicht es nicht, dass ich bin, wer ich bin? Ein ganz normales Bauernmädchen aus Vimmerby, das auf den großen Meeren so mancherlei gelernt hat!« Aber ich glaube, angesichts dieses Buches und seiner Autoren hätte sie anders reagiert. Sie hätte sich bei Sokrates und seinen Kumpanen zu Hause gefühlt. Sie hätte ihnen die Wange gestreichelt und sie dann am Ohr gezogen und gedroht, nachts bei ihnen als Gespenst umzugehen.

Margareta Strömstedt

Prolog

Und viel anderes und Bewundernswürdiges könnte man gewiss noch vom Sokrates rühmen. Allein in andern Bestrebungen kann man wohl leicht auch von anderen dasselbe sagen; wie aber er durchaus keinem Menschen ähnlich ist, weder von alten noch von jetzigen, das ist ganz bewundernswert.
Alkibiades über Sokrates in Platons *Symposion*

Pippi war das merkwürdigste Kind, das es gab, wenigstens in dieser Stadt. Vielleicht gab es anderswo merkwürdigere Kinder, aber in der kleinen, kleinen Stadt gab es so etwas wie Pippi Langstrumpf nicht noch einmal. Und nirgends, weder in der kleinen Stadt noch auf einem anderen Fleck der Erdkugel, gab es jemanden, der so stark war wie sie.
Die Stimme der Erzählerin in Astrid Lindgrens
Pippi Langstrumpf geht an Bord

Eines Morgens öffnete Sokrates das Tor der Villa Kunterbunt, als Pippi eben ihr Pferd von der Veranda hob. Sokrates hatte sich richtig fein gemacht und trug Sandalen an den Füßen – wie damals, als er bei Agathon zum Gastmahl gebeten worden war und sich aufgebrezelt hatte, um, wie er selbst sagte, »vornehm unter den Vornehmen zu sein«.

»Nein!«, rief Pippi.

»Hallo«, sagte darauf Sokrates.

»Nein, das Haus ist nicht zu verkaufen. Aber du kannst gern mit zu den anderen Gespenstern auf den Dachboden ziehen.«

»Die Krummeluspillen haben gewirkt, wie ich sehe«, sagte Sokrates und zupfte sich am Bart. »Du siehst nicht einen Tag älter aus als damals, als du beschlossen hast, niemals groß zu werden.«

»Gruß«, sagte Pippi, und das machte sich immerhin gut, wo schon Besuch kam. »Nein, stimmt, als ich kleiner war, war ich größer. Du siehst übrigens auch gut aus, dafür, dass du seit zweitausendvierhundertundvier Jahren tot bist, meine ich.«

»Du hast mich also erkannt, Pippi! Mal sehen ... zweitausendvierhunderteins ... ja, da hast du wirklich Recht.«

»Und du siehst nicht einen Tag älter aus als zweitausenddreihunderteinundvierzig!«

»Vielen Dank. Ja, im Tod hält man sich gut – vor allem ich, der sonst den ganzen Tag auf den Beinen war. Ich habe wirklich das erlebt, was ich am Ende meiner Verteidigungsrede gesagt habe, nachdem ich von den Richtern zum Tode verurteilt worden war. Es hat absolut Spaß gemacht, die großen Toten zu treffen, Homer und Odysseus und Sisyphos und Tausende von anderen, und sie zu befragen, um festzustellen, wer wirklich weise ist und wer sich das nur einbildet.«

»Das glaub ich gern«, sagte Pippi.

»Ganz zu schweigen von den vielen klugen Männern und Frauen, die später dazugekommen sind. Das war wirklich eine umwerfende Entwicklung, seit ich über die Erde gestapft bin, und du glaubst ja gar nicht, wie klug die Menschen geworden sind.«

»Das glaub ich gern«, sagte Pippi.

»Sie halten sich vielleicht nicht mehr so genau an das Gebot des Apollon, sich selbst zu kennen, aber zum Ausgleich kennen sie bald alles andere. Jetzt wissen die Menschen so viel, dass sie nicht wissen, wie viel sie wissen. Und das ist doch etwas anderes als bei so einem einfältigen Burschen wie mir, der weiterhin nur dieses eine weiß – dass er nichts weiß.«

»Ja, und ich weiß nicht mal das«, warf Pippi ein und stellte das Pferd ab, auf das Sokrates kaum geachtet hatte. »Möchtest du Saft und Pfefferkuchen oder lieber nur Pfefferkuchen mit Saft?«

»Aber weißt du, was das Allerbeste ist?«

»Klar weiß ich das. Das Allerbeste sind Pfefferkuchen mit Saft.«

»Das Aller-Allerbeste ist, dass ich jetzt unsterblich bin und mich niemand mehr zum Tode verurteilen kann, weil ich umherwandere und die Leute ausfrage.«

»Ja, da hast du Recht, es ist ein großer Vorteil, gar nicht zu existieren«, fand Pippi. »Wir ausgedachten Wesen haben es viel besser als die wirklichen Menschen, die sich mit Arbeit und Hühneraugen und Kumminalsteuern und dem Tod herumquälen müssen.«

»Das hast du gesagt«, brummte Sokrates und runzelte die Stirn, sodass er richtig grimmig aussah. »Ich bin absolut kein ausgedachtes Wesen.«

»Nicht?«, lachte Pippi. »Aber ich hab dich doch gerade hier gefunden.«

»Nein, ich habe dich gefunden ... aber einmal, verstehst du, einmal vor langer Zeit, da war ich wirklich. Ich meine, wirklich wirklich.«

»Wirklich?«

»Ja, lebendig. Aus Fleisch und Blut.«

»Fleisch und Blut? Mir sind Pfefferkuchen mit Saft lieber.«

»Und nach meinem Tode wurde ich dann zu einer wandernden Seele im Jenseits und zu einem Mythos hier auf Erden. Aber ausgedacht bin ich nicht.«

»Nenn es, wie du willst«, sagte Pippi friedlich. »Du musst aber immerhin zugeben, dass wir ausgedachten Wesen mehr Spaß haben als solche wirklichen Sokratesse, die pausenlos Schierlingsbecher leeren und noch dazu so tun müssen, als hätten sie gar keine Angst vor dem Tod. Und schmecken tut es auch nicht. Ich mag am liebsten Fliegenpilz, also gleich nach Polizisten und Pfefferkuchen.«

»Als Mythos brauche ich mich nicht zu verstellen. Ich werde außerdem von den Menschen geehrt, obwohl das meiste, was ich in meinem Leben gesagt habe, der pure Unsinn war.«

»Da passen wir ja zueinander, Sokrates. Vor allem ich! Übrigens, hast du schon den letzten Witz unter den Sterblichen gehört? Der steht in einem Buch, das mir das Schwedische Kinderbuchinstitut geschickt hat. ›Pippi und Sokrates sind Zwillinge‹, steht da.«

»Deshalb bin ich doch gekommen«, sagte Sokrates. »Ein Freund von mir, der Tragödiendichter Agathon, hat mir davon erzählt, und da dachte ich schon fast, dass er jetzt neuerdings auch Komödien verfasst, das habe ich ihm einmal auf einem Fest geraten. Auf diesem Fest sagte ein anderer Gast – er hieß Alkibiades und war sturzbesoffen –, dass Sokrates auf dieser Erde nicht seinesgleichen hat, nicht unter den Lebenden und nicht unter den Toten. Aber du bist weder lebendig noch tot, und deshalb bin ich gekommen, um mir selber ein Bild zu machen. Und um dich zu fragen ...«

»Da muss ich dich schon enttäuschen, Sokrates. Ich bin absolut unbeschreiblich. Du aber nicht.«

»Das habe ich auch schon gelesen. Dass es nirgendwo so etwas wie Pippi Langstrumpf gibt, weder in der kleinen Stadt noch anderswo auf der Erdkugel.«

»Aber dann sind wir uns doch ganz gleich«, lachte Pippi. »Darin, dass wir beide unvergleichlich sind. Und beide haben wir eine schöne Kartoffelnase, auch wenn deine zwei Kilo größer ist.«

»Und dabei bin ich doch so schön!«, rief Sokrates. »Wie kann ich einer ähnlich sehen, die an Sommersprossen leidet?«

»Ich leide doch gar nicht daran«, sagte Pippi wie aus der Pistole geschossen. »Aber findest du nicht eigentlich auch, Sokrates, dass es besser wäre, an Sommersprossen zu leiden, als sich über die von anderen lustig zu machen?«

Sokrates legte sich die Hand aufs Herz. »Du bist schlagfertiger als die Sophisten Gorgias und Protagoras zusammen, liebes Kind. Wie soll ich denn eine befragen, die immer nur fragt? Das frag ich dich!«

»Vielleicht leidest du an Fragen?«

»Hast du das Buch hier?«

»Sicher, das liegt im Hutregal oder im Backofen. Oder warte mal, ich glaube, jetzt liest gerade Herr Nilsson darin. Er ist die reinste Leseratte. Du, Nilsson, sage ich ihm immer wieder, du bist so klug, du könntest jederzeit zum Professor ernannt werden.«

»Ja, Bücher sind wie Spiegel«, zitierte Sokrates. »Wenn ein Affe hineinschaut, schaut wohl kaum ein Apostel heraus. Aber vielleicht ein Professor.«

Pippi sprang auf. »Warte, ich geb ihm eine Hand voll russisches Brot, vielleicht rückt er das Buch dann raus.«

Bald kam ein dickes Buch aus dem Fenster gesegelt – und Pippi kam hinterher. Das Buch klatschte Sokrates vor seinen Schmerbauch, und wenn er nicht in seinen breiten Sandalen so felsenfest dagestanden hätte, dann wäre er rückwärts umgekippt und hätte die hohle Eiche getroffen.

»*Pippi & Sokrates*«, murmelte Sokrates und blätterte neugierig. »Das Buch hat ja über zweihundertfünfzig Seiten.«

»Nur über uns?«

»Sag mal, hat nur Herr Nilsson das bisher gelesen? Es wimmelt hier ja nur so von Leuten. Mal sehen … hier haben wir Ronja und Platon, Mio

und Marx, Karlsson und Kierkegaard, Rasmus und Erasmus. Und Michel und sein Ferkel.«
»Und uns auch?«
»Ja, uns auch.«
»Dann bin ich wirklich zufrieden. Du und ich, Sokrates!«, sagte Pippi.
»Du und ich, Pippi«, sagte Sokrates.

Sie setzten sich auf die Veranda und Pippi füllte große Kaffeetassen mit Saft.
»Dann begnügen wir uns mit den Kapiteln, die von dir oder mir oder von uns beiden handeln«, sagte Sokrates. »Lies du mir vor, Pippi. Ich kann nicht mehr so gut sehen. Aber glücklicherweise wird der Blick des Verstandes ja schärfer, wenn die Augen trüb werden.«
»Lesen? Ich? Nichts da. Ich war zwar fast einen ganzen Tag in der Schule und habe ziemlich viele Buchstaben von Fridolf gelernt, als wir auf der Hoppetosse gesegelt sind. Aber die Buchstaben da kenne ich bestimmt nicht alle, das müssen doch mehrere Millionen sein. Aber – wir können Fridolf fragen!«
»Gute Idee«, sagte Sokrates. »Ich kann das jedenfalls nicht lesen. Mir kommt das alles irgendwie spanisch vor.«

AGATON *(hebt die Augen vom Manuskript und schaut zu Theodor hinüber)*: Hältst du das für einen guten Anfang? Oder sollten wir Pippi lieber zu Sokrates auf den Marktplatz in Athen schicken?

THEODOR *(überlegt sich den Vorschlag ein Weilchen, ehe er den Mund mit dem einen Zahn öffnet)*: Tja, das wäre vielleicht überzeugender. Sokrates wollte Athen doch um keinen Preis verlassen, er hat nur ungern einen Schritt vor die Stadtmauern gesetzt. Während Pippi hemmungslos um die Erde und zurück fegt.

AGATON *(zieht sich an seinen langen, schwarzen Haaren)*: Ich denke da auch noch an etwas anderes. Hier, in Pippis Welt, sind wir doch zwei lächerliche Gestalten, zwei Matrosen, die in Singapur auf Kapitän Langstrumpfs Seeräuberschiff angemustert haben und die nach Aussage des Kapitäns ein wenig zu äußerst eigentümlich aussehen. Zweieinhalb Meter groß, mit rabenschwarzen Haaren bis zum Nabel und mitten im Mund ein einsamer Zahn, der weit übers Kinn hinunterreicht ...

THEODOR *(murmelt)*: Ich habe in Hongkong angemustert.

AGATON: In Athen dagegen sind wir geachtete Bürger und selbstverständliche Gäste bei Sokrates und Platon und Aristophanes und der übrigen geistigen Elite. Du, Theodoros, bist doch Mathematiker und hast dich immer wieder an philosophischen Gesprächen mit Sokrates beteiligt. Und ich, Agathon, hatte das Vergnügen, die erwähnten Herrschaften und noch viele andere zu Trinkgelagen einzuladen – zu Symposien –, nachdem ich, in aller Bescheidenheit, den Kranz für den besten Tragödiendichter des Jahres gewonnen hatte. Noch dazu für mein erstes Werk. Und das alles hat Platon aufs Schönste geschildert – im *Symposion*.

THEODOR: Das habe ich nicht gelesen. Aber ich habe über uns in *Pippi Langstrumpf* gelesen ...

AGATON: In *Pippi in Taka-Tuka-Land*. Nein, das ist keine lustige Lektüre. »›Du musst nicht glauben, Tantchen, dass jemand freiwillig wie Agaton aussieht‹, sagt Pippi zu Tante Laura. ›Auch nicht wie Theodor.‹«

THEODOR: Damit ist der Fall entschieden. Wir verlegen die Szene nach Athen.

AGATON *(zögert)*: Andererseits ... andererseits spielt sich doch alles jetzt in der kleinen, kleinen Stadt ab. Nein, es muss doch Sokrates sein, der zu Pippi kommt, nicht umgekehrt.

THEODOR: Vielleicht können wir ein bisschen hin und her springen ... wir sind doch nicht gebunden, meine ich, weder an den Ort noch an die Zeit.

AGATON: Da hast du allerdings Recht. Dann können wir auch schwedische Matrosen und griechische Gelehrte zugleich sein. Du kannst Theodor und Theodoros sein und ich Agaton und Agathon. Wir können überhaupt nach Herzenslust im Topf rühren.

THEODOR: Was soll das denn heißen?

AGATON: Hör einfach weiter ...

Und als sie da an ihren Kaffeetassen voll Saft nippten, kam Fridolf in seiner gestreiften Matrosenbluse durch das Tor. Pippi lief zu ihm, drückte ihn und warf ihn wie einen Gummiball in die Luft.

»Aber ... aber ...«, stammelte Sokrates. »Das ist doch Phaidros. Phaidros höchstpersönlich!«

»Aber sicher«, sagte Fridolf. »Ich musste nur den Namen ein bisschen schwedischer machen, als ich auf der Hoppetosse anmustern wollte.«

»Anmustern? Haben wir hier ein Muster ...?« Sokrates sah ausnahmsweise einmal so aus wie die Behauptung, die er immer wieder aufstellte – dass er nämlich nichts wusste.

»Ja, irgendwer musste Pippi doch Lesen und Schreiben beibringen.« Fridolf zwinkerte Pippi zu. »Sie hat eine gute Schule besucht.«

»Ich muss schon sagen«, sagte Sokrates. »Da ist sie ja an den Richtigen geraten, oder der Richtige an sie. Du hast ja immer mit deinen geschriebenen Reden um dich geworfen und gern aus den Schriften des Lysias und der anderen Sophisten vorgelesen.«

»Und jetzt wird er uns vorlesen, *über uns!*«, jubelte Pippi. »Weißt du, Fridolf, wieso Sokrates und ich uns so gleich sind?«

»Tja ...«

»Weil wir beide unvergleichlich sind«, sagte Pippi begeistert. »Das gefällt mir.«

»Da hast du wirklich Recht, Pippi. Aber ...«

»Es steht hier im Buch, und noch dazu mit richtigen Buchstaben, und da kann es doch nicht gelogen sein. Hier hast du es. Lies jetzt bitte.«

»Das Buch hab ich selbst«, sagte Fridolf und lächelte. »Ihr wisst doch, dass ich gern auf dem Laufenden bin. Wo soll ich anfangen? Am Anfang?«

»Nein«, protestierte Pippi. »Die langweiligen Stellen kannst du überspringen. Fang an mit *Pippi Langstrumpf als Philosophin.*«

Pippi Langstrumpf als Philosophin

»Das wird immer geheimnisvoller. Aber was es auch sein mag, herauskriegen werde ich es.«

✳ ✳ ✳

Es ist das Ziel der Philosophie, mit etwas so Selbstverständlichem zu beginnen, dass es kaum der Rede wert ist, und mit etwas so Absurdem zu enden, dass niemand es glauben will.
Bertrand Russell

Vielwisserei lehrt keine Vernunft.
Heraklit

»*Leiden Sie an Sommersprossen?*«, *steht auf einem Pappschild neben einer Dose mit Sommersprossensalbe im Fenster eines Parfümgeschäftes. Eine höfliche Frage verlangt eine höfliche Antwort, denkt Pippi und spricht die Verkäuferin an.*
»*Nein*«, *sagte sie bestimmt.*
»*Was möchtest du haben?*«, *fragte die Dame.*
»*Nein*«, *sagte Pippi noch einmal.*
»*Ich verstehe nicht, was du meinst*«, *sagte die Dame.*
»*Nein, ich leide nicht an Sommersprossen*«, *sagte Pippi. Jetzt verstand die Dame. Sie warf einen Blick auf Pippi und stieß hervor:*
»*Aber liebes Kind, du hast ja das ganze Gesicht voll Sommersprossen.*«
»*Klar*«, *sagte Pippi,* »*aber ich leide nicht an ihnen. Ich habe sie gern.*«

Pippi hat viele Leute gern, die dicht wie Sommersprossen auf der ganzen Welt verteilt sind. Sie dreht und wendet Wörter in etwa fünf Dutzend Sprachen – was vielen Übersetzerinnen und Übersetzern Kopfzerbrechen macht und zahllose Kinder freut, Kinder, die jetzt schon Großeltern sind. Viele haben ihre Begegnung mit Pippi Langstrumpf als schicksalhaft bezeichnet: »Ein Sicherheitsventil, ein befreiendes und erlösendes Erlebnis«, schreibt Ulla Lundqvist (1979) über sich und ihre autoritär erzogene Generation. Wie sehr sie Pippi schätzt, geht schon aus dem Titel der ersten Doktorarbeit über dieses Phänomen hervor: *Das Kind des Jahrhunderts*.

Für viele gilt gerade die Szene mit den Sommersprossen als wunderschöner Höhepunkt in ihren Erinnerungen. Mit Ausnahme ihrer physischen Stärke zeigt sich hier denn auch die ganze Pippi: Sie tritt furchtlos, unabhängig und unkonventionell auf. Sie lässt sich von erwachsenen Autoritäten nicht auf ihrer sommersprossigen Nase herumtanzen, im Gegenteil, sie weist diese Autoritäten kühn zurecht – nachdrücklich und humorvoll. Sie spielt mit der Sprache und gibt altvertrauten Redewendungen eine unerwartete Wendung. Und sie ist absolut zufrieden mit ihrem gängigen Idealen zufolge unschönen Äußeren. Genau wie Sokrates. Ja, alle diese Kennzeichen kennzeichnen auch Sokrates, abgesehen davon, dass wir nicht wissen, ob er Sommersprossen hatte.

Als Kinder leiden die meisten von uns unter körperlichen Nachteilen. Und dadurch ist es eine Labsal für unser Selbstbild, wenn wir uns gegen die Herablassung anderer wehren und uns damit bejahen können. Wenn sich die Sprache der Macht umkehren lässt. Denn Sprache ist Macht. Eine Befreierin muss zuerst die herrschenden Definitionen ins Wanken bringen. Mit souveräner Beherrschung der feineren Sprachnuancen nutzt Pippi die Zweideutigkeit der Wörter aus. Dass sie in den Augen der Gesellschaft an einem Nachteil leidet, bedeutet nicht, dass sie sich zum Leiden *zwingen* lässt.

Eine solche Haltung erfordert Fantasie, Selbstbewusstsein und Mut zum Widerstand. Wenn Pippi sich auch nicht immer vorbildlich verhält, so zeigt sie den Kindern doch einen mustergültigen Mut. Den Mut, aufzustehen und zu sagen: *Nein, das ist ganz anders!* Den Mut und die Fähigkeit, die Sprache gegen die Macht zu verwenden. Den Mut – nicht zuletzt –, der *Mode* zu widerstehen:

»Ich verstehe nicht, was du meinst«, sagt die Verkäuferin im Parfümgeschäft. Der Kampf um die Definition der Bedeutung entscheidet, welche Wirklichkeit gilt. Es ist ein philosophischer Kampf. Und die Bücher über Pippi Langstrumpf sind von der ersten Zeile an eine philosophische Erzählung.

Eine Handlung, in die irgendwo ein philosophischer Essay eingefügt ist, macht eine Erzählung noch längst nicht philosophisch. Das wird sie erst, wenn der Kampf darum, wie die Welt zu verstehen ist, im Zentrum des Geschehens steht. In einer philosophischen Erzählung stehen überdies die Wahl der Werte, die Uneinigkeit darüber, was ein gutes Leben ausmacht, und die Diskussion über das richtige Verhalten im Zentrum. So gesehen ist Astrid Lindgren eine überaus philosophische Autorin. Vom ersten Moment an donnert Pippi Langstrumpf wie ein philosophisches Gewitter durch die idyllische kleine Stadt und stellt die Verhältnisse auf den Kopf. Sie ist Sachensucher und Denkerin, und sie interpretiert die Welt neu und verändert sie.

Was ist Philosophie? Vereinfacht gesagt, versuchen Philosophen folgende Fragen zu beantworten: Was ist wirklich? Was kann ich wissen? Wie sollte ich leben? Was ist der Mensch?

Unphilosophische Menschen nehmen es als gegeben hin, dass die Welt so ist, wie Eltern und Lehrer es ihnen gesagt haben. Angeblich sicheres Wissen erhalten wir über Fernsehen und Zeitschriften. Und natürlich sollte ich so leben, wie meine Umgebung es von mir erwartet.

Aber indem Pippi sich vor den Menschen in der kleinen Stadt mit einem Affen auf der Schulter und einem braunen und einem schwarzen Strumpf zeigt, sprengt sie das Wirklichkeitsverständnis der Gewohnheitsdenker. Thomas und Annika haben keine Ahnung von allerlei Sitte und Brauch auf der Welt, solange Pippi für sie noch nicht ihr Seemannsgarn gesponnen hat. Die Sachensucherin und Süßigkeitenschenkerin Pippi zeigt, dass ein freier Mensch auch anders leben kann.

Das philosophische Streben zielt immer darauf, in den vielen seltsamen Seiten des Daseins einen Sinn zu finden. »Ich verstehe nicht, was du meinst«, wie die Verkäuferin sagt. Und eine wahre Philosophin gibt niemals auf. Wie die Sprachphilosophin Pippi auf der Jagd nach der Bedeutung des frisch erfundenen Wortes »Spunk« sagte: »Das wird immer geheimnisvoller. Aber was es auch sein mag, herauskriegen werde ich es.«

Laut Astrid Lindgren selbst stellt die Gegenmacht an sich den Schlüssel zu Pippis außergewöhnlichem Erfolg dar. Schon im Begleitschreiben an den Verlag Bonniers, das sie 1944 ihrem Manuskript beifügte, schilderte sie ihre Hauptperson als »kleinen Übermenschen« (und benutzte hier das deutsche Wort!), der die instinktive Fantasie der Kindheit über den »Willen zur Macht« in die Tat umsetzt. In späteren Interviews ist sie mehrmals auf diesen Grundgedanken zurückgekommen und hat Pippi als »den guten Machtmenschen« charakterisiert, der zeigt, dass Menschen Macht besitzen können, ohne sie zu missbrauchen.

Das ist bemerkenswert. Die Autorin führt ihre Pippi mit einem philosophischen Begleitschreiben ein. Sie nennt Bertrand Russell als Quelle für ihre Überlegungen über den kindlichen Willen zur Macht, und in mehreren Deutungen wurde Alfred Adler hinzugezogen, der Vater der Individualpsychologie, auf den Russell sich stützt. Niemand jedoch hat Nietzsche erwähnt! Obwohl »Übermensch« und »Wille zur Macht« zu seinen berühmtesten und berüchtigsten Schlagwörtern gehören!

Dieses Fehlen ist von großer Aussagekraft. Natürlich ist viel, sehr viel über Astrid Lindgren geschrieben worden. Ihr Leben und Werk wurden aus allen vorstellbaren Blickwinkeln untersucht: literarisch, pädagogisch, psychologisch, religiös, biografisch, soziologisch, linguistisch und abermals psychologisch. Aber bisher glänzt unseres Wissens unter allen vorstellbaren Perspektiven die eine durch ihre Abwesenheit: die des Denkens.

Die wichtigsten Pippi-Interpreten kommen jedoch mehrmals auf zentrale philosophische Probleme zu sprechen. Leider greifen sie nur wenig auf die großen Denker zurück oder nennen sie gar beim Namen. Eine Ausnahme bildet Jean-Jacques Rousseau, der immer wieder angeführt wird, wenn die Rede auf Pippis kritisches Verhältnis zum Schulsystem und ihr alternatives Selbstlehrprojekt kommt. Eine einzige Interpretin schließlich hat eine Parallele zu Sokrates entdeckt, nämlich Eva-Maria Metcalf (1995), die Pippis aufgesetzte

Naivität mit der vorgeblichen Unwissenheit vergleicht, hinter der Sokrates sich versteckte.

Aber wer und was ist Pippi Langstrumpf? Diese Frage wird uns jetzt beschäftigen.

Pippi Langstrumpf gehört zur Crème der fiktiven Weltstars – auf einer Ebene mit Pu dem Bären, Robinson Crusoe und Tarzan, Figuren übrigens, mit denen sie viele Gemeinsamkeiten aufweist. Oder mit Faust, Hamlet und Don Juan, Figuren übrigens, mit denen sie nur wenige Gemeinsamkeiten aufweist, abgesehen davon, dass sie sich von ihren Autoren und ihrer Geschichte befreit haben und ein selbstständiges Leben führen, selbstständiger als die Wirklichkeit. Wie sie ist Pippi eine mythische, archetypische Gestalt, die in ihrer Übermenschlichkeit etwas zutiefst Menschliches getroffen hat. Pippi braucht keine Einführung. Alle kennen sie. Alle sehen sie sofort vor sich.

Seit 1945 das erste Buch über sie erschienen ist, hat sie Millionen von Kindern Freude gemacht – und viele Erwachsene verärgert. Bonnier hatte das Buch ein Jahr zuvor abgelehnt, wenn es sich auch um eine krassere Version als das uns bekannte Buch handelte. Die »Ur-Pippi«, so hat Ulla Lundqvist dieses erste Manuskript getauft, in dem die Hauptperson noch aufrührerischer, frecher und zu mehr Unsinn aufgelegt war. Es war ein tief greifend überarbeitetes Manuskript, mit einer um einiges umgänglicheren und weniger anstößigen Pippi, das den ersten Preis im Kinderbuchwettbewerb des Verlags Rabén & Sjögren gewann. Ulla Lundqvist, die in ihrer Doktorarbeit (1979) beide Texte sorgfältig vergleicht, hält die Änderungen für eine Verbesserung. Vivi Edström dagegen beklagt, dass Pippis kompromissloses Wesen geschwächt und mit versöhnlichen Zügen angereichert worden ist (1992).

Doch egal: Auch in der veränderten Form hat Pippi Anstoß erregt. Ihr »unnatürliches« Verhalten und ihr gelinde gesagt wenig ehrerbietiger Umgang mit Autoritäten haben natürlich vorhersagbaren Zorn erweckt – bei den Autoritäten in Schule und Kulturleben. Zwar waren die ersten Rezensionen positiv, aber dann meldete sich der tonangebende Kritiker John Landquist zu Wort und brachte sein »Erstaunen« über die Preisverleihung und »den Mangel an literarischem Geschmack und Vernunft, die für dieses verwirrte Werk Reklame machen konnten« zum Ausdruck. Damit wurde eine Lawine der aufgestauten Empörung ausgelöst. Die »Pippi-Fehde« fegte über Schweden hinweg, und in vielen Ländern erschienen zensierte Übersetzungen.

Die Fähigkeit der liberalen schwedischen Gesellschaft, aufrührerische Äußerungen und Systemkritik zu neutralisieren, holte mit den Jahren auch das stärkste Mädchen der Welt ein. Anscheinend. Heute wirken die indignierten Reaktionen der Wächter von Moral, Erziehung und gutem Geschmack fast schon komisch.

Wir stehen deshalb vor der Aufgabe, die Bücher mit anderen Augen zu lesen. Das überwucherte Gold zu finden und das brennende Feuer aufzuspüren. Fangen wir mit dem Anfang an:

»Am Rand der kleinen, kleinen Stadt lag ein alter verwahrloster Garten. In dem Garten stand ein altes Haus und in dem Haus wohnte Pippi Langstrumpf. Sie war neun Jahre alt und sie wohnte ganz allein da.«

Die ersten Zeilen von *Pippi Langstrumpf* stecken bereits den Rahmen ab: die Stadt, der Garten, das Haus – und das mutmaßliche Waisenkind. Einige Zeilen später begegnen wir, überraschend in einem Kinderbuch, dem *Tod*: »Die Mutter war gestorben, als Pippi noch ein ganz kleines Ding war, das in der Wiege lag und so furchtbar schrie, dass niemand es in ihrer Nähe aushalten konnte.«

Im Laufe dieser einen kurzen Seite werden uns Ort, Hauptperson, das Fehlen der Eltern, die Freiheit und das Lustprinzip vorgeführt (»Niemand konnte sie zwingen, Lebertran zu nehmen, wenn sie lieber Bonbons essen wollte«), dazu der Tod, der Schrei, der Himmel (wo die Mutter »durch ein kleines Loch auf ihr Kind runterschaute«), der Trost (»Pippi winkte oft zu ihr hinauf und sagte: ›Hab keine Angst um mich. Ich komm schon zurecht!‹«) und die Sehnsucht nach einem geliebten Menschen (»Früher hatte Pippi mal einen Vater gehabt, den sie schrecklich lieb hatte«, ... der Kapitän war »bei einem Sturm ins Meer geweht worden«, und Pippi glaubt, »dass ihr Vater König über alle Neger geworden war und jeden Tag eine goldene Krone auf dem Kopf trug«).

Schon auf der ersten Seite im ersten Buch über Pippi häufen sich die philosophischen Themen. Der Rahmen ist abgesteckt. Existenzielle Themen werden angedeutet, die das intellektuelle Klima der Nachkriegszeit prägen werden.

Wir erfahren nicht viel über Pippis Leben, ehe sie mit neun Jahren mit dem kleinen Affen, dem gepunkteten Pferd und einer Seekiste voller Goldstücke in die Villa Kunterbunt einzieht. Sie ist mit Kapitän Efraim Langstrumpf und seinem Schiff Hoppetosse über die sieben Meere gesegelt und hat von Fridolf und den anderen Matrosen Sitte und Brauch des Seemannslebens gelernt. Dass hier von Seeräuberei die Rede ist, steht zuerst zwischen den Zeilen und wird später klar gesagt.

Pippi ist kein Durchschnittsmensch. Sie ist eine Heldin und eine Riesin mit übermenschlichen Kräften, die die Gestalt eines schmächtigen Mädchens angenommen hat. Eben »ein kleiner Übermensch in Kindergestalt«, um nochmals Astrid Lindgrens Worte zu benutzen.

Herakles – der stärkste unter allen Sagenhelden – tötete den Nemeischen Löwen mit bloßen Händen, zähmte den Stier auf Kreta, fing den Erymanthischen Eber und mistete den seit zwanzig Jahren nicht mehr gesäuberten Stall des Königs Augias aus. Pippi ringt einen entlaufenen Tiger mit bloßen Händen nieder, zähmt den Stier, der Thomas angreift, schlägt einen Hai zusammen und schafft Ordnung in einer Seemannskneipe in Singapur – um nur einige dieser Großtaten zu nennen. Und um den letzten Zweifel an der Verwandtschaft dieser beiden auszuräumen, liefern wir noch eine Parallele: Herakles überwand die Schlange Hydra, ein neunköpfiges, Menschen fressendes Ungeheuer. Pippi tötet in Indien eine Riesenschlange, die vierzehn Meter lang war, reizbar wie eine Biene dazu, und die jeden Tag fünf Inder und dann als Nachtisch noch zwei Kinder verschlang.

Pippis Wunderwerke sind *Medusin* für Hoffnungslose und Ohnmächtige. Pippi zeigt, dass das »Unmögliche« nicht nur möglich ist, sondern auch wirklich – das Unerhörte kann durchaus gehört werden –, und das Unmögliche erweist sich dann auch als unverzichtbar für ein menschenwürdiges Leben. Pippi verleiht dem anarchistischen Schlagwort »Seid realistisch – fordert das Unmögliche!« Gesicht und Gestalt.

Pippi kleidet sich ganz und gar unkonventionell – anders als die Nachbarskinder Thomas und Annika, die als überaus brave, ja, fast kleinlich vernünftige Kinder beschrieben werden. Entsetzt sehen sie zu, wie diese seltsame Erscheinung den überwucherten Nachbarsgarten in Besitz nimmt: eine sommersprossige Kartoffelnase, ein riesiger Mund, Karottenzöpfchen, Clownsschuhe und seltsame Strümpfe und ein rot geflicktes Kleid aus Blauzeug – und auf der Schulter ein großäugiger Affe in blauer Hose, gelber Jacke und mit einem Strohhut auf dem Kopf.

Eine Kulturkollision und eine Freundschaft kündigen sich an.

Das erste der drei Pippi-Bücher handelt von Leben und Spielen mit ihren Freunden – und von Pippis siegreichen Zusammenstößen mit Autoritäten, Menschen und Räubern der kleinen Stadt. Sie legt sich mit Lehrerinnen und Schikanierern an, mit Polizei und Einbrechern, mit feinen Damen und wilden Tieren – und immer mit furchtloser Überlegenheit und einer munteren Bemerkung auf der Zunge. Im zweiten Buch taucht das Schiff mit Papa Langstrumpf auf, und Pippi kann in einer spielerischen, aber doch ernsthaften Auseinandersetzung beweisen, dass sie inzwischen stärker geworden ist als er, ihr einziger wirklicher Herausforderer, was physische Kraft anbelangt. Im letzten Buch reisen Pippi und ihre Freunde mit ihm in die Südsee, nach Taka-Tuka-Land, wo ihr Vater es wirklich zum Negerkönig gebracht hat – sozusagen mit der Brechstange: Manchmal setzte er sich auf den Thron und regierte, »was das Zeug hielt«.

Das ist die Geschichte – kurz gefasst. Die Pippi-Bücher bestehen aus Episoden und Szenen, nicht aus einer episch breit erzählten Handlung. Aber die vielen kurzen Begebenheiten bilden ein Muster. Mit ihren schmächtigen, starken Armen hebt Pippi nicht nur ein Pferd und eine Schiffsmannschaft, sondern eine ganze Kultur. Sie übt Kultur- und Zivilisationskritik, die ihresgleichen sucht.

Für philosophische Leserinnen und Leser gibt es auf jeder Seite dieser scheinbaren Räuberpistole Gedanken und Pointen in Massen zu ernten. Pippi Langstrumpf ist philosophisch gesehen ebenso stark wie körperlich, ihre Gehirnmuskeln jonglieren mit Leichtigkeit mit den größten Problemen. Zum Beispiel mit Problemen ethischer Art:

Bei ihren Provokationen stellt Pippi dieselbe Art von ethischen Fragen wie vor ihr Platon, Aristoteles und Kant. Polizisten, Einbrecher und ein Junge, der einen anderen schikaniert, müssen sich zu der Frage äußern, ob Macht gleich Recht sei – wie es in Platons Dialogen den Sophisten widerfährt. Wenn Pippi auf dem Pferderücken ihre akrobatischen Kunststücke vorführt und in der hohlen Eiche ihren Salon veranstaltet, dann stellt sie mit Aristoteles die Frage, was zum guten Leben gehört. Und wenn sie Jugendamt und Polizei gegenüber auf ihrem Selbstbestimmungsrecht (Autonomie) beharrt, dann setzt sie damit Kants Lehre vom Individuum als Wesen, das sich selbst Gesetze gibt, auf die Tagesordnung.

Pippi begegnet der Welt mit offenem, taufrischem Blick, so, als sei die eben erst erschaffen. Sie ist die Philosophin der Verwunderung und durch und durch verwunderlich. Sie wundert sich – und verwundert alle anderen. Und damit steht sie im Ursprung der Philosophie, der Verwunderung über die Welt, die Gesellschaft und das Dasein.

Die Verwunderung hat die Menschen zum Philosophieren angeregt, so ungefähr drückt Aristoteles sich zu Beginn seiner *Metaphysik* aus, und für ihn gelten durchaus nicht nur Fachphilosophen als Philosophen. Auch wer Mythen und Räuberpistolen erzählt, die in der Verwunderung ihren Ausgang nehmen, ist eine Art Philosoph, denn »wer aber in Zweifel und Verwunderung über eine Sache ist, der glaubt sie nicht zu kennen. Darum ist der Freund der Sagen auch in gewisser Weise ein Philosoph; denn die Sage besteht aus Wunderbarem.«

Das Verwunderliche fasziniert und macht Angst. Das kann zu ethischen und ästhetischen Überlegungen führen. Immanuel Kant spricht vom großartig Erhabenen, dem Sublimen, als etwas, das beängstigt und anzieht, es ist in seinen Dimensionen unmenschlich und zugleich moralisch festigend. Ein aufgewühltes Meer oder ein fantastisches Gebirge können diese Funktion erfüllen.

Bei Astrid Lindgren stoßen wir an mehreren Stellen auf das Phänomen des Sublimen. Wer könnte ihre Beschreibung des Karmafalls in den *Brüdern Löwenherz* vergessen? Wenn Pippi auf dem Schulausflug zum Ungeheuerwald kommt, findet sie das ungeheuer Schöne und zugleich überwältigend Beängstigende, wenn auch in spielerischer Form: Sie spielt ein übermenschlich starkes, Menschen fressendes Ungeheuer.

Pippi ist Helferin der Schwachen und Vertreterin des Ur-Chaos, sie ist das entsetzliche Ungeheuer, das Kinder fängt und frisst. Der einzige zivilisierte Zug an Pippi als Ungeheuer ist, dass sie ihre Opfer zuerst kocht. Zugleich zeigt sie eine rührende Trauer um einen toten Vogel. Als Pippi nach dem Ausflug bei ihrer Schulkameradin Ulla eingeladen ist, zeigt sie unmenschliche Gier und Selbstsucht von der Art, die Ungeheuer wie Tiamat in der babylonischen Mythologie, den Minotaurus auf Kreta und Katla in den *Brüdern Löwenherz* kennzeichnen – und von denen es in Märchen nur so wimmelt. Es ist eine Gier, von der sich die Menschen zu allen Zeiten bedroht gefühlt haben: Die Ordnung der Natur kann sich in ein alles verzehrendes Chaos verwandeln – Sintflut, Weltenbrand, Atomkrieg oder Umweltkatastrophe.

Auch als Erzählerin zeigt sich Pippi dieser Rolle gewachsen. Ihr Seemannsgarn ist nicht nur gute Unterhaltung, das zugleich Gewohnheitsdenken und Vorurteile herausfordert, sondern es deutet auch einen Weg in ein reicheres Leben an. Der Drang nach Wissen gehört zur menschlichen Natur. Der Mensch strebt nicht nur nach Wissen, weil es Nutzen bringen kann, die Suche nach Wissen kann auch die Freude zeigen, die es dem Menschen macht, wahrzunehmen, sich umzuschauen und Neues zu entdecken, wie schon Aristoteles erwähnt. Und das wird erst möglich, wenn man nicht Kopf und Hände voll mit praktischen Dingen hat, sondern auf dem Pferderücken Kopf steht, scheinbar unbehindert von Schwerkraft und anderen Bagatellen.

Und immer wieder übt Pippi wegen ihres Seemannsgarns *Selbstkritik*. Damit bringt sie die grundlegende Trennung zwischen Wahrheit und Falschheit zum Ausdruck. Dass das eine einfache Grenze ist, gibt die Erzählerin Pippi gern als Erste zu und an.

Wir brauchen im Grunde keine Rechtfertigung, um *Pippi Langstrumpf* mit philosophischer Brille zu lesen. Alle literarischen Texte – eben weil es sich um Äußerungen zu fiktiven oder tatsächlichen Begebenheiten handelt – verfügen über eine philosophische Dimension. Literatur, die sich an Kinder wendet, ist oft ganz besonders von einer Offenheit großen und kleinen Daseinsfragen gegenüber geprägt – und damit in engerer Sicht eben philosophisch. Einzelne Kinderbuchautorinnen und -autoren – und Lindgren gehört in höchstem

Grad dazu – thematisieren ausdrücklich große philosophische Fragen, ohne sie natürlich auf fachphilosophische Weise und mit fachphilosophischem Vokabular zu behandeln. Doch die Welt, der Tod, Gut, Böse, Wort, Sinn, Ding, Verständnis, Manieren, Nutzen, Fürsorge, Wahrheit, Lüge – das alles sind in ihrer ganzen Alltäglichkeit immer noch philosophische Begriffe.

Wenn die Lehrerin im ersten Band aus einer unendlichen Menge von möglichen Rechenaufgaben genau dieselbe nimmt wie Platon und Kant, 5 + 7 = 12, haben wir es dann mit einem unwahrscheinlichen Zufall zu tun, mit einer kosmischen Übereinstimmung oder einer tatsächlichen Beeinflussung? Ob die Autorin nun bewusst gehandelt hat oder nicht, die Parallele ist so auffällig, dass wir sie nicht übersehen können. Wenn Pippi ein Wort erfindet und verzweifelt versucht, nun auch noch dessen Bedeutung zu ergründen, dann beschreitet sie sprachphilosophische Wege, die sich durch 2500 Jahre dahinziehen, von Platon zu Wittgenstein. Wenn sie nach vielen vergeblichen Versuchen feststellen kann, dass das Wort »Dungkäfer« bedeutet, dann ist es nicht ohne Bedeutung, dass dieser kleine, grünlich glänzende Käfer, der Skarabäus, in der ägyptischen Hochkultur nach dem Jahr 2500 v. Chr. als heiliges Tier galt und als Amulett verbreitet war. Oder sehen wir uns die Sache von der anderen Seite her an: Wenn diese Begebenheiten alles nur Zufälle wären, müsste Astrid Lindgren eine ungeheuer schlechte und ungeheuer uninformierte Autorin gewesen sein. Aber wir brauchen nicht einmal eine Seite von ihr gelesen zu haben, um diese Erklärung zu verwerfen.

Solche Spuren im Text verfügen über einen kulturhistorischen Klangboden, der wieder auf den Text zurückwirkt. Andere Untersuchungen haben in den Pippi-Büchern viele Einschläge aus älterer Literatur nachgewiesen, vor allem aus Kinderklassikern wie *Alice im Wunderland, Pu der Bär* und *Anne auf Green Gables*. Aber die belesene Astrid Lindgren hat ihr Netz offenbar weiter ausgeworfen. Denn bei ihr finden wir Hinweise auf Dante und Hamsun, auf Platon und Nietzsche.

Astrid Lindgren hat etwa hundert Bücher geschrieben und wurde in eine Unzahl von Sprachen übersetzt – genauer gesagt in sechsundsiebzig, behaupten zuverlässige Quellen, also in doppelt so viele wie

Selma Lagerlöf und August Strindberg. Insgesamt haben sich ihre Bücher in an die achtzig Millionen Exemplaren verkauft. Wirkungsgeschichtlich sind wohl nur wenige Autoren von größerer Bedeutung weltweit gewesen – und hier reden wir von Shakespeare, Gott und möglicherweise Mao.

Wenn wir nun aber ...

*

THEODOR *(unterbricht)*: Verzeihung, Agaton, aber das steht doch gar nicht im Buch, was du Fridolf da vorlesen lässt.

AGATON: Jetzt steht es da.

THEODOR: Aber das ist doch Betrug. Du kannst Fridolf oder Phaidros oder wie immer er jetzt heißt, nichts aus einem Buch vorlesen lassen, was gar nicht in dem Buch steht. Das ist die pure und reine Verfälschung.

AGATON *(mit sanfter, herablassender Stimme)*: Mein lieber Theodor ... du musst doch einsehen, dass es dort stehen müsste. Ab und zu muss das Ideal der Wirklichkeit voranschreiten – um auf diese Weise verwirklicht werden zu können.

THEODOR: Das meinst du doch nicht im Ernst, Agaton. Die Wirklichkeit einem Ideal anzupassen stellt die Sache doch auf den Kopf!

AGATON: Auf den Kopf, ja. Kannst du dir etwas vorstellen, dem das mehr entspricht als Pippi Langstrumpf – wo sie doch rückwärts geht und mit den Füßen auf dem Kopfkissen schläft und alles auf den Kopf stellt. Ihre Welt ist ein *mundus inversus*.

THEODOR: Ein mundus was?

AGATON: Eine verkehrte Welt. Ein Rückwärtsland. Aber dazu kommen wir noch. Erst wollen wir hören, wie es mit Pippi und ihren griechischen Freunden weitergeht.

»Habt ihr Lust eine Runde zu reiten?«, fragte Pippi. Sie sprang auf das Pferd und landete rittlings mit dem Rücken nach vorn und dem sommersprossigen Gesicht nach hinten.

Fridolf schien wirklich Lust auf einen flotten Trab zu haben, doch Sokrates schüttelte sein gewaltiges, bärtiges Haupt.

»Nein, jetzt müssen wir dieser Sache auf den Grund gehen«, sagte er. »Was ist die Ähnlichkeit zwischen dir und mir? Wir sind ja wirklich noch nicht weit gekommen.«

»Dass du, der so klug ist, keine Ahnung hat, während es bei mir genau umgekehrt ist«, rief Pippi mit fröhlichem Lachen.

»Jetzt kommst du mir eher vor wie die Sophisten, mit deinen Sophismen. Das haben manche auch über mich gesagt, zum Beispiel dieser Witzbold Aristophanes. Er stellte einen Sophisten namens Sokrates auf die Bühne und ließ ihn zum allgemeinen Gaudium in einem Korb hochziehen. Aber als vor 2435 Jahren die Komödie *Die Wolken* ihre Uraufführung hatte, erhob ich mich im Theater, und alle konnten sehen, dass die komische Figur im Korb nur ganz wenig Ähnlichkeit mit mir hatte.«

»Und ich dachte, die Leute hätten die Ähnlichkeit sehen sollen«, murmelte Fridolf.

»Aber du, Pippi«, sagte Sokrates unbeeindruckt. »Seit Gorgias, dem schlimmsten von allen Sophisten, ist mir keine solche Fähigkeit begegnet, Schwarz zu Weiß und Weiß zu Schwarz zu machen. Und wie Protagoras und Hippias bringst du allerlei seltsame Sitten aus allerlei seltsamen Reichen an. Bald behauptest du dies, dann wieder das. Meine Fantasie dagegen hat immer nur dazu gereicht, dass ich mehr oder weniger über dasselbe dasselbe gesagt habe.«

»Kann schon sein«, sagte Pippi. »Ich stelle den Alten wieder auf die Veranda.«

Fridolf schaute dem Pferd sehnsüchtig hinterher.

»Was sagst du, Phaidros?«, fragte Sokrates. »Willst du uns nicht mehr vorlesen?«

»Doch, sicher«, erwiderte jener. »Und da ihr in verkehrter Weltstimmung seid, hab ich auch gleich ein passendes Kapitel. Es handelt nicht von dir, sondern von Pippi als *Völkerkundlerin im Rückwärtsland*.«

Völkerkundlerin im Rückwärtsland

»Ich war überall auf dem ganzen Erdball
und hab noch viel komischere Sachen gesehen als Leute,
die rückwärts gehen.«

✳ ✳ ✳

Im Rückwärtsland, wo alles möglich ist ...
Alf Prøysen

Schweine baden im Schlamm, Geflügel im Staub.
Heraklit

»Warum gehst du rückwärts?«, fragt Thomas bei seiner ersten Begegnung mit Pippi. Sofort bekommt er einen Vorgeschmack auf Pippis schlagfertige Art zu argumentieren, wenn sie mit dem eingeschränkten Horizont der Kleinstadt konfrontiert wird. Sie führt Sitte und Brauch anderer Weltgegenden als Gegenbeweis an: »Übrigens will ich dir sagen, dass in Ägypten alle Menschen so gehen, und niemand findet das auch nur im Geringsten merkwürdig.«

In rascher Reihenfolge kommen jetzt die Gegenbeweise: »Ich möchte wissen, was du gesagt hättest, wenn ich auf den Händen gegangen wäre, wie die Leute in Hinterindien.« In Kenia lügen alle, von morgens bis abends! (Übrigens eine klare Anspielung auf das klassische Lügenparadoxon: Angenommen, jemand aus Kenia – und wir können Pippi durchaus dazurechnen – behauptet: »Alle Leute aus Kenia lügen.« Wenn es wahr ist, bedeutet dass, dass dieser Mensch eben nicht lügt, und dann ist diese Aussage unwahr. Und umgekehrt: Wenn sie gelogen ist, ist sie wahr!) Und in Brasilien schmieren sich alle Eier in die Haare. Pippi betont, dass dort, im Rückwärtsland, alle diese in unseren Augen umgekehrten Regeln ebenso unerbittlich eingehalten werden, wie wir es mit unseren tun: Als da jemand vergessen hatte, sich Ei in die Haare zu schmieren, »das gab einen Aufstand ...«

Aristoteles behauptet, dass alle mit einem natürlichen Wissensdrang geboren werden. Kinder brodeln nur so vor Neugier und treten den Welten in der Welt mit offenem Blick gegenüber – überraschend neuen, rätselhaften und bisher nicht gedeuteten Welten.

Beim Heranwachsen wird vielen diese angeborene Neugier fremd. Die ersten »natürlichen« Feinde der griechischen Philosophen und Forscher waren erstarrte Spießbürger und Gewohnheitsmenschen jeder Art, Menschen, die ohne nachzudenken Sitte und Brauch ihrer eigenen Umgebung Weltgeltung zuschrieben. Der kulturkritische Philosoph Xenophanes († 485 v. Chr.) und der Historiker Herodot (* 485 v. Chr.) machten das Gegenbeispiel zu ihrer Methode. Xenophanes wies nach, dass es sich bei lokalen Götterbildnissen um unbewusste Selbstporträts handelt: Die Thraker stellen ihre Götter rothaarig und blauäugig dar, die Äthiopier dunkelhaarig und mit gekräuselten Haaren, und wenn Löwen und Stiere Hände besäßen und malen könnten, würden auch ihre Gottheiten aussehen wie sie selber.

Die umherreisenden Sophisten brachten mit ihrer Trennung zwischen *physis* und *nomos* die Kulturkritik noch weiter. Sie rüttelten am selbstzufriedenen Glauben der Athener, ihr Stadtstaat sei die *natürliche* Gesellschaftsordnung, ein Spiegelbild kosmischer Gesetze. Andere Sitten in anderen Gegenden bewiesen, dass die Gesellschaft nicht Natur ist *(physis)*, sondern auf von Menschen geschaffenen Gewohnheiten und Gesetzen beruht *(nomos)*.

Die schlampige, aber herzensgute Dame von Welt, Pippi, betritt eine schläfrige Idylle in einer Kleinstadt – mit gemütlichen engen Kopfsteinpflastergassen und kleinen Gärten voller Schneeglöckchen und Krokussen vor den Häusern. Diese kleine Stadt hat keinen Namen, sie wird nur die »kleine, kleine Stadt« genannt. Sie ist der Inbegriff einer Kleinstadt.

Bald stellt Pippi mit ihren gelinde gesagt freien Umgangsformen, ihren gewaltigen Kräften und ihren fantastischen Schilderungen des

Lebens in fremden Ländern diese kleine Stadt auf den Kopf. Wie ein Xenophanes oder ein Sophist konfrontiert sie die Lokalpatrioten mit alternativen Seins- oder Denkweisen. Und dabei passiert es eben, dass sie im Dienst der Sache auch mal lügt und übertreibt.

Pippis Position ist der *Possibilismus*. Im Prinzip ist alles möglich! Mit dem Gegenbeispiel als Stemmeisen bricht sie den erstarrten Glauben an eine vollständig definierte und gegebene Wirklichkeit auf. In anderen Ländern gehen die Leute rückwärts oder schmieren sich Eier in die Haare. In Argentinien ist es streng verboten, für die Schule zu lernen, und die Schulkinder müssen den ganzen Tag lang Bonbons essen. Es wimmelt nur so von Beispielen. Wie der norwegische Dichter Alf Prøysen sagt: »Im Rückwärtsland, da ist alles möglich.«

Nicht genug damit, dass Pippi von ihren Erfahrungen in den unterschiedlichsten Provinzen dieses Rückwärtslandes berichtet. Wie es in der Ethnologie so oft vorkommt, hat sie auch aus den Gegenden, in denen sie Feldforschung betrieben hat, einzelne Sitten und Gewohnheiten mitgebracht. In der Villa Kunterbunt hat sie sich ihr eigenes Rückwärtsland eingerichtet: Sie schläft mit den Füßen auf dem Kopfkissen, rührt mit dem Regenschirm im Kochtopf, schenkt den Einbrechern, die sie ausplündern wollten, Goldstücke, und findet es ungerecht, dass sie keine Ferien bekommt, nur weil sie nicht zur Schule geht.

Als Völkerkundlerin steht Pippi in der Tradition Malinowskis und Meads. Wie die Entwicklungslehre – nach Darwins Expedition mit der »Beagle« zu den Galapagos-Inseln – wurde die moderne Völkerkunde auf einer Insel geboren, genauer gesagt auf Kiriwina auf den Trobriandinseln im polynesischen Stillen Ozean, die sicher nicht weit von der Taka-Tuka-Insel entfernt ist. Dort verbrachte der polnischstämmige Engländer Bronislaw Malinowski während des Ersten Weltkrieges fast zwei Jahre. Anders als frühere Sofa-Völkerkundler, die konsequent »die wilden Eingeborenen« als unterlegene Gesellschaften auf einer niedrigeren Entwicklungsstufe behandelten, vertrat Malinowski die Auffassung, dass fremde Kulturen, wenn wir sie aus ihren eigenen Prämissen heraus verstehen, durchaus ebenso zivilisiert und vernünftig sind wie unsere westliche – nur eben anders. Ein solches Verständnis von innen heraus erfordert ausgiebige Feldforschung und teilnehmende Beobachtung.

Malinowskis Buch *Die Argonauten des westlichen Pazifik* (1923) setzte neue Maßstäbe für das Studium kultureller Vielfalt. Und diese – in der allgemeinen Vorstellung – isolierte Insel gilt seither als richtungweisende Metapher für völkerkundliche Forschung. Die typische Monografie befasste sich mit einer relativ kleinen Gesellschaft, einem Dorf beispielsweise, das als selbstgenügsames soziales System betrachtet wurde, als kulturelle »Insel«. Das alles passierte, ehe die Globalisierung dieses System nachhaltig durcheinander warf.

»›Taka-Tuka-Insel gerade voraus!‹, rief Pippi. Ja, da lag sie unter grünen Palmen und umgeben von dem allerblauesten blauen Wasser.«

Wir sind sicher alle mit dem Traum von der Südseeinsel groß geworden – mit Palmenrauschen und azurblauem Himmel und dem schlichten, guten Schlaraffenleben in der Palmenhütte bei der Lagune. Dieser Traum wurde von Margaret Mead zur Wissenschaft erhoben, als sie Malinowskis Kulturrelativismus ins Extrem weiterführte. In ihrem Bestseller *Kindheit und Sex in primitiven Gesellschaften* (1928) stellte sie diese fast aggressionslose Kultur, die liberale Sexualmoral und die freie Kindererziehung, die sie auf Samoa beobachtet hatte, in Gegensatz zu den strengen Normen der USA. Der »primitive Eingeborene« wurde in den »edlen Wilden« im Sinne Rousseaus verwandelt, in ein Vorbild an Natürlichkeit und »Kultürlichkeit«. Dieses Verständnis des Fremden schlug in eine effektive Kritik der heimatlichen Verhältnisse um, und Meads radikale Kulturkritik hatte weit über die akademischen Milieus hinaus Erfolg.

Die Parallelen zu Pippi liegen auf der Hand. Meads Samoa ist eine Freistätte des Andersseins, ein Rückwärtsland, in dem alle den ganzen Tag Bonbons essen (d.h., freien Sex ausüben), in schlagendem Kontrast zu unserer »zivilisierten« Unfreiheit. Samoa ist die Taka-Tuka-Insel, wo das natürliche und kulturelle Klima so fruchtbar ist, dass 7 mal 7 zu 102 wird.

Bei Margaret Meads Arbeiten gibt es nur das Problem, dass der Autorin Unwahrheiten, Übertreibungen und Wunschdenken zur Last gelegt worden sind. Was Methoden und wissenschaftliches Vorgehen angeht, haben spätere Kritiker sie als puren Humbug bezeichnet. Mit anderen Worten liegen sie auf dem Niveau von Pippis völkerkundlichen Berichten – mit dem Unterschied, dass Pippi ihre

Übertreibungen durchaus eingesteht. Nachdem sie erzählt hat, wie sie und ihr Vater einmal in einer Stadt waren, in der alle Menschen nur drei Arme hatten, schlägt sie sich plötzlich auf den Mund. »Oje, wahrhaftig, jetzt lüg ich schon wieder. Das ist komisch. Ehe ich mich verseh, blubbern so viele Lügen in mir hoch, ohne dass ich was dagegen machen kann.« Solche zusätzlichen Auskünfte hat Margaret Mead nie gegeben.

Pippi verfügt über Erfahrungen von Orten, die andere Völkerkundler wohl kaum je betreten hatten. In Borneo fand sie ein Holzbein an einer Stelle, an die noch kein Mensch seinen Fuß gesetzt hatte. Sie ist mit Robinson Crusoe zu einsamen Inseln gesegelt – und niemand war je so schiffbrüchig wie sie. Sie war mit Alice im Wunderland und hat ebenso viel Unsinn von sich gegeben wie die seltsamen Gestalten, die dort leben. Und mit Dante ist sie in die Tiefen der Hölle gewandert:

Nur hierzulande meinen die Leute, dass Kinder nicht durch Gräben gehen sollen. In Amerika wimmelt es in den Gräben dermaßen von Kindern, dass für das Wasser kein Platz mehr ist ... im Winter frieren sie natürlich fest, und nur ihre Köpfe ragen aus dem Eis heraus.

Wir dürfen uns nicht davon verwirren lassen, dass Pippi die Eishölle in Amerika unterbringt, denn ihre Beschreibung stammt aus Dantes *Inferno*, Gesang XXXII. Im neunten und letzten Kreis der Hölle werden die sündhaftesten aller Sünder – Verräter jeder Art – nicht mit Feuer bestraft, sondern mit Eis, und dort sieht der Pilger Dante Tausende von eingefrorenen Köpfen mit gequälten Gesichtern. Er vergleicht sie mit Fröschen, die das Maul heben und quaken und als gemarterte Schatten blau gefroren im Eis festsitzen. Diese Parallele kann kaum ein Zufall sein, denn wir wissen, dass Astrid Lindgren immer wieder gern zur *Göttlichen Komödie* griff. In ihrem Buch *Kati in Italien* setzt sie Dante ganz selbstverständlich als Fremdenführer ein.

In der tiefsten Tiefe der Hölle, am Mittelpunkt der Welt, steht der böse Herrscher selbst. Mit seinen drei Gesichtern ist Luzifer eine Parodie, eine umgekehrte Ausgabe der Dreifaltigkeit. Wir reden hier von *Contrapasso*: Das Böse spiegelt alle Kennzeichen Gottes auf negative Weise wider.

Um sich durch den Hinterausgang retten zu können, müssen Dante und sein Begleiter Vergil auf Luzifers zotteligen Körper klettern, und auf halbem Weg passiert etwas Seltsames: Die Welt wird auf den Kopf gestellt. Sie kommen am Mittelpunkt der Welt vorbei, und oben wird unten und unten wird oben. Im Rückwärtsland herrscht eben die verkehrte Welt ... Als sie dann, nachdem sie durch einen langen Schacht gekrochen sind, endlich das Tageslicht erblicken, kommen sie auf der Rückseite der Erde wieder zum Vorschein. Dem Fegefeuerberg mit dem irdischen Paradies ganz oben liegt Jerusalem genau gegenüber.

Die Vorstellung unserer *Antipoden* – die mit ihren Füßen zu unseren Füßen stehen – ist alt. Sie ist nicht einmal von der Kugelgestalt der Erde abhängig. Die Pythagoreer hielten die Welt für eine flache Scheibe, die sich um ein Zentralfeuer bewegt, das wir nicht sehen können, da die Erdscheibe diesem Feuer die Unterseite zukehrt. Und auf der anderen Seite des Feuers, der Erde gegenüber, gibt es eine Gegenerde! Auch wenn wir sie nicht sehen können, können wir auf der Grundlage von magischen Zahlen ihre Existenz nachweisen. Wenn sich das weit hergeholt anhört, dann möchten wir daran erinnern, dass auch in der modernen Astrophysik die Entdeckungen erst nach der Berechnung kommen. Und dabei wird mit ebenso seltsamen Größen operiert: mit Antiteilchen, Antimaterie, Antiuniversen ...

Alle diese Anti-Größen – von Antipoden zu Antiteilchen – haben die eine Gemeinsamkeit, dass sie sich wie Spiegelbilder zueinander verhalten. Sie sind ganz und gar identisch – nur eben umgekehrt. Stephen Hawking, der geniale Astrophysiker im Rollstuhl, vereint alte und neue Vorstellungen: »Mit anderen Worten – das Leben muss für die Einwohner eines anderen Planeten genau dasselbe sein, wenn sie unsere Spiegelbilder sind und aus Antistoff bestehen, nicht aus Stoff.«

Wir brauchen also nicht viel Fantasie, um die Taka-Tuka-Insel in der Nähe von Samoa und Kiriwina zu lokalisieren. Allem Anschein nach liegt sie genau antipodisch zu der winzigen Stadt an der schwedischen Küste – wie die Antipodeninseln London und das irdische

Paradies Jerusalem gegenüberliegen. Und wo sollte, streng genommen, das Rückwärtsland sich auch sonst befinden?

Trotz ihrer umfassenden Feldforschungen: Der seltsamste Ort, an dem Pippi teilnehmende Beobachtungen durchgeführt hat, ist die kleine, kleine Stadt. Als sie zusammen mit Thomas und Annika auf der Taka-Tuka-Insel eintrifft, muss sie ihre völkerkundliche Antipodenerzählung auf den Kopf stellen. Denn jetzt müssen die Negerkinder mit Geschichten über die komischen Kinder unterhalten werden, die auf der anderen Seite der Welt leben, die wie weiße Engel sind, nur nicht an den Füßen, und die nichts so sehr lieben wie Plutimikation. »Weiße Kinder ganz verrückt werden, wenn weiße Kinder nicht jeden Tag bekommen eine große Portion Plutimikation«, ruft Pippi in gebrochener »Negersprache«. Als ein Taka-Tuka-Kind andeutet, weiße Kinder könnten nicht spucken, wird es sporenstreichs belehrt:

»Weiße Kinder nicht können spucken?«, sagte Pippi. »Du weißt nicht, was du da redest. Das lernen sie in der Schule vom ersten Tag an. Weitspucken und Hochspucken und Spucken beim Laufen. Du solltest Thomas' und Annikas Lehrerin sehen. Passt bloß auf, die kann vielleicht spucken! Sie hat den ersten Preis bekommen für Spucken beim Laufen. Wenn die rumläuft und spuckt, dann jubelt die ganze Stadt.«

Wie bei Margaret Mead erscheint unsere westliche zivilisierte Gesellschaft mit allen ihren lebenslusthemmenden Konventionen als das eigentliche Rückwärtsland. Wenn Pippi an einem sonnigen Frühlingstag an einem Baum vor dem Schulfenster hängt, ruft sie, dieser Tag sei nicht für Plutimikation geeignet.

»Wir sind bei der Division«, sagte die Lehrerin.

»An so einem Tag soll man sich überhaupt nicht mit ›ions‹ beschäftigen«, sagte Pippi. »Oder es müsste ›Lustifikation‹ sein.«

In Australien, ganz weit im Süden des Landes, gibt es eine Schule, in der nur ein einziges Fach auf dem Stundenplan steht: Lustifikation, den ganzen Tag. Das ist ein Stundenplan nach Pippis Herzen. Wenn sie die Dinge auf den Kopf stellt, dann ist das als Versuch zu verstehen, sie ins rechte Lot zu rücken. Sie führt das Gesetz des Rückwärtslandes ein: das Lustprinzip.

Sie steckt sich ausreichend Goldstücke ein und lädt alle Kinder in der Stadt zu Einkaufsfest und Süßigkeitenorgien ein. »Und dann begann ein Bonbonessen, wie man es noch nie in der kleinen Stadt gesehen hatte.« Alle dürfen sich außerdem nach Herzenslust Spielzeug aussuchen. Obwohl, Herzenslust? Die wohl erzogenen – will heißen, einer Gehirnwäsche unterzogenen – Kinder sind nicht so leicht zu bekehren: Annika sucht sich eine Babypuppe aus, Thomas ein Luftgewehr und eine Dampfmaschine.

Die Lustreise der Kinder nähert sich revolutionären Zuständen. Sie blasen auf Kuckucksflöten und machen einen solchen Lärm, dass ein Polizist sich einmischt:

»›Das ist *Komm lieber Mai und mache*‹, sagte Pippi. ›Aber ich bin nicht sicher, ob alle Kinder sich darüber klar sind. Manche denken vielleicht, dass wir *Dröhnen wie Gewitter, Brüder* blasen.‹«

Diese Szene ist nur eine Andeutung dessen, was der kleinen, kleinen Stadt vielleicht bevorsteht. »Seien Sie froh, dass wir keine Trompeten gekauft haben«, sagt Pippi zum Polizisten, und damit erinnert sie an ihre umstürzlerische Verwandtschaft mit Josua, dem größten Anarchisten in der Bibel. Wir glauben gern, dass die Kinder jederzeit die Stadtmauern zum Einstürzen bringen könnten.

THEODOR: Nur eine kleine Frage, Agaton, ehe alles zusammenbricht: Stimmt es nicht, dass Margaret Mead nach diesen Vorwürfen des wissenschaftlichen Schwindels längst rehabilitiert worden ist?

AGATON: Der Versuch, sie zu rehabilitieren, ist immerhin mehrere Male unternommen worden.

THEODOR *(leicht indigniert)*: Wer hat das über Mead überhaupt geschrieben, wer verbreitet solche Unwahrheiten?

AGATON: Ich glaube, es war eine Völkerkundlerin. Angeblich hat sie auf einem Seminar zum Thema »Astrid Lindgren als Philosophin« einen solchen Vortrag gehalten. Falls das nicht auch alles nur Spinnerei war …

THEODOR: War das die schwedische Südseeforscherin Helena Regius? Ich habe über ihre Expedition nach Tabar gelesen, die hat sie mit Joakim Langer unternommen, dem Entdecker des wahren König Efraim Langstrumpf, dem Seemann Carl Emil Petterson. Es ist eine fantastische Geschichte, die in den 1930er Jahren die schwedischen Zeitungen gefüllt hat und von der Lindgren durchaus gewusst haben kann. Carl Emil heiratete auf Tabar die Königstochter Sindu und wurde danach zum König ausgerufen.

AGATON: Nein, keineswegs. Das war ein ganz anderer, einer, den zwei mythomane und enthusiastische Lindgrenleser erfunden hatten, um ihre Mitmenschen davon zu überzeugen, dass Pippi wirklich Völkerkundlerin war.

THEODOR: Aber lass uns lieber über diese von dir erwähnten Versuche sprechen, Mead zu rehabilitieren.

AGATON *(in seinem leicht lehrerhaften Tonfall)*: Na, dann hör zu. Zum Beispiel wird behauptet, dass Meads wichtigster Kritiker, ihr früherer Schüler Derek Freeman, zu gegensätzlichen Resultaten kam, unter anderem, was die Sexualmoral auf Samoa angeht, weil er seine Gewährsleute in anderen Gesellschaftsschichten gesucht hat, genauer gesagt unter den alten Stützen der Gesellschaft, die die Sache weniger locker angingen. Es wird aber auch eingewandt, dass die Kritiker erst viele Jahre nach Mead auf der Insel waren und dass in der Zwischenzeit die vielen Neugierigen aus aller Welt und auch die Missionare aus den USA die dortigen Zustände nachhaltig zerstört hätten. Mit anderen Worten, beide Seiten können Recht haben, teilweise wenigstens.

THEODOR: Genau! Das ist die alte Geschichte von den Blinden und dem Elefanten ...

AGATON: Du hast es erfasst, Theodor! Der eine packt ein Bein und beschreibt das Tier als Baumstamm, der andere erwischt den Rüssel und hält den Elefanten für eine Schlange, und so weiter. Alle berichten aus einer ganz unterschiedlichen Wirklichkeit; alle haben

Recht (als Teilbeschreibung) und alle irren sich (im Totalverständnis). Denn wie Hegel sagt: »Die Wahrheit ist das Ganze.«

THEODOR: Das hätte ich für eine völkerkundliche Grundregel gehalten!

AGATON: Um aber bei diesem Bild zu bleiben ... Freeman hat offenbar die alten Stämme gefunden, während Mead sich mit dem Rüssel amüsiert hat. Das ist wie mit uns beiden und Pippi: Ich packe sie am Zopf, du stakelst in zu großen Schuhen umher ...

THEODOR: Ich habe ja auch gar nicht behauptet, dass ich Pippi verstanden habe.

AGATON *(schmunzelnd)*: Nein, und das ist auch gut so. »Bei Pippi weiß man nie«, sagt Thomas. Aber was ich meine, ist, dass der blinde Punkt fruchtbar sein kann, dass Mead das fand, was sie gefunden hat, weil sie, oder eher die erstickende US-Kultur in ihr, einen freiheitlichen Gegenentwurf verlangte. Das schmälert ihre Leistung nun wirklich nicht, ganz im Gegenteil. Ich bewundere sie sehr. Allein durch ihr Motto wird sie schon zu einer meiner Heldinnen: *Be lazy, go crazy.*

THEODOR: Vielleicht hätte sie da auch Sinn für Pippis ausgeflippten Humor gehabt.

AGATON: Außerdem glaube ich, dass jede Forschung von unbewussten Interessen oder vorgefassten Meinungen gesteuert wird. Einstein gibt zu, dass das sogar für die Naturwissenschaften gilt, und behauptet, die Theorie entscheide, was wir beobachten können. Und in noch viel höherem Grad werden die Kulturwissenschaften vom Auge des Betrachters geprägt. Das lässt sich nicht vermeiden – und es hat keinen Sinn, darüber Moralpredigten zu halten.

THEODOR: Da tust du der Wissenschaft aber wirklich unrecht. Und ihr auch, wenn du wie diese Seminar-Völkerkundlerin daran festhältst, dass sie eine Betrügerin und Seeräuberin war. Mead war trotz allem eine gebildete Dame.

AGATON: Ja, sicher. Sie war eine wirklich feine und gebildete Dame. Genau wie Pippi. Hör nur, was Fridolf jetzt Pippi und Sokrates vorliest – über die unterschiedlichen Aspekte der Bildung.

»Nein, das ist doch total umgekehrt«, sagte Pippi. »Ich habe nichts dagegen, dass andere meine Geschichten stehlen, aber dieser Dante hätte sich ja wenigstens für die Leihgabe bedanken können. Ein bisschen Manieren muss man von einem gebildeten Menschen doch erwarten können.«

Sokrates wollte etwas sagen, schluckte diese Bemerkung aber hinunter.

»Entweder man stiehlt, oder man leiht und bedankt sich«, meinte Fridolf.

»Ha, nein«, schrie Pippi. »Wenn ich erst mal Seeräuber bin, dann werde ich mich für alles bedanken, was ich mir nehme, die Lehrerin hat mir nämlich erklärt, dass es sich für eine feine, wohl erzogene Dame so gehört. Und da kommen meine besten Freunde, und besser erzogene Kinder kannst du lange suchen. Abgesehen davon, wenn sie sich in der Nase bohren. Und sie wollen später auch Seeräuber werden.«

Sie winkte Thomas und Annika eifrig zu, und die winkten vom Tor her zurück.

»Kommt rein!«, rief Pippi. »Kommt rein und sagt Sokrates guten Tag. Und Fridolf, den kennt ihr ja, aber jetzt behauptet er, er sei in Wirklichkeit auch so ein alter Grieche.«

Thomas und Annika machten einen Diener und einen Knicks und setzten sich. Sie waren schließlich daran gewöhnt, dass bei Pippi das Fantastische normal war.

»Und jetzt bekommt ihr eine dicke Portion Vollosuffie auf den Tisch des Hauses«, sagte Pippi. »Eine Prise klassische Bildung ist ja wohl auch nicht zu verachten, zusätzlich zu guten Manieren. Und Sokrates ist durchaus nicht voll und versoffen, wie ihr das bestimmt in der Schule gelernt habt.«

»Das haben wir nun wirklich nicht ...«, wollte Annika einwenden.

»Nein? Dann ist das wirklich etwas für dich, Annika«, meinte Pippi. »Fridolf liest uns jetzt nämlich vor, was du und ich werden wollen. Seeräuber und Eine-Wirklich-Feine-Dame gleichzeitig.«

Seeräuber und Wirklich-Feine-Dame

»So ist das, wenn Eine-Wirklich-Feine-Dame
Karussell fährt.«

✳ ✳ ✳

*Bildung ist das, was übrig bleibt, wenn wir
alles vergessen, was wir gelernt haben.*
Ellen Key

Sitte und Brauch sind der Dämon des Menschen.
Heraklit

Pippis Zukunftspläne stehen fest: Wenn sie groß ist, will sie »Seeräuber« werden. »Der Schrecken der Karibik«! Zugleich möchte sie sich alle Möglichkeiten offen halten. Wie Pu der Bär ist sie ein »Warum oder?«-Typ, der kein Zögern kennt, wenn Ullas Mutter ihr Saft oder Kakao anbietet: »Saft *und* Kakao«, antwortete Pippi. Und dann nahm sie beide Kannen und trank aus jeder einen langen Schluck. »Hör mal, kleine Pippi. Du willst doch sicher eine wirklich feine Dame werden, wenn du groß bist?« Pippi hat eine durchaus klare Vorstellung davon, was eine feine Dame aufweisen muss: »Du meinst, so eine mit einem Schleier auf der Nase und drei Kinnen drunter?« Aber die Lehrerin führt eine andere Definition ein: »Ich meine eine Dame, die immer weiß, wie sie sich benehmen soll, und immer höflich und wohl erzogen ist.« Ja, warum nicht, denkt Pippi, wenn das ihre anderen Pläne nicht weiter stört: »Glaubst du nicht, dass man Seeräuber und Eine-Wirklich-Feine-Dame gleichzeitig werden kann?« Dann bittet sie die Lehrerin um eine rasche Einführung in den »guten Ton«.

Warum oder? Seeräuberei und der gute Benimm. Die Pippi-Trilogie kann damit doppelt ins Genreregister eingereiht werden – als Bildungsroman und als (See-)Räuberroman.

Von der Struktur her sind die Pippi-Bücher natürlich etwas ganz anderes als der klassische Bildungsroman in der Tradition von Goethes *Wilhelm Meister*, in dem der Bildungsweg des Helden von den suchenden Jugendjahren durch Leiden und Reife bis ins abgeklärte Alter verfolgt wird. Pippi ist und bleibt das *Kind* – das vollständig unsozialisierte »Wolfskind« und der vollständig überlegene Übermensch zugleich. Und das Ziel am Ende des letzten Buches ist es durchaus nicht, reif und erwachsen und manierlich zu werden, sondern im Gegenteil in der ewigen Kindheit zu verweilen. Erwachsensein ist durchaus nichts Erstrebenswertes, findet Pippi. »Große Menschen haben niemals etwas Lustiges. Sie haben nur einen Haufen langweilige Arbeit und komische Kleidung und Hühneraugen und Kumminalsteuern.« Zum Glück hat Pippi die magischen Krummeluspillen, die für immer den Aufenthalt im Reich der Kindheit sichern.

Wenn wir dennoch darauf bestehen, die Pippi-Trilogie als Bildungsroman zu bezeichnen, dann, weil er die Bildung *thematisiert* – nicht nur als eins unter vielen Themen, sondern als tragendes Element in der Konstruktion. Fast alle Konflikte und der ganze Humor kreisen um »gutes« und »schlechtes« Betragen, um Pippis schockierenden Bruch mit gängigen Normen. Das klassische Bildungsideal umfasst – wie ein dreigeteiltes Kinn – Ausbildung, konventionelle Bildung und Persönlichkeits- oder Herzensbildung. Dasselbe dreifache Erziehungsziel finden wir in der philosophischen Behandlung des Themas, von Platons *Politeia (Der Staat)* bis zu Werner Jaegers *Paideia (Bildung)*. Die drei Zweige verschlingen sich miteinander, es kann sich aber lohnen, die Unterschiede klar zu sehen. Pippi tut das, wenn sie sich über die beiden ersten Zweige lustig macht, um den dritten Zweig der Bildung hochzuhalten.

Der erste Zweig der Bildung: Ausbildung

Innerhalb und außerhalb des Schulzimmers hat Pippi allerhand Kritik an der herrschenden Auswendiglern-Pädagogik anzubringen. Die Konfrontation wird in dem Augenblick zur Tatsache, in dem »alle Mütter und Väter« bestimmen, dass Pippi wie alle Kinder in die Schule gehen müsse, um das Einmaleins zu lernen.

Die Polizei rückt an, um Pippi zur Ordnung zu rufen und ihr den Nutzen des Wissens zu erklären. Sie testen ihre Kenntnisse, indem sie sie nach der Hauptstadt von Portugal fragen. Pippi streitet den Nutzen zufällig angehäuften Faktenwissens ab, während sie zugleich so ganz nebenbei und auf den Händen stehend die Antwort liefert. Sie war ja schließlich schon einmal in Lissabon. Ein Polizist versucht es damit, dass es doch lustig sein könnte, viel zu wissen. »Man kann nicht immer nur Spaß haben«, sagt darauf Pippi und stellt sich ein bisschen auf die Beine. Doch nun wird es ernst, und einer der Polizisten sagt, sie solle nicht glauben, dass sie machen könne, was sie wolle. Das Gerede über Nutzen und Freuden des Wissens ist hiermit als Vorwand entlarvt. In der Schule geht es um Disziplinierung und Unterdrückung der Lust, das ist alles.

Aber Pippi lässt sich nun einmal nicht disziplinieren. Der Versuch, sie festzunehmen – dieser zutiefst eingreifende Schritt von Seiten der Ordnungsmacht –, schlägt in Spaß und Spiel um: »Ich muss heute wieder einen Glückstag haben. Polizisten sind das Beste, was ich kenne.« Das Spiel geht über in pure Zirkuskunst – mit Pippi als Akrobatin und den Polizisten als unfreiwilligen Clowns. Am Ende zeigt sie aber noch, dass sie weiß, was sich gehört, indem Pippi die Polizisten aus dem Garten trägt und jedem einen Pfefferkuchen schenkt.

Pippis anarchistische Haltung der herkömmlichen Schule gegenüber ist zutiefst in der europäischen pädagogischen Philosophie verwurzelt. In den 1930er und 1940er Jahren wurden diese Ideen leidenschaftlich diskutiert. Eva von Zweigbergk charakterisiert 1965 Pippi Langstrumpf als unbewussten Ausdruck des Zeitgeistes: »Astrid Lindgrens Deutung der kindlichen Spiel- und Einbildungswelt geht unbewusst Hand in Hand mit der Philosophie der neuen freien Pädagogik. Es war das Buch, auf das man gewartet hatte …«

Diese Seite Pippis ist die, die in der kommentierenden Literatur am gründlichsten untersucht worden ist, weshalb wir dieses Thema hier nur kurz streifen wollen. Am tiefsten schürft Ulla Lundqvist mit ihrer Untersuchung *Kind des Jahrhunderts. Das Phänomen Pippi Langstrumpf und seine Voraussetzungen.* Vor allem erwähnt sie den radikalsten Reformpädagogen von allen, A. S. Neill, den Vater der Summerhill-Schule, dazu Bertrand Russell und die Schwedinnen Stina Palmborg und Alva Myrdal. Auch der Essayistin und Kulturpersönlichkeit Ellen Key widmet sie ausreichend Raum. Ellen Key hatte das Jahrhundert mit *Das Jahrhundert des Kindes* eröffnet, einem wahren Sprengsatz von Buch. Dieser Titel, auf den Lundqvist mit ihrer Wortumstellung direkt Bezug nimmt, wurde »zu einem Begriff, ja, einem Schlagwort, das immer wieder erwähnt wird, wenn von Erziehung die Rede ist.«

Das Jahrhundert des Kindes erlangte gewaltigen Erfolg, vor allem in Deutschland. Die radikale Aristokratin führt flammende Reden, in denen sie die herkömmliche Schule an den Pranger stellt und die »große Revolution« vorhersagt, die das herrschende System zerbrechen und keinen Stein auf dem anderen lassen wird. Sie wünscht sich sogar eine »pädagogische Sintflut« herbei, mit einer Arche, die nur noch mit Montaigne, Rousseau, Spencer und der neuen kinderpsychologischen Literatur zu beladen werden braucht. Wenn diese Arche dann später auf ihren Berg Ararat aufläuft, werden die Menschen keine Schulen bauen, sondern Weinberge anlegen. Dort wird der Lehrer dann die Trauben in Höhe der Lippen der Kinder halten, statt diesen Lippen den »hundertfach verdünnten Most der Kultur« zu schmecken zu geben. »Die Schule hat ein einziges großes Ziel: sich selbst überflüssig zu machen und Leben und Glück anstelle von System und Schema herrschen zu lassen.«

Wir erkennen Pippis revolutionäres Programm: ein einziges Fach auf dem Stundenplan – Lustifikation den ganzen Tag. Zugleich krönt Pippi die Ruinen der herkömmlichen, aufs sture Büffeln ausgerichteten Pädagogik mit einem positiven pädagogischen Prinzip. Wenn Thomas und Annika schulfrei bekommen, um Pippi zur Taka-Tuka-Insel zu begleiten, kann sie die Erwachsenen beruhigen, die Angst haben, dass die Kinder jetzt nichts lernen – und Pippi befindet sich hier ganz im Trend mit der Vorstellung der freien Pädagogik vom Lernen durch eigene Erfahrung: »Und die Südseeinseln können sie an Ort und Stelle durchnehmen.«

Der Haupteinwand der freien Pädagogik gegen die Wissensvermittlung in der Schule besteht darin, dass diese abstrakt ist, von der Erfahrung und von der Vielfalt des Lebens losgerissen. Pippi drückt sich zum Glück nicht so aus, sondern belegt diese Vorstellung mit bildreichen Beispielen. Die Lehrerin zeigt ein Bild einer Schlange, die sich in den Schwanz beißt, und sagt, das sei der Buchstabe S. Es kann durchaus ein harter Kampf sein, sich die Elemente der Schrift anzueignen, aber Pippi hat in ganz anderer Hinsicht einen Kampf mit einem »S« bestehen müssen. Und sofort erzählt sie von der »grässlichen Riesenschlange in Indien«, die sie verschlingen wollte, aber: »Man ist schließlich Seefahrer gewesen, sagte ich und gab ihr eins auf den Kopf – bum –, und da zischte sie – uiuiuiuitsch –, und da schlug ich noch einmal zu – bum – und hapuh –, und dann starb sie – ja, ach so, das ist also der Buchstabe S, höchst merkwürdig!«

Pippi ist eine halbe Analphabetin, aber sie erfindet neue Wörter und kann in ihren sprachlogischen Analysen plötzlich unangenehm scharfsinnig sein. Sie weigert sich, eine Rechenaufgabe einfach aus leeren Zahlen bestehen zu lassen, nein, sie fordert die ganze Wirklichkeit. Pippi interessiert sich nicht weiter dafür, wie viele Äpfel Lisa und Anton am Ende haben. Viel wichtiger ist für sie die Frage, wer daran schuld ist, wenn sich beide daran den Magen verderben.

Die weltfremde, abstrakte Schulweisheit wird von Pippi mit einem einfachen selbst gemachten Wort bezeichnet, »Plutimikation«. Das ist etwas anderes und mehr als Multiplikation, das Wort, das Pippi ganz bewusst missversteht. Plutimikation ist der Inbegriff toten Wissens, toter Zahlen und sinnlosen Büffelns. Dagegen hält sie das lebensfrohe, lustvolle Lernen durch Spiel: den ganzen Tag Lustifikation, so, wie es eine Schule in Argentinien schon eingeführt hat. Das bedeutet, mit Ellen Keys Worten, dass Leben und Glück herrschen sollen anstelle von System und Schema.

Wie Robinson Crusoe hat Pippi sich durch Versuch und Fehlschlag im großen Schulzimmer der Natur gebildet, ganz nach dem Programm Jean-Jacques Rousseaus und nach dem Ellen Keys. Unser

Wort »Schule«, das aus dem Griechischen stammt, bedeutet eigentlich »Freizeit«, auch wenn das den heutigen schulmüden Schülerinnen und Schülern, die sich mit dem Einmaleins abmühen und über Erdkundetests brüten, wohl eher spanisch vorkommt.

Die alten Griechen zogen eine scharfe Trennung zwischen Arbeit und systematischem Denken. Philosophie und Wissenschaft setzen Freiheit vom Produktionsprozess voraus, von der Mühe, sich Nahrung, Kleidung, Unterkunft, Werkzeug und Bonbons zu verschaffen. Darum sollen sich doch bitte schön die Sklaven der Arbeit kümmern. Die Schule zu besuchen ist deshalb ein soziales Privileg. Aber als noch größeres Privileg erleben moderne Kinder die große Pause, von den Ferien ganz zu schweigen.

Pippi erfasst intuitiv, dass Ferien ein begehrtes Gut sind, von dem sie paradoxerweise ausgeschlossen ist, da sie das ganze Jahr hindurch schulfrei hat. Wenn Pippi deshalb mit Feuereifer, aber nicht ohne Ironie, wie eine Löwin dafür kämpft, ins Schulsystem aufgenommen zu werden – zumindest für einen Tag –, dann wird uns vergnüglicher philosophischer Unsinn präsentiert, aber auch ein Hauch von Erkenntnis. Indem sie die Schule besuchen will, bekommt sie weniger von dem, von dem sie sich mehr wünscht, eben schulfrei. Hier haben wir ein Beispiel für Antirationalität, für den fröhlichsten Wahnwitz.

Doch der Schulbesuch ist auch ein notwendiges Übel, um sich Zugang zur Wirklichkeit der Kinder in der kleinen Stadt zu verschaffen. Sie kann nicht wirklich die Freundin ihrer besten Freunde sein, wenn sie nicht vollwertig an deren Leben teilnimmt. Und da führt kein Weg am Leben in der Schule vorbei, auch wenn sie schon viele Jahre die Schule des Lebens besucht hat.

Pippis Begegnung mit der Schule ist pädagogische Philosophie, Zivilisationskritik und Utopie zugleich. Pippi repräsentiert das A und O der Kultur, das vorzivilisierte Ur-Chaos und das Verständnis der gebildeten griechischen Philosophie für Begrenzung von Regelzwang und Nützlichkeit. Und unsere Kultur hat sich immer als Entwicklung von Chaos zu Kosmos, von Rohheit und Barbarentum zu Zivilisation und Kunst dargestellt.

Der zweite Zweig der Bildung: konventionelle Bildung

Ebenso scharf wie in ihrer Kritik der Plutimikation verfährt Pippi in ihren vielen Konfrontationen mit der konformen, spießbürgerlichen Etikette der Kleinstadt. Sie wird es niemals müde, sich über die erstarrten Benimmformen lustig zu machen und deren heuchlerische Selbstzufriedenheit zu entlarven. Aber sie gibt vor, sich an die Konventionen halten zu wollen:

Pippi gibt vor, Angst zu haben, dass sie sich in feiner Gesellschaft nicht benehmen kann, dass ihre selbst erlernten Manieren dem Standard des Kaffeeklatschs nicht standhalten: »Oh, wie soll das werden! Hu, wie nervös ich bin! Stellt euch bloß vor, wenn ich mich nun nicht benehmen kann!« Ihre Angst ist nicht unbegründet. Beim Kaffeeklatsch bei Settergrens muss sie einen inneren Kampf zwischen erlernten Manieren und hemmungsloser Selbstentfaltung ausfechten, zwischen *Über-Ich* und *Es*, um mit Freud zu sprechen, einen Kampf, der sich schon in ihrem militärischen Drill bei ihrer Ankunft zeigt. Der Kampf steigert sich im Laufe des Nachmittags noch, und Pipi hinterlässt ein mit Zucker (»das hier ist Streuzucker!«), Sahne und gebrochenen Benimmregeln bestreutes Schlachtfeld.

Die feinen Damen beim Kaffeeklatsch sind mit ihren Haushaltshilfen absolut unzufrieden. Es wird gejammert und geklagt über Schlendrian und Schmutz und Dieberei. »Sie waren sich darüber einig, dass man eigentlich keine Hausangestellten haben sollte. Es wäre viel besser, alles selbst zu machen, dann wüsste man wenigstens, dass es ordentlich gemacht würde.« Hier haben wir, kurz zusammengefasst, die spießbürgerliche Mischung von Unzufriedenheit, Klagen über andere, fehlender Selbstkritik, Klatsch hinter dem Rücken der anderen, Heuchelei, Selbstzufriedenheit und unreflektierter Wiederholung wohlfeiler Haltungen. Wir sehen das Zerrbild des bürgerlichen guten Tons.

Pippi hebt das Zerrbild hervor, indem sie sich immer wieder mit grotesken Geschichten über Malin zu Wort meldet, die Haushälterin ihrer Großmutter: Malin war so schmutzig und unbeholfen und systematisch zerstörerisch für das Porzellan, dass die Klagen der Damen im Vergleich nur noch lächerlich wirken. Aber hat Pippis Großmutter sich etwa beklagt? Das doch nicht, für sie war Malin ohne Fehl und Tadel.

Der Kaffeeklatsch ist die Hausfrauenvariante der Gesellschaftlichkeit, die sich in den englischen Kaffeehäusern des 18. Jahrhunderts entwickeln konnte. Das Kaffeehaus war eine Bildungsarena für die englische bürgerliche Öffentlichkeit. Mit Hilfe von gesunder Vernunft und ausreichendem Allgemeinwissen diskutierten fortschrittsfreundliche Bürger über Moral, Kunst und öffentliche Angelegenheiten. J. Addison, der Herausgeber des Diskussionsblattes *Tatler*, betrachtete sich als »censor of manners and morals«. Im Kaffeehaus fällten die Diskussionsteilnehmer ihr Urteil über guten und schlechten Geschmack in der Kunst und in Sitte und Brauch. Ihre Gespräche bestanden aus unverbindlichem *small talk* und kritischer Philosophie. Das Kaffeehaus war progressiv und aufklärungsorientiert. Aber das Wort »tattle« wird in heutigen Wörterbüchern mit »klatschen, tratschen« übersetzt. Bildung und Klatsch waren die beiden Seiten derselben Medaille.

Die Damengesellschaften, ursprünglich Treffen religiöser Gruppen, später aber auch das weltliche Nähkränzchen, waren die Antwort der Frauen auf »clubs« und »pubs« der Männerwelt.

Der französische Salon war etwas älter als das englische Kaffeehaus und wurde von Frauen arrangiert, von liberalen Adligen und aufstrebenden Bürgerlichen. Der Salon übte bald eine ebenso progressive bürgerliche Bildungsfunktion aus wie das männlich orientierte englische Kaffeehaus.

Um 1770 wurde in England das Kaffeehaus als Problem betrachtet, als »Brutstätte der politischen Unruhe«. Die Regierung hielt sich für gezwungen, offiziell vor den Gefahren von Ausschweifung und Aufruhr zu warnen, die sie in dieser neu entstandenen Öffentlichkeit sah. Im Kaffeehaus nahmen die Menschen sich die Freiheit, Verhältnisse zu kritisieren, von denen sie keine Ahnung hatten, und damit unter den Untertanen Seiner Majestät Unzufriedenheit und Neid zu verursachen. Die Zensoren dieser Regierung hätten Pippi erst hören sollen!

Die feinen Damen auf Frau Settergrens Kaffeeklatsch machen gute Manieren und gute Arbeitsmoral zu ihrem Hauptgesprächsthema. »Kritik« bedeutet hier »negative Meinungsäußerungen«, vor allem über ihre Hausangestellten. Als Gegenstück zur vom Adel verfochtenen Hierarchie und zu der Devise »Adel verpflichtet« vertritt das progressive Bürgertum Freiheit, Gleichheit und Brüderlichkeit. Aber viele Bessergestellte halten ihre eigenen Interessen und Ansichten oft für einen Ausdruck der allgemein menschlichen Vernunft und sind oft eigenen Privilegien und der Unterdrückung anderer gegenüber blind. Die feinen Damen vertreten in ihren eigenen Augen Verantwortung, Fleiß und Vernunft, während die, die in ihren Häusern die Arbeit verrichten, als Vertreterinnen von Faulheit und Verfall dargestellt werden. Aber Pippi stellt die Sache auf den Kopf. Indem sie die soziale Orientierung der Gnädigen umstülpt, liest sie ihnen nachdrücklich die Leviten.

Die geheime Limonadenhöhle in der hohlen Eiche ist der alternative Salon der Villa Kunterbunt. Dort trinkt die Gastgeberin Pippi mit ihren Gästen Thomas und Annika Limonade und Kaffee. Die äußeren Formen von Bildung und gutem Ton unterscheiden sich allerdings von denen, die beim Kaffeeklatsch und im Kaffeehaus üblich sind. Die Gastgeberin wirft nach der Malin-Methode das Porzellan in den Baum hinauf: Nur zwei Tassen zerbrechen (wohlgemerkt, von dreien). Die Untertreibung wird später weitergeführt, nachdem die zerbrochenen Tassen ersetzt worden sind, denn eine Tasse und drei Untertassen landen unversehrt im Gras, und die Kaffeekanne verliert nur ihre Tülle. Aber Inhalt und Funktion der Unterhaltung tragen die Prägung des Kaffeehauses. Die Gäste erfahren die neuesten Nachrichten aus allen Weltgegenden. Wie eine Mischung aus Voltaire und Madame de Staël erläutert Pippi das Provinzielle und Rückschrittliche an den borniertten Umgangsformen und Vorstellungen der kleinen Stadt.

Dass Umgangsformen nicht »natürlich« sind, wie die Kaffee und Kuchen genießende Damengesellschaft sicherlich behaupten würde, sondern absolut »kultürlich«, zeigt Pippi nachdrücklich durch ihre vielen Gegenbeispiele aus anderen Gesellschaften. Andere Länder, andere Sitten. Ebenso wirkungsvoll zeigt sie das durch ihre kleinen Eigeninszenierungen.

Für den alljährlichen Jahrmarkt mit all seinen Vergnügungen hat Pippi sich richtig aufgebrezelt. Nichts fehlt, nicht einmal die grünen Schleifen an den riesigen schwarzen Schuhen.

»Ich finde, dass man wie Eine-Wirklich-Feine-Dame aussehen soll, wenn man zum Jahrmarkt geht.« ... *Sie hob den Rocksaum und sagte in regelmäßigen Abständen mit einer Stimme, die ganz anders war als sonst:* »*Wunderbar! Bezaubernd!*«
»Was findest du so bezaubernd?«, fragte Thomas.
»Mich«, sagte Pippi zufrieden.

Pippi fährt manierlich Karussell. Auf dem Kopf stehend saust sie herum, im Ballkleid, mit rotem Mieder und flatternder Unterhose. »So ist das, wenn Eine-Wirklich-Feine-Dame Karussell fährt.«

Der dritte Zweig der Bildung: Herzensbildung

Und so hört es sich an, wenn Eine-Wirklich-Feine-Dame sich vorstellt:

»Ich heiße Pipilotta Viktualia Rollgardina Pfefferminz Efraimstochter Langstrumpf, Tochter von Kapitän Efraim Langstrumpf, früher der Schrecken der Meere, jetzt Negerkönig. Pippi ist eigentlich nur mein Kosename.«

Wir glauben hier den großen Schweizer Alchemisten, Humanisten und Arzt des 16. Jahrhunderts zu hören: Aurelius Philippus Theophrastus Bombastus von Hohenheim – allgemein nur Paracelsus genannt. Wie die moderne Tiefenpsychologie – vor allem der Schweizer Jung – nachgewiesen hat, ging es in der Alchemie nicht nur um das Veredeln von Metallen, um die Herstellung von Gold, sondern ebenso um Verwandlung und Veredlung der Seelen. Das Ziel waren Bildung der Persönlichkeit, Herzensbildung. So ist es auch bei Pippi: Sie besitzt nicht nur eine Seekiste voller Goldstücke. Sie besitzt auch, wie Frau Settergren es hinter Pippis unpoliertem Äußeren erkennt, »ein gutes Herz« oder, wie man gern sagt, »ein goldenes Herz«.

Pippi ist sich ihres Mangels an Erziehung und Manieren durchaus bewusst (»Ich hätte auf dem Meer bleiben sollen«). Nach dem Kaffeeklatsch bedauert sie ihr schlechtes Benehmen von ganzem Herzen. Anders als die »feinen Damen«, die kein Gespür für ihre eigenen moralischen Unzulänglichkeiten haben, besitzt Pippi die sokratische Voraussetzung der Persönlichkeitsveredlung: Sie weiß, dass sie nichts weiß. Sie erkennt sich selbst.

Frau Settergren hat das erkannt. Sie sagt, kein Kind sei liebevoller und fürsorglicher als gerade Pippi. Viele in der kleinen Stadt haben Pippis Großzügigkeit und Edelmut kennen gelernt. Furchtlos setzt sie sich für Schwache ein, für schikanierte Kinder und misshandelte Tiere. Sie rettet Kinder aus einem brennenden Haus und vor gierigen Raubtierzähnen. Bei der Aufführung des Theaterstückes »Der Mord an der Gräfin Aurora« stürzt sie sogar auf die Bühne und beschützt die verweinte und ziemlich überraschte Heldin vor dem »tückischen, abscheulichen Kerl«, der sie überfallen hat.

Pippi wehrt sich dagegen, dass das Rechnen – die Plutimikation – als Zuchtmittel gegen die Schwächsten eingesetzt wird, wie es die reiche und sicher Wirklich-Feine-Dame Rosenbaum in ihrer terroristischen Wohltätigkeit den Schulkindern gegenüber macht. Auf ihre bekannte Art antwortet Pippi immer entwaffnender auf die Fragen der zunehmend bestürzteren Dame der Gesellschaft. Dann wendet sie sich den Ausgemusterten in der Schandecke oder genauer gesagt der Schandreihe zu:

> *»Wenn Peter und Paul sich eine Torte teilen sollen, Peter jedoch absolut nichts mehr haben will, wenn er sich in eine Ecke setzt und an einem kleinen trockenen Viertel herumknabbert, wer muss sich dann opfern und den ganzen Rest der Torte in sich hineinstopfen?«*
> *»Paul!«, schrien alle Kinder.*
> *»Ich möchte wissen, ob es wohl irgendwo noch so tüchtige Kinder gibt wie euch«, sagte Pippi, »aber jetzt sollt ihr auch eine Belohnung haben.«*
> *Und sie zog eine Menge Goldstücke aus ihren Taschen hervor und jedes Kind bekam ein Goldstück. Und jedes Kind kriegte auch eine große Tüte Bonbons.*

Pippis Nonsens-Mathematik entspringt ihrer Herzensbildung, die für die verspotteten Kinder Gold und Süßigkeiten plutimiziert.

Herzensbildung ist nicht dasselbe wie gutmütige Leichtgläubigkeit. Zur Herzensbildung gehört eher die Fähigkeit, niedere Motive und direkt boshafte Taten zu durchschauen. Sie erfordert den Mut, verirrte Menschen zur Rede zu stellen – und ihnen auf den richtigen Weg zurückzuhelfen. Pippi besitzt ein besonderes Gehör dafür, wie falsch oder nichts sagend erbauliche Sprichwörter im Alltag oft sind. Wenn sie sich mit dem Pferdequäler Blomsterlund anlegt, lobt die wohlmeinende Lehrerin sie und fügt hinzu:

»*Dazu sind wir ja da*«, *fuhr die Lehrerin fort.* »*Damit wir gut und freundlich zu anderen Menschen sind.*«
Pippi stellte sich auf dem Pferderücken auf den Kopf und strampelte mit den Beinen.
»*Hehe*«, *sagte sie,* »*und wozu sind die anderen Menschen da?*«

Wir müssen unterscheiden zwischen echtem Mitgefühl und leerem Gerede über Aufopferung. Pippi zeigt tiefes Mitgefühl mit schikanierten Kindern, dem toten Vogel und dem misshandelten Pferd, aber was ist mit der moralischen Forderung, dass alle ihre Bedürfnisse für die aller anderen opfern sollen? Wenn niemand die eigenen echten Bedürfnisse nennt, wissen wir nicht, wie die Bedürfnisse unserer Nächsten aussehen. Die Forderung nach Aufopferung hebt sich damit selbst auf.

Ein weiteres Zeichen für Herzensbildung ist, dass Pippi keinen Unterschied zwischen den Menschen macht. Sie tritt der Polizei ebenso respektlos tadelnd und freundlich entgegenkommend gegenüber wie den Dieben. Darin zeigt sich der edel denkende Mensch. Sie glaubt das Beste und rechnet mit dem Schlimmsten. Sie hält sich an den Rat der Bibel, klug und listig zu sein wie die Schlange und einfältig wie die Taube.

»Bildung ist das, was übrig bleibt, wenn wir alles vergessen, was wir gelernt haben«, sagte Ellen Key. Sie war eine gebildete Frau, eine Adlige und außerdem Eine-Wirklich-Feine-Dame. Trotzdem war sie eine Aufrührerin. Und das ist auch Pippi: Sie beweist, dass es möglich ist, Seeräuber und Wirklich-Feine-Dame zugleich zu sein.

✸

THEODOR: Pippi mag ja ein goldenes Herz haben, aber geht es nicht doch zu weit, zu behaupten, sie sei gebildet, ja, sei geradezu ein Vorbild an Bildung?

AGATON: Da kommt es darauf an, was du unter »Bildung« verstehst.

THEODOR: Kenntnisse und Fähigkeiten. Zum Beispiel in der Mathematik.

AGATON: In der Plutimikation, meinst du?

THEODOR: Ich gebe zu, dass ich unsere liebenswürdige Prinzessin Pippilotta unterschätzt habe, als ich in Hongkong anmustern wollte. Vor allem habe ich ganz einfach vergessen, ihre Mathematikkenntnisse zu mustern. Doch das hätte ich ebenso sorgfältig tun müssen, wie Sokrates in Athen unsere philosophischen Fähigkeiten gemustert hat.

AGATON: Pippis Plutimikation ist doch mustergültig.

THEODOR: Ich hielt Pippi für eine begeisterte Schülerin von Pythagoras und Platon, als sie da am Steuer stand und die Hoppetosse über die Wellen lenkte, nach den Sternen navigierte und aus voller Kehle sang. Auf ihre seltsame Weise sorgte sie in einer ziemlich bunt gewürfelten Mannschaft für Harmonie. Denn Zahlen, Töne, Harmonie und Erkenntnis sind eins.

AGATON: Aber worüber beklagst du dich dann?

THEODOR: Ihre totale mathematische Unwissenheit zu entdecken war für mich ein Schock. Sie kann um kein Haar besser rechnen als Herr Nilsson und das Pferd. Was sollen wir denn zu Pippis Plutimikation $7 \times 7 = 102$ sagen?

AGATON: Pferde können doch zählen. Warst du nie im Zirkus? Affen können bis etwa fünf zählen, wenn ich die Tierprogramme der BBC richtig begriffen habe. Aber du hast Pippis Programm missverstanden. Bei Pippis Plutimikation handelt es sich um eine höhere Form der Multiplikation! Und ich fürchte, dass auch der Autor des Buches nur begrenzte Kenntnisse besitzt. An der Stelle, die Fridolf eben vorgelesen hat, stand doch so ungefähr, Pippis selbst gemachte Wörter seien der Inbegriff von weltfremdem Wissen, trockenen Zahlen und zwecklosem Büffeln.

THEODOR: Sie besitzt jedenfalls nur wenig Verständnis für die erhabene Ordnung der Mathematik – anders als Sokrates: Der bedauert die Verächter der Mathematik zutiefst, denn sie haben nicht erfasst, dass die Verbindung zwischen Zahlen und Proportionen »Himmel und Erde und Götter und Menschen zusammenhält«.

AGATON: Theodor, Pippi hat eben gerade diese kosmische Mathematik erfasst. Als alte Griechen wissen wir doch, dass das Wort Plutimikation mit dem griechischen Wort »plutos« verwandt ist. Es bedeutet »Reichtum«, und zwar ursprünglich Reichtum an Korn und andern wichtigen und nützlichen Gewächsen. Und 7×7 ergibt auf der Taka-Tuka-Insel 102, nicht in der kleinen Stadt. Und drittens, vergiss die Begründung nicht: Die Fruchtbarkeit der Insel ergibt dieses große Produkt!

THEODOR: Kinder lieben Nonsens, das wissen wir. Aber warum willst du auf Biegen und Brechen in lustigem Unfug einen tieferen Sinn finden? Das ist der Tod der Mathematik im mythischen Zwielicht.

AGATON: Ich weiß ja, dass du Mathematiker bist, Theodor, und kein Dichter. Deshalb verachtest du die alten Mythen und Sagen, auf denen unsere griechische Kultur aufbaut, als irreführenden Aberglauben.

THEODOR: Im Gegenteil! Ich weiß Räuberpistolen sehr zu schätzen, nur dürfen sie sich nicht als etwas anderes ausgeben.

AGATON: Ist die Plutimikation denn wirklich mit nichts vergleichbar? Hades, der Herrscher der Unterwelt, wird auch »Pluton« genannt, der Reiche, der großzügig Geschenke verteilt.

THEODOR: Das musst du genauer erklären, Agaton. Ich hatte Pluton für den Totengott gehalten, und der Tod nimmt, er gibt nicht.

AGATON: Nichts da! Der Tod ist der großzügigste aller Götter! Da alle Gewächse von unten her aus der Erde kommen, ist es Pluton, der Gott der Unterwelt, der dafür sorgt, dass das Korn wächst und dass Wohlstand möglich wird.

THEODOR: Du hast mir zwar im Laufe der Jahre allerlei Bären aufgebunden, Agaton, aber das hier widerspricht jeglicher Logik. Leben ist Leben und Tod ist Tod.

AGATON: Ganz im Gegenteil! Leben und Tod sind eins. Das ist die lautere mythologische Wahrheit. Und es ist ganz logisch. Überleg doch mal: Die Korn- und Fruchtbarkeitsgöttin Demeter gehört zu diesem Mythenkreis, und ihre Tochter, die Jungfrau Kore, wurde unter dem Namen Persephone die Gattin des Hades und zugleich eine Göttin. Das Korn ist das Ursymbol des Lebens. Es steht für Leben, Fruchtbarkeit und Reichtum. Auch Pippi ist die Prinzessin der Unterwelten, und als einzige Fürstin nimmt sie den Platz der Königin ein, neben König Efraim I., im Paradies der Fruchtbarkeit, der Taka-Tuka-Insel.

THEODOR: Ich gebe zu, dass Pippi immerhin bis 1 zählen kann. Sie bezahlt immer mit einem einzigen Goldstück. Aber ich kann gut verstehen, dass sie keine Lust auf Wechselgeld hat und fast nie Trinkgeld gibt. Sie will nicht zugeben, dass sie nicht rechnen kann. Das steckt hinter allen Ausflüchten und Gegenangriffen.

AGATON: Pippi ist eine Schatzsammlerin, die nach dem Lustprinzip vorgeht, sie ist keine berechnende Geschäftsfrau. Sie ist Plutokratin, eine reiche junge Dame mit Macht, so wie die Geldleute unserer Zeit. Aber damit enden auch alle Ähnlichkeiten.

THEODOR: Also was ist sie denn nun?

AGATON: Anders als die profithungrigen Plutokraten von heute ist sie ein *freigebiger* Machtmensch, der großzügig aus seinem äußeren und inneren Reichtum schöpft. Sie ist der *gute* Machtmensch, sagt Astrid Lindgren. Mit einem goldenen Herzen. Oder, um sich an Sokrates zu halten: Nicht Gut und Geld machen die Seele gut, sondern die Güte der Seele führt zu Reichtum und anderen Gütern für die Menschen. Pippi lädt alle Welt zu Bonbons ein. Wie Pluton schenkt sie großzügig und reichlich – und diese Eigenschaft haben Sokrates, Platon und Aristoteles als *Megalopsychia* bezeichnet.

THEODOR: Oder als *Megalomanie*: Du musst doch zugeben, dass diese kleine Weltmeisterin größenwahnsinnig ist, fast wie Karlsson vom Dach.

AGATON: Göttlicher Wahnsinn, ja. Der, den Sokrates in Platons Dialog *Phaidros* preist.

THEODOR: Ja, damit kennt unser Freund Phaidros sich sicher aus. Sollten wir ihn nicht ein wenig weiterlesen lassen?

AGATON: Absolut, und das nächste Kapitel handelt von Pippi als Vernunftsphilosophin.

THEODOR: Also bitte! Ich verbinde Pippi eher mit Nonsens als mit Vernunft. Sie scheint keine Hoffnung für die Vernunft zu sehen. Und sie misstraut der Fähigkeit der Zahlen, das Wesentliche zu messen.

AGATON: Dann kannst du dich jetzt freuen. Vernunft und Bildung sind vielleicht nicht das Erste, was man gemeinhin mit Pippi Langstrumpf verbindet. Und auch nicht das Zweite oder Dritte. Aber wir haben ja schon gehört, dass sie in hohem Maß über Bildung verfügt. Und jetzt hast du die Möglichkeit, dich davon überzeugen zu lassen, dass Prinzessin Pippilotta – neben der wahren Bildung – zu einem hohen Maß aus gesunder Vernunft besteht …

THEODOR: Neben Unerzogenheit und Nonsens?

AGATON: Warum oder?

THEODOR: Aber jetzt kommen wir wieder vom Thema ab. Zu einer mathematischen Bildung gehören Sinn für das Passende, das Verhältnismäßige, das richtige Maß. Jetzt müssen wir uns wieder Pippi und Sokrates zuwenden.

AGATON: Vernünftig gesprochen, Theodor. Aber das richtige Maß verlangt, dass wir jetzt sofort Fridolf – oder Phaidros – das Wort erteilen, damit er für sie und uns über Pippis *Kritik der gesunden Vernunft* vorlesen kann.

Kritik der gesunden Vernunft

»Ab und zu redest du so klug, dass ich fürchte,
es wird etwas Großes aus dir.«

※ ※ ※

Ich spreche am liebsten mit Kindern, denn bei denen darf man doch hoffen, dass sie zu Vernunft-Wesen werden; die jedoch, die es geworden sind – herrjemine!
    Søren Kierkegaard

Allen gemeinsam – das Denken.
    Heraklit

Die Fähigkeit zu denken adelt den Menschen. Sie definiert uns als Art: *Homo sapiens*, der denkende Mensch. Prinzessin Pippilotta trägt ihre Adelskrone hoch, zum Beispiel in zwei Kapiteln im dritten Buch: »Pippi redet ein vernünftiges Wort mit einem Hai« und »Pippi redet ein vernünftiges Wort mit Jim und Buck«.

Andere mehr oder weniger artenspezifische Kennzeichen sind beispielsweise *Homo ludens*, der spielende Mensch, *Homo ridens*, der lachende Mensch, *Homo faber*, der tätige Mensch, *Zoon politikon*, das gesellschaftsbildende Wesen. Alle diese Bezeichnungen sind für Pippi wie geschaffen, aber hier und jetzt soll eine bisher unterschätzte Seite an ihr ans Licht gehoben werden: *Pippi sapiens*.

Rationalität ist vermutlich nicht gerade die auffälligste Eigenschaft des stärksten Mädchens der Welt in ihrer ganzen surrealistischen Erscheinung. Sie untergräbt vielmehr recht effektiv die Vernunft – mit ihren wilden Geschichten, ihren absurden Übertreibungen, ihren Nonsens-Wortspielen und ihrer verqueren Logik. Wenn Pippi etwas ganz und gar fehlt – neben aufgesetzter Bildung –, dann ist das berechnende Vernunft. Sie ist eine Aufrührerin, eine Befreierin der Kindheit von den Zwangsmitteln der Erwachsenenwelt. Wie schon in der Schulstunde gibt Pippi sich alle Mühe, um die kleinliche Vernunft mit Nonsens zu besiegen, wie es vor ihr Dadaisten und Surrealisten versucht haben.

»Es waren einfach verrückte Strömungen in der Zeit«, hat Astrid Lindgren zugegeben, und Pippi ist das echte Kind dieser Strömungen, das ist oft genug nachgewiesen worden. Birger Hedén (1997) zieht eine direkte Linie vom verrückten Humor in Film und anderer Populärkultur der 1930er und 1940er Jahre. Lena Kåreland (1999) zeigt klare Parallelen zu Dada auf, vor allem in Pippis sprachlichem Nonsens.

In *Kind des Jahrhunderts* stellt Ulla Lundqvist einen schönen Vergleich mit *Alice im Wunderland* auf. Beide sind »fremd und abweichend von ihrer Umwelt«, aber »Pippi erscheint als umgedrehte Alice«: »Sie (Alice) hat ihre rationale Logik mit in die Nonsenswelt genommen, während Pippi in einer rationalen Welt auf Nonsensart argumentiert.«

Aber Pippis Nonsens ist durchaus nicht »vernunftslos«. Es handelt sich um umgekehrte Vernunft, um *Gegen*-Logik. Um sich ihrer zu bedienen, muss Pippi die Prinzipien des rationalen Denkens beherrschen, und dass sie darin wohl bewandert ist, lässt sich problemlos belegen. Wenn sie beim Sachensuchen eine alte, verrostete Blechdose findet, führt die Nutzbetrachtung zu einem widersprüchlichen Ergebnis: »Wenn man Kuchen reinlegt, dann ist es eine Büchse mit Kuchen. Wenn man keinen Kuchen reinlegt, dann ist es eine Büchse ohne Kuchen.« Das Widerspruchsprinzip, das logische Grundgesetz, das es uns untersagt, uns selbst zu widersprechen, steht ihr also klar vor Augen – zusammen mit der Voraussetzung für die Anwendung dieses Prinzips, nämlich des grundlegenden Unterschiedes zwischen wahr und falsch: »Ja, aber wenn es wahr wäre, könnte es doch keine Lüge sein.« Als die anderen nicht nach Hause wollen, müssen sie mit einem Satz überredet werden, der in seinem offenbaren Nonsens ungeheuer logisch klingt: »Denn wenn ihr nicht nach Hause geht, könnt ihr ja nicht wiederkommen. Und das wäre schade.«

Im zweiten Buch, vor der großen Expedition zur Taka-Tuka-Insel im dritten Band, nehmen Pippi, Thomas und Annika eine vorbereitende Robinsonade minderen Maßstabs vor. Ausgangspunkt bieten Pippis zahllose Schiffbrüche und Landgänge auf fast jeder Insel im Stillen Ozean: »So etwas Schiffbrüchiges wie ich – da kann man lange suchen.« Das erinnert Thomas und Annika an ein spannendes Buch, das sie gelesen haben, *Robinson Crusoe*. Es folgt nun die Chronik eines angekündigten Schiffbruchs oder, genauer gesagt, eines geplanten Schiffbruchs. Alles wird rational inszeniert, alle Requisiten müssen vorhanden sein: eine vom Wasser umgebene Insel (»Denn wenn sie auf dem trockenen Land gelegen hätte, dann hätte es keinen Zweck«), ein Kahn, der bereits einmal untergegangen ist (»dann weiß er, wie es geht«), und eine leere Flasche, in der eine Flaschenpost verschickt werden kann.

Während des Aufenthaltes auf der Insel denken sie immer wieder daran, was Robinson getan hat. Robinson ist der Inbegriff des zivilisierten, *vernünftigen* Menschen der Aufklärungszeit, der sich die wilde Natur und nicht zuletzt den Wilden Freitag untertan macht. Die Robinsonade ist der Urmythos des Rationalismus – oder war es, ehe sie zur peinlichen Fernsehunterhaltung wurde.

Im Buch *Männermythen* vertieft Ronny Ambjörnsson diese Perspektive. Er sieht Robinson auf seiner einsamen Insel auch als Vermittler. Robinson vermittelt zwischen zwei gegensätzlichen Trieben im Menschen, er ist Nestflüchter und Nestbauer zugleich – und das entspricht Pippis Seeräuber und feiner Dame:

Robinsons ganze Mission seit seinem Eintreffen auf der Insel und seit der Erkenntnis seiner Berufung ist es, Natur in Kultur zu verwandeln. Und das geschieht mit, unter diesen Umständen, stoischer Bedächtigkeit, mit Ordnung und Präzision. (...) Der Nestflüchter, der alle organischen menschlichen Bindungen zerrissen hat, findet seine Identität eben in der strengen Berechnung, dem methodischen Nestbau: Wie die Mathematik auf der Vernunft aufbaut und daraus entspringt, kann jeder Mensch, wenn er Sachen und Dinge nur vernünftig bemisst und durchdenkt und dabei rational ans Werk geht, mit der Zeit eine jegliche Arbeit meistern.

Wie der Kopf vom Leib getrennt wird

Größe und Grenzen der Vernunft sind ein Hauptthema der Philosophie, von den alten Griechen bis in unsere Zeit, von Heraklit und Parmenides bis zu Karl Popper und Jürgen Habermas. Mehrere große Philosophen wie Platon, Kant und Hegel trennen zwischen Vernunft und Verstand, einer höheren (dialektischen) und eine niedrigeren (logischen) Denkfähigkeit.

Im täglichen Sprachgebrauch sind die Wörter »Verstand« und »Vernunft« mehr oder weniger synonym. Sie werden abwechselnd für dasselbe verwendet. Kants Terminologie zufolge aber sind dem Verstand andere Aufgaben zugeordnet als der Vernunft. Der Verstand ist die Fähigkeit, Regeln zu befolgen, allgemein gültige Begriffe zu prägen und sprachlogische Strukturen zu entwickeln. Der Verstand bringt die Dinge in eine geordnete Reihenfolge. Die Vernunft dagegen arbeitet mit Ideen – mit der Gefahr, sich in Spekulationen über die erste Ursache aller Dinge zu verlieren, z.B. die ewige Frage, was zuerst da war, das Huhn oder das Ei. Aber die Vernunft ist zugleich die Fähigkeit, die erkennt, dass endlose Spekulationen wenig Sinn haben, und die deshalb um ihren rechtmäßigen Arbeitsbereich eine kritische Grenze zieht.

Mit Kants Vernunftsbegriff im Rücken bringt Pippi wütende Stiere, gefräßige Haie und gierige Einbrecher zur Räson. Sie zieht die bekannten Argumente und Scheinargumente der Logik heran, nicht zuletzt das überaus handfeste *argumentum ad baculum*, das Totschlagargument. Auch für Kant ist die Arbeit des Verstandes notwendig, um die Aufgabe der Vernunft zu erfüllen, nämlich, die Welt als geordnetes Ganzes zu erfassen, das von Gesetzen geleitet wird.

Rationalistische Philosophen schreiben der Vernunft eine Struktur zu, die von Philosophen abgedeckt werden kann, und halten die Welt für rational, also für ganz und gar der Vernunft zugänglich. »›Was haben wir für ein Glück!‹, sagte Annika. ›Guckt mal, die vielen Läden, und wir haben eine ganze Schürzentasche voll mit Goldstücken.‹« So ist es, wenn die Vernunft regiert und die Welt in Harmonie mit sich lebt, wenn das Äußere und das Innere, Objekt und Subjekt, übereinstimmen, wenn Sein und Wissen sich problemlos ineinander fügen. Die Vernunft ist wie das überall gültige Gold, das den Zugang zu den Waren der Welt ermöglicht.

Aber ist Vernunft etwas ein für alle Mal Gegebenes, oder entwickelt sie sich im Laufe der Geschichte? Kann sie wirklich die Formen und Gesetze der Wirklichkeit erfassen, oder entspricht sie einfach den herrschenden Vorurteilen eines bestimmten Milieus zu einer bestimmten Zeit?

Die großen Erfahrungsphilosophen, wie die Briten John Locke und David Hume und der Ire George Berkeley, kritisieren die Art von spekulativer philosophischer Vernunft, die es nicht gestattet, dass wir uns von unseren sinnlichen Erfahrungen lenken lassen. Vor ihnen hatte bereits der Brite Francis Bacon vor den »Illusionen des menschlichen Geistes« gewarnt, die sich immer wieder in gängigen Vorurteilen, ungenauer Sprache, sozialen Konventionen und der Unzulänglichkeit des Sinnesapparates niederschlagen. Etabliertes Wissen muss immer wieder überprüft werden, sonst wird es zur Lüge.

Das meint auch Pippi, wenn sie ihren büffelnden Freunden gegenüber ironisch erklärt, die Hottentotten sollten sich so benehmen, dass die Erdkundebücher auch wirklich zutreffen.

Als ein kritischer Student Europas führenden Philosophen, den großen Hegel, fragte: »Und was ist, wenn Ihre Theorien nicht mit der Wirklichkeit übereinstimmen, Herr Professor?«, erwiderte Hegel (wir wollen hoffen, mit einem heimlichen Kichern): »Umso schlimmer für die Wirklichkeit.« Wenn wir Pippi glauben wollen, würden viele Erdkundelehrer zu ihrer Zeit dieselbe Antwort gegeben haben, das jedoch ohne Selbstironie!

Im Frankreich und Deutschland der Aufklärung galt die Vernunft als befreiende Kraft. Die Aufklärung sollte die Menschen von gesellschaftlicher Unterdrückung befreien, von den Launen der Natur und dem Joch der Vorurteile. Einige Philosophen wollten die Religion abschaffen, da sie zu Furcht und Unterwerfung führe. Die Religion galt als geistige Waffe, die Adel und Kirchen auf die unterdrückten Klassen richteten. Diese erhoben sich zum Aufruhr und klagten ihre Rechte ein. Einzelne wollten Bibel und Geistlichkeit durch eine natürliche, in der Vernunft der Menschen wurzelnde Religion ersetzen. Während der Französischen Revolution wurden Kirchen der einzig wahren Gottheit geweiht, der Vernunft, während draußen die Guillotine arbeitete.

Und damit haben wir vielleicht die Vernunft kurz definiert – sie ist die messerscharfe Fähigkeit, den Kopf vom Leib zu trennen!

Der Rationalist aller Rationalisten, René Descartes, hatte diese Trennung bereits hundertfünfzig Jahre früher ins System gebracht. Seiner Ansicht nach besteht die Welt aus zwei wesensverschiedenen Substanzen, der *denkenden* (der Menschenseele) und der *ausgedehnten* (den Gegenständen, zu denen er auch den menschlichen Körper und die Tiere zählt). Zwischen beidem gibt es nur eine einzige Verbindung, nämlich eine schlichte, aber zentral platzierte Drüse im Gehirn – die *glandula pinealis* oder *Königsdrüse* –, von der Descartes fälschlicherweise annahm, nur der Mensch besitze sie. Auf diese Weise kam er zu dem erstaunlichen Ergebnis, Tiere seien nicht denkende Dinge oder einfach biologische Automaten.

Der strenge kartesianische Dualismus sollte entscheidend für die westliche Wissenschaft und Technik werden. Und hier liegt, wenn wir den heutigen Ökosophen Glauben schenken wollen, der Hund begraben – der mechanische Hund, versteht sich. Hier liegt der Keim unseres ganzen schicksalhaften Fehlverhaltens der Natur gegenüber. Descartes selbst liegt vielleicht in Stockholm begraben, dort war er als Privatlehrer der Königin Christine tätig. Auf jeden Fall starb er dort im Winter 1650, nachdem er gezwungen worden war, seiner Natur, die nach langen, behaglichen Morgen im Bett verlangte, Gewalt anzutun. Die Königin wünschte um fünf Uhr morgens Geometrie-Unterricht, und schon nach wenigen Monaten dieser eiskalten nächtlichen Wanderungen zum Schloss erkrankte Europas führender Philosoph an Lungenentzündung und starb.

Pippis Beziehung zu Tieren sieht ganz anders aus. »Ja, du Nilsson, du bist so klug, du könntest auch Professor sein, wenn du wolltest.« Und glücklicherweise fehlt es ihr ganz und gar an der tödlichen Vernunft, die die Seele vom Leib und den Kopf vom Körper trennt. In ihrem Sinne ist eher der Freiheitsruf, der zweihundert Jahre nach der Revolution in Paris erklang: »Alle Macht der Fantasie!« Pippi war Hippie und Achtundsechzigerin, lange bevor beides zum Begriff wurde. Sie experimentierte, ein Jahrzehnt ehe Aldous Huxley seine Meskalin-Erfahrungen in *The Doors of Perception* schrieb, mit bewusstseinserweiternden Substanzen, zwanzig Jahre ehe der LSD-Prophet Timothy Leary lauthals eine ganze Generation aufforderte: »Turn on, tune in and drop out.« Im Kapitel »Pippi macht einen Schulausflug mit« zieht sie mit den anderen in den Wald und verzehrt etwas, das seit den alten Berserkern nicht zum normalen Speiseplan gehört hat – einen Fliegenpilz. Und bald will sie dann auch fliegen: »Flieg, du faule Fliege, die faule Fliege flog ...« Pippi beim Ausflug wird zu Pippi auf Trip!

Dass die Philosophen die menschliche Denkfähigkeit so hoch eingeschätzt haben, kann damit zusammenhängen, dass diese Fähigkeit eben ihr Werkzeug ist. Philosophen und Vernunft, das ist wie Bock und Gärtner.

Die Gegenreaktionen haben sich deshalb auch von den unterschiedlichsten Seiten eingestellt – von Mystikern, Okkultisten, Obskurantisten, Romantikern, Empirikern, Absurdisten, Surrealisten, Dadaisten und Postmodernisten. Sie haben statt der Vernunft andere seelische Fähigkeiten auf den Schild gehoben: Gefühl und Fantasie, Leidenschaft und Wahnsinn, Intuition und Glaube. Einzelne Kirchenväter sahen die Vernunft als Bedrohung des Glaubens und erklärten: »Ich glaube, weil es absurd ist.« Martin Luther nannte die Vernunft eine »Hure«. Sie kann ebenso als teuflische Verführerin auftreten wie als Dienerin des Glaubens.

Aber egal, heute schreiben nur wenige Philosophen der Vernunft eine abgerundete und ewige Struktur von der Sorte zu, die Kant in seinen beeindruckenden *Kritiken* der reinen und der praktischen Vernunft vorgestellt hat. Trotzdem hat Kants kritische Philosophie für alle Nachfolger die Messlatte festgelegt, ob man nun mit ihm denkt oder gegen ihn. Die *Kritik der reinen Vernunft* ist die kritische Untersuchung der Vernunft dessen, was sie selbst – zusammen mit anderen menschlichen Erfahrungsorganen wie sinnliches Erleben und Verstand – kann und nicht kann. Die kritische, unterscheidende Fähigkeit ist der Vernunft eigen.

Sartres *Kritik der dialektischen Vernunft* steht teilweise in dieser Tradition. Wie auch die *Pippi Langstrumpf*-Bücher. Als philosophisches Werk hätten sie den Titel *Kritik der gesunden Vernunft* verdient. Wir finden hier eine solide Sammlung von Beispielen dafür,

wann eine Dosis gesunder Vernunft – oder gesunden Menschenverstandes – angebracht ist und wann sie nicht weiterhilft.
»Ja, wie gut, dass man selber über gesunden Menschenverstand verfügt«, wie Pippi sagt.

Gesunde Vernunft und kleinliche Vernunft

Thomas Paines Verteidigungsschrift der amerikanischen Revolution trug den Titel *Common Sense* (1776). Die gesunde Vernunft ist eine demokratische und befreiende Kraft. Nicht gelehrte Menschen besitzen im Prinzip ebenso viel gesunde Vernunft – oder gesunden Menschenverstand – wie gelehrte.

Oder ebenso wenig. Der Dichter Ludvig Holberg zeigt in seiner satirischen Komödie *Erasmus Montanus* (1723), dass wir uns in der Wirklichkeit irren können. Der ungelehrte Bauer Per Degn pocht darauf, dass die Erde eine Scheibe sei, während der gelehrte Erasmus Montanus seinerseits so weltfremd lebt, dass er eine Harke nicht erkennt. (Pippi dagegen kann das. Als sie das Wort *Spunk* erfunden hat und sich auf die Jagd nach dessen Bedeutung macht, kann sie den Vorschlag des Eisenwarenhändlers energisch zurückweisen: »Das ist das, was die Professoren eine Harke nennen. Aber ich will nun mal zufällig einen Spunk haben.«)

Der *gesunde Menschenverstand* als philosophische Richtung war eine Reaktion auf Rationalismus und Skeptizismus, die weit verbreitete Auffassungen ins Wanken gebracht hatten, zum Beispiel die über die Existenz der Welt und die Freiheit des Willens. Seit dem 18. Jahrhundert hat sie in englischsprachigen Ländern, vor allem Schottland und den USA, große Bedeutung behalten.

Aber die gesunde Vernunft ist eine unzuverlässige Verbündete. Das belegt die Geschichte über den bekannten Lexikographen Samuel Johnson, der angeblich nach einem Vortrag des Bischofs George Berkeley darüber, dass die Materie eine Illusion sei, einem Stein einen Tritt verpasste – was als einfaches und überzeugendes Argument der gesunden Vernunft gegen philosophisches Geschwafel gelten sollte. Das Besondere daran ist aber nicht, dass Dr. Johnson den konsequenten Empirismus des Bischofs missverstanden hatte – denn auch das war der Fall –, sondern dass auch Berkeley davon überzeugt war, den gesunden Menschenverstand zu vertreten: Die Welt ist eben so, wie wir sie erleben. Es gibt keine geheimnisvollen Substanzen, keine andere und eigentliche Wirklichkeit hinter der von uns empfundenen.

Die gesunde Vernunft hat Recht und irrt sich. Sie kann bestenfalls eine aufgeblasene Spekulation, die die Bodenhaftung verloren hat, zum Platzen bringen. Und darin liegt Pippis Stärke – wie die von Per Degn, als er dem pompösen Erasmus Montanus eins auswischt. Normalerweise oder schlimmstenfalls wird sie zur kleinlichen Vernunft – zu einem Schlupfloch für Fantasielosigkeit und Vorurteile. Wenn die gesunde Vernunft sich die Maxime »Da könnte ja jeder kommen« zu Eigen macht, ist sie nicht mehr gesund. Wieder ist Per Degn hier ein klarer Vertreter für dieses Prinzip. Während Pippi mit ihren Gegenbeispielen zu einem humorvollen Angriff aufruft.

Kinder erleben den erwachsenen Appell an die Vernunft als zweideutig. Sie begreifen, dass sie sich die Vernunft der Erwachsenen zulegen müssen, um die Welt so zu erobern, wie ihre Eltern das vor ihnen getan haben. Aber sie ahnen auch die Kehrseite der Medaille. Oft ist die »Vernunft« die Waffe der Erwachsenen, mit der Kinder zum Gehorsam gezwungen werden – oder schlimmer noch, sie wird zum Vorwand, um den Kleinen ein Unrecht zu tun. Deshalb lassen aufgeweckte Kinder sich nicht so einfach davon unterdrücken, wenn ihre Eltern etwas für »unvernünftig« befinden.

Pippi zeigt, dass sie den Januskopf der erwachsenen Vernunft erkannt hat, wenn sie sagt:

»Ab und zu redest du so klug, dass ich fürchte, es wird etwas Großes aus dir.«

Viel zu oft beziehen »vernünftige« Erwachsene die Position des absoluten Beobachters, fast wie Gott. Pippi – und andere Lindgren-Gestalten, wie Michel oder Karlsson vom Dach – fordern die erwachsenen Autoritäten heraus, die sich aufführen, als seien sie der Mittelpunkt des Universums.

Die vergötterte Vernunft wurde auch für andere Schwache und Entmündigte zur Geißel. Wie Michel Foucault in seinen Studien über die Geschichte des Gefängniswesens und des Wahnsinns nachgewiesen hat, feuerte der Rationalismus des 17. und 18. Jahrhunderts den

Startschuss zu einer gigantischen Einsperrungsaktion ab. Die Verrückten und Verbrecherischen wurden durch Einsperrung ausgesperrt. Foucault geht es vor allem darum zu zeigen, wie eng dieses Vorgehen mit dem Selbstverständnis des rationalen Bürgertums verflochten war. Indem die Feinde der Vernunft aus dem Reich der Vernunft heraus definiert wurden, definierte die Vernunft sich selber.

Der übertriebene Vernunftsglaube führte zu (in unseren Augen) absurden Handlungen, zum Beispiel zu den vielen Gerichtsverhandlungen, bei denen Tieren vorgeworfen wurde, sich gegen die Naturgesetze vergangen zu haben. Ein Eier legender Hahn – was durchaus vorkommt! – hatte sich widernatürlich verhalten und musste bestraft werden.

Man kann sich also im Labyrinth der Vernunft verirren. Die erwachsene Vernunft kann die Fähigkeit zum Erleben von neuen, unerwarteten Dingen blockieren. Die gesunde Vernunft steht mit beiden Beinen fest auf dem Boden. Und steht damit still. Pippi steht selten mit beiden Beinen auf dem Boden, zumindest nicht mit beiden gleichzeitig. Sie steht lieber auf dem Kopf, klettert oder saust durch die Luft. Die gesunde Kleinstadtvernunft sähe sie deshalb lieber in einem Kinderheim in sicherem Gewahrsam. Sie muss eingesperrt werden, angeblich zu ihrem eigenen Besten, in Wirklichkeit jedoch aus Rücksicht auf das Selbstverständnis der Gesellschaft.

Aus ihrem Robinson-Dasein nach dem geplanten Schiffbruch versendet Pippi eine Flaschenpost: »Rettet uns, bevor wir untergehen! Seit zwei Tagen ohne Schnupftabak, verschmachten wir auf dieser Insel!« Thomas weigert sich zuerst, das zu schreiben – »Das ist ja nicht wahr!« –, aber er wird mit einer logischen Argumentation in purem Erasmus-Montanus-Stil an die Wand gedrängt:

»*Nicht? ... Hast du Schnupftabak?*«
»*Nein*«, *sagte Thomas.*
»*Hat Annika Schnupftabak?*«
»*Nein, natürlich nicht, aber ...*«
»*Hab ich vielleicht Schnupftabak?*«, *fragte Pippi.*
»*Nein, das kann schon sein*«, *sagte Thomas.* »*Aber wir brauchen ja keinen Schnupftabak.*«

»*Ja, ich will, dass du genau das schreibst: Seit zwei Tagen ohne Schnupftabak ...*«

»*Aber wenn wir das schreiben, dann glauben die Leute sicher, dass wir schnupfen*«, sagte Thomas.

»*Hör mal zu, Thomas*«, sagte Pippi. »*Antworte mir auf eine Frage: Welche Leute haben weniger Schnupftabak, die, die schnupfen, oder die, die nicht schnupfen?*«

»*Die, die nicht schnupfen, natürlich*«, sagte Thomas.

»*Na, warum machst du dann so ein Theater?*«, sagte Pippi. »*Schreib, was ich gesagt hab!*«

So, wie dieser Dialog eine Parodie auf die Logik ist, ist die kleinliche Vernunft eine Parodie auf die gesunde Vernunft. Kleinliche Vernunft ist der auswendig gelernte Zugriff auf die Formen der Vernunft, kombiniert mit mangelndem Gegengewicht in Fantasie, Einfühlungsvermögen und Leidenschaft – kurz gesagt: Vernunft ohne Erfahrung. Deshalb sind altkluge Kinder von kleinlicher Vernunft besessen. Wie auch Erwachsene, die den Kontakt zum Kindlichen verloren haben. Kleinlich vernünftige Menschen können nicht spielen!

Gott schütze uns vor kleinlich vernünftigen Kindern, die erwachsen geworden sind – ohne unterwegs einer Pippi über den Weg zu laufen!

Pippis *Kritik der gesunden Vernunft* entfaltet sich in ihrer ganzen Einstellung und ihrem Verhalten, in ihren Gegenbeispielen zu ethnozentrischer Engstirnigkeit, erfahrungslosem Wissen und leeren Manieren. Indem sie die Zerrbilder der gesunden Vernunft vorführt, befreit sie diese in ihrer wahren Gültigkeit: als naives Vertrauen in das Gute im Menschen und als gesunde Skepsis verdummender Gedankentyrannei gegenüber.

Sie bringt die disziplinierende Vernunft durch gesunde Bauernschläue zum Platzen. Die kleinliche Vernunft löst sie durch fantasievolle Gegenbeispiele aus dem Rückwärtsland auf. Aber ab und zu muss sie auch in die Rolle der Verteidigerin der Vernunft gegen den blinden und destruktiven Unverstand schlüpfen:

Als der Stier draußen auf der Weide auf Tommy losgehen will, ist Pippi klar, dass sie eingreifen muss. »*So was darf man doch nicht tun! Er macht ja Thomas' weißen Matrosenanzug schmutzig. Ich muss mal ein vernünftiges Wort mit dem dummen Stier reden.« Sie bringt das wilde Tier zur Strecke, indem sie ihm die Hörner abbricht. Wie ein Held im Märchen »findet« sie ein Horn und dann noch eins dazu. (Und sie ist dabei wortgewandter als jemals eine Märchenprinzessin.) Wie Tarzan setzt sie ihre überlegene physische und mentale Stärke ein, um die Wildheit zu zähmen und wieder zivilisierte Zustände einzurichten.

Die Hörner sind ein Symbol für die ungezähmte, brutale Kraft und für das Unreife und Tierische im Menschen. Sich die Hörner abzustoßen bedeutet auch, die unzivilisierten Kanten abzuschleifen, sich Manieren zuzulegen. In manchen Gegenden wurden in früheren Zeiten frisch gebackene Studenten mit Hörnern und Bocksbärten ausstaffiert, damit sie sich im wahrsten Sinne des Wortes die Hörner abstoßen konnten. Diese jungen Männer wurden »die, die die Hörner weglegen« genannt, *depositorus cornua*, weshalb Abiturienten in Norwegen noch heute »Russ« genannt werden.

Phaidros wurde durch Sokrates' schallendes Lachen unterbrochen. »Das geht ja wohl zu weit! Von Robinson und der kleinlichen Vernunft über den Stier, den Märchenhelden und die Prinzessin zu Tarzan und aufgetakelten Abiturienten, alles in einem Aufwasch! Nicht, dass ich mit dir oder deinen Gewährsleuten ein Hühnchen zu rupfen hätte, Phaidros, aber ich entwickele hier mehr und mehr gesunden Menschenverstand: Wohin du auch gehst und dich wendest, der Hintern sitzt immer hinten.«

»Ja, und auf dem will ich hier nicht mehr herumsitzen«, rief Pippi, die bisher auf dem Zaun, dem Pferd und drei Ästen in der Eiche gesessen hatte.

Aus der Villa Kunterbunt war Ziehharmonikamusik zu hören, eine Mischung aus wehmütigen und munteren Klängen.

»Das erinnert mich an die Nächte auf der Hoppetosse«, sagte Pippi, »wenn du auf die Quetsche gedrückt hast, Fridolf, und ich mit Theodor und Agaton tanzen konnte.«

»Wo Flötenspiel erklingt, muss auch ein Flötenspieler sein«, murmelte Sokrates vor sich hin.

»Du kannst mich mal mit deiner Flöte«, schnaubte Pippi. »Hier geht doch die ganze Vernunft flöten.«

»Ach, Verzeihung.« Sokrates fuhr aus seinen Gedanken auf. »Das ist nur so eine Redensart.«

»Verstehst du, Pippi«, sagte Fridolf, »Sokrates ist uns immer mit solchen Beispielen aus dem Alltag auf die Nerven gegangen. Wenn wir über Weisheit oder Tüchtigkeit sprachen, brachte er immer seine Töpfer und Weber und Flötenspieler an. Mit einzelnen Beispielen holte er die Philosophie auf den Boden und in die Häuser der Menschen. Das hat Cicero gesagt, und das ist eben gesunder Menschenverstand, typisch für Sokrates. Denn so durchlöchert er jegliche abstrakte Begriffsakrobatik, die sich von lebenden Menschen entfernt, vom Hier und Jetzt.«

»Ja, mit Akribatik kenn ich mich aus«, nickte Pippi. »Aber auf dem Dach macht die viel mehr Spaß.«

»Dass zum Flötenspiel auch ein Flötenspieler gehört, bedeutet: Wo Gedanken sind, muss auch jemand denken.«

»Eigentlich selbstverständlich, wenn du mich fragst«, sagte Pippi resigniert. »Und wenn du mich fragst, dann frage ich dich.«

»Selbstverständlich ist das selbstverständlich«, sagte Fridolf. »Darum geht es doch gerade. Denn viele wollen das nicht einsehen und sich deshalb auch nicht am Selbstverständlichsten orientieren.«

»Ich höre Gedanken, aber ich sehe niemanden denken«, rutschte es Pippi heraus. »Und ich höre Herrn Nilsson, der Akkordeon spielt, aber auch ihn sehe ich nicht.«

THEODOR: Bisher haben wir viel über Pippi gehört, aber nur wenig über Sokrates. Meinst du nicht, dass der alte Herr langsam ungeduldig wird?

AGATON: Du musst doch noch wissen, dass Sokrates nie ungeduldig wurde! Er konnte stundenlang ganz unbeweglich dastehen und über ein philosophisches Problem nachdenken. Und er ließ allem immer seine Zeit.

THEODOR *(ironisch)*: Ja, genau. Wie Pippi Langstrumpf! Ich verstehe immer weniger, wo die Ähnlichkeit zwischen beiden liegen soll.

AGATON: Nimm doch nur das letzte Beispiel. Pippi hat genau denselben Gedanken zum Ausdruck gebracht.

THEODOR: Über die Geduld?

AGATON: Nein, über Flötenspiel und Flötenspieler, über Gedanken und Denker – zum Beispiel bei dem Schulausflug zum Ungeheuerwald. Pippi will ihre Kräfte mit denen der Ungeheuer messen, aber die Lehrerin muss sie enttäuschen.

»Was, ein Ungeheuerwald ohne Ungeheuer?«, fragt Pippi. »Bald werden sie noch Feuersbrünste ohne Feuer und Weihnachtsbaumplündern ohne Weihnachtsbaum erfinden! Aus reinem Geiz! Aber an dem Tag, an dem sie mit Bonbonläden ohne Bonbons anfangen ...«

THEODOR: Sokrates hat Gewicht auf Genügsamkeit und Besinnung gelegt, während Pippi nur Weihnachtsbäume plündern und sich mit Bonbons voll stopfen will! Dieses zügellose Wesen ist eben ein Kind seiner Zeit ...

AGATON: Ja, in dieser Hinsicht ist sie ein typisches Spock-Kind, auch wenn sie ihrer Zeit ein wenig voraus war.

THEODOR: Wie beliebt?

AGATON: Dr. Benjamin Spock, der große Guru der modernen, freien Kindererziehung ...

THEODOR: Ach so ...

AGATON: Wie die meisten Menschen in den USA glaubte er, ganz selbstverständlich den gesunden Menschenverstand zu vertreten. Kurz nach dem Krieg, ungefähr gleichzeitig mit *Pippi Langstrumpf*, erschien sein Buch *The Common Sense Book of Baby and Child Care*, ein Buch, das die Kindererziehung in der westlichen Welt einer Revolution unterzog. Dieser berühmte Hausarzt in Buchform bedeutete gesunde Vernunft im wahrsten Sinne des Wortes. Aber die Kritiker behaupten, er habe eine ganze Generation verdorben, habe die pädagogische Grundlage für eine Schar von verwöhnten, »grenzenlosen«, unerzogenen Kindern gelegt. Und mit dieser Kritik wurde ja auch *Pippi Langstrumpf* konfrontiert.

THEODOR: Und das nicht ohne Grund, wenn du mich fragst.

AGATON: Margaret Mead, diese verlogene Völkerkundlerin, weißt du noch …

THEODOR: Das hast du gesagt! Was ist mit ihr?

AGATON: Sie war eng mit Dr. Spock befreundet, und ihre Tochter gilt als das erste Spock-Kind …

THEODOR: Na, da hat sie wohl ihre eigene *Medusin* zu kosten bekommen! Oder seine! Aber wird es nicht endlich Zeit, Agaton, dass wir erfahren, worin diese angebliche Ähnlichkeit zwischen Pippi und Sokrates besteht? Sollen wir das so verstehen, dass auch Sokrates ein Spock-Kind war? Bisher hört sich das für mich alles an wie ein schlechter Witz.

AGATON: Du hast doch wohl nicht vergessen, weshalb Sokrates vor Gericht gestellt und dann sogar zum Tode verurteilt wurde? Ebendeshalb – angeblich hatte er die Jugend verdorben! Das mit der Ähnlichkeit ist also durchaus kein schlechter Witz, aber doch ein Witz. Freud hat ein ganzes Buch über das Wesen des Witzes geschrieben, und darin behauptet er, dass der Witz immer schon mit der Fähigkeit einhergegangen sei, Ähnlichkeiten zwischen unterschiedlichen Dingen zu entdecken, ich meine, versteckte Ähnlichkeiten. Und dann zitiert er den Dichter Jean Paul, denn der nennt den Witz den »verkleideten Geistlichen, der alle Paare traut«. Und dann noch einen Dichter, der hinzufügt, vor allem Paare, deren Verwandtschaft diese Verbindung ablehnt.

THEODOR: Soll das ein Witz sein?

AGATON: Das muss das frisch gebackene Ehepaar selber entscheiden.

THEODOR: Von wem redest du hier?

AGATON: Das musst du ja wohl begriffen haben – von *Pippi und Sokrates.*

Pippi und Sokrates

»Was gibt es da zu fragen und zu streiten, wenn zwei arme Zwillinge sich zufällig ähnlich sehen?«

※ ※ ※

*Zu wissen, was man nicht weiß,
ist auch eine Art Allwissenheit.*
           Piet Hein

Der Herr, dessen das Orakel zu Delphi ist, spricht nicht aus und verbirgt nicht, sondern gibt ein Zeichen.
           Heraklit

Sokrates ist in unserer westlichen Tradition der Inbegriff der Philosophie. Er wurde durch Platons Dialoge unsterblich gemacht, und deshalb sehen wir ihn immer noch vor uns, immer auf der Suche – mit bloßen Füßen und kahlem Schädel – nach neuen schönen und aufgeweckten Jünglingen, in denen er die Liebe zur Weisheit erwecken konnte. Seiner Ansicht nach war das die einzige Kunst, die er beherrschte: Wie eine Hebamme den Schwangeren zu Kindern verhilft, wollte er zu Gedanken verhelfen. Anders als die körperliche Hebammenkunst, die seine Mutter Phainarete ausübte, gab seine seelische Tätigkeit ihm auch die Fähigkeit, die wahren Kinder von den falschen zu trennen. Und diese doppelte Kunst ist zu jeder Zeit Philosophie gewesen: erbauliche Wissenssuche und kritische Überprüfung.

Wir sehen ihn vor uns auf dem Markt, unter Freunden, im Getümmel des Lebens, immer diskutierend – und in stillen Stunden, wenn der Geist ihn überkommt, steht er stundenlang unbeweglich und stumm da. Wir sehen ihn vor uns vor Gericht, wo er wegen Blasphemie und Verderben der Jugend zum Tode verurteilt wird. Das Orakel von Delphi hat ihn zum weisesten aller Menschen ausgerufen – da er, wie er in seiner Verteidigungsrede darstellt, als Einziger weiß, dass er »nichts weiß« – und ihm zur Aufgabe gesetzt, das Wissen der guten Bürger kritisch zu überprüfen. Wir sehen ihn vor uns in der Gefängniszelle, umgeben von seinen Freunden, wo er ihnen auseinander legt, dass es besser ist, *unschuldig* verurteilt zu werden als schuldig, und dass er das Urteil nicht durch Flucht ungültig machen will. Wir sehen ihn vor uns, wie er den Schierlingsbecher leert und erlebt, dass sein Körper nach und nach erkaltet.

Sokrates hat seine Philosophie gelebt – und ist für seine Philosophie gestorben. Er ist das Ideal und der Archetyp der Philosophie.

Das Bild des alten Weisen, der die griechischen Kardinaltugenden Weisheit, Mut, Gerechtigkeit und Selbstbesinnung verkörperte, wird vom Ironiker Sokrates vervollständigt. Von dem, der vorgab, über keinerlei Wissen zu verfügen, um dadurch die Meinungen der anderen aus ihnen herausholen zu können. Dem, der seine Gesprächspartner immer weiter in die Enge trieb und sie in verzweifelter Ausweglosigkeit hinterließ, in einer *Aporie*, nachdem er alle ihre Standpunkte zertrümmert hatte. Dem, der alles und alle in Grund und Boden argumentierte und nicht einen Stein auf dem anderen ließ. Dem alten *Scherzbold*, wie Kierkegaard ihn voller Bewunderung nennt.

Dass die Ironie ein Deckmantel für die Hebammenkunst ist, muss ein Geheimnis bleiben. In Platons *Theaitetos* mahnt Sokrates, das nicht zu verraten, da die meisten Menschen ihn noch nicht durchschaut haben und ihn deshalb als komischen Kauz bezeichnen, der sie noch um den Verstand bringen wird.

Deshalb ist es durchaus überzeugend, dass Sokrates bei seiner Wiedergeburt im 20. Jahrhundert nicht als alter, rundlicher, weißbärtiger Weiser unter uns tritt, sondern als neun Jahre altes schmächtiges Mädchen mit starren roten Zöpfen.

Dass Pippi der Sokrates unserer Zeit ist, der eigentliche Inbegriff der Philosophie, lässt sich wunderbar leicht beweisen. Nach dem Vorbild von Kierkegaards Magisterarbeit aus dem Jahre 1841, *Über den Begriff Ironie,* in der er sich immer wieder auf Sokrates bezieht, fällt diese Aufgabe in drei Teile: die Ermöglichung des Verstehens, die Verwirklichung und die Notwendigmachung.

Die Ermöglichung des Verstehens: Pippi und Sokrates ähneln einander

Es ist ziemlich überraschend, in welchem Grad zwei – von außen betrachtet – dermaßen unterschiedliche Personen einander ähneln können. Als Erstes können wir das Fehlen körperlicher Schönheit nennen. Im Grunde sind sie beide ungewöhnlich hässlich. Der »feine Herr«, der die Villa Kunterbunt kaufen will, drückt sich sehr wenig höflich aus: »Ich glaube wahrhaftig, du bist das hässlichste Balg, das ich je gesehen habe.« Pippi, die sich ihres auffallenden Äußeren durchaus bewusst ist, kokettiert gern damit. Nachdem ihr klar gemacht worden ist, dass kleine Kinder gesehen, aber nicht gehört werden sollten, bezeichnet sie sich als »eine Freude für das Auge«, doch sie will schließlich dafür sorgen, dass auch die Ohren sich nicht langweilen. Auch Sokrates wird es nie müde, sich über sein unschönes Äußeres lustig zu machen, das scheinbar so wenig mit der Vorstellung über den edlen Charakter des wahren Philosophen übereinstimmte.

Genau dieser Gegensatz zwischen Äußerem und Innerem bringt (in Platons *Symposion*) den beschwipsten Politiker Alkibiades dazu, Sokrates mit einem Silen zu vergleichen: von außen hässlich und ungeschlacht wie ein Silen oder Satyr, innen aber das schönste Götterbild. Frau Settergren, die Mutter von Thomas und Annika, ahnt entsprechend, was sich in dem unerzogenen kleinen Mädchen verbirgt. »Pippi Langstrumpf benimmt sich vielleicht nicht immer tadellos. Aber sie hat ein goldenes Herz.«

Und beide schöpfen aus ihrem reichen Innenleben: Pippi buchstäblich, wenn sie Goldstücke an vernachlässigte Kinder und bedürftige Einbrecher verteilt. Beide sind vorbildliche Verkörperungen der klassischen griechischen Tugenden – Weisheit, Mut, Gerechtigkeit und Selbstbesinnung –, Tugenden, die sie nicht nur praktizieren, sondern die sie auch immer wieder zum Gegenstand von Diskussion und Reflexion machen.

Die letztgenannte Tugend ist vielleicht nicht gerade eine, die wir unmittelbar mit Pippi Langstrumpf verbinden. Doch der Text bringt immer wieder Beispiele dafür, dass sie Selbstbesinnung durchaus zu schätzen weiß – solange sie eben im Menschen selbst verankert ist und ihm nicht von (falschen) Autoritäten aufgezwungen wird: »Es ist sicher das Beste für Kinder, ein ruhiges und geregeltes Leben zu führen, wenn sie die Regeln selber aufstellen können.«

Pippi stellt – direkt oder indirekt – mehrere tief greifende Fragen aus Platons sokratischen Dialogen: Was ist ein Gegenstand, was ist ein Wort, was ist Wissen, was ist Gerechtigkeit, was ist Nutzen, was ist Mut, was ist Freundschaft? Wie Sokrates vergibt sie Unwissenheit: »Man kann ja nie wissen«, sagt sie immer wieder, wie als vereinfachtes Echo des sokratischen »Ich weiß, dass ich nichts weiß«. Und wie Sokrates ist sie selbst ein Rätsel. Wie Thomas sagt: »Bei Pippi weiß man nie.«

Dieses Rätselhafte, wo sich ein schönes Inneres in einem unschönen Äußeren versteckt, gilt auch für ihre Reden. Beide werfen mit scheinbarem Unsinn um sich, der bei genauerem Hinsehen tiefe Erkenntnisse enthält. Nachdem er Sokrates mit hässlichen Figuren, in denen Götterbilder versteckt sind, verglichen hat, beschreibt Alkibiades die Wirkung der Worte des Sokrates. Und Platon könnte durchaus an Pippi Langstrumpf gedacht haben, als er Folgendes geschrieben hat:

Wer zufällig zuhört, was Sokrates so zu sagen hat, wird es oft ungeheuer albern finden, eben weil Sokrates zu unerwarteten Wörtern und Redensarten greift. Er erwähnt Packesel und Kupferschmiede, Lohgerber und Schuster. Doch wenn wir uns seine Worte wirklich ansehen und uns damit beschäftigen, dann stellen wir sicher fest, dass ihr Inneres reich an Weisheit ist; wir werden sie göttlich finden, gefüllt bis an den Rand mit Bildern edlen Denkens, und wir werden auch feststellen, dass sie sehr weit greifen, dass sie alles erfassen, was für einen edel denkenden und ernsthaft strebenden Menschen wichtig ist.

Sokrates erzählt, dass er als der »wunderlichste unter den Sterblichen« bekannt war. In Athen galt er als Original, als Mann, über den die seltsamsten Geschichten in Umlauf waren. Seine körperliche Kraft und seine Ausdauer sind ebenso legendär wie seine intellektuelle Kraft und sein moralischer Mut. Mitten in seinen philosophischen Gesprächen mit allen, die ihm über den Weg laufen, kann er verstummen und Stunden in einer Art Trance verbringen. Oder er unterbricht sich mitten im Satz, am Weiterreden gehindert von seinem *daimon*, der Orakelstimme in seinem Inneren, die ihn niemals antreibt, sondern die ihn warnt und ihn davon abhält, etwas Falsches zu sagen. Und dann legt er wieder los, dieser komische Kauz mit seinen nervtötenden Fragen und seiner Fähigkeit, alles auf den Kopf zu stellen. Angeblich war er bei der Premiere von Aristophanes' *Wolken* im Theater, wo die Hauptperson ein gerissener Sophist namens Sokrates ist. Und dort soll er sich während der Vorstellung erhoben haben, damit das Publikum sich ein Bild davon machen konnte, ob die Bühnenfigur Ähnlichkeit mit dem Original habe.

Pippi ist nicht weniger originell: ein kleines Mädchen, das ein Pferd und eine Schiffsmannschaft in die Luft stemmen kann. Die den »stärksten Mann der Welt« besiegt, die eigene Wörter und Schreibweisen erfindet und beim Schlafen ihre Quanten auf das Kopfkissen legt. Die Stieren, Haien und Einbrechern ins Gewissen redet und die ihre Gesprächspartner mit haarsträubender Wortklauberei zur Verzweiflung treibt. Die rückwärts geht und sich durch die Luft schwingt und alles auf den Kopf stellt. Die in den Vorstellungen der Leute Chaos verursacht – und eine neue Ordnung einführt. »Die ganze Welt ist voll von Sachen, und es ist wirklich nötig, dass jemand sie findet. Und das gerade, das tun die Sachensucher.« Und sie verfällt ebenfalls in Trance: Thomas und Annika kommen in ihre Küche gestürzt und begrüßen sie lautstark. Aber sie bekommen keine Antwort, denn Pippi sitzt mit Herrn Nilsson, dem kleinen Affen, im Arm und einem glücklichen Lächeln um den Mund auf der Bank. Auch Pippi hat offenbar einen *daimon*, der sie zurückhält, wenn ihre Lügengeschichten zu wild werden: »Ja, Lügen ist sehr hässlich. Aber ich vergesse es hin und wieder, weißt du.«

Sokrates und Pippi weisen die Kennzeichen des *Genies* auf, das Kierkegaard zufolge dem Gewitter ähnelt, denn es kehrt sich gegen den Wind und stürzt die Menschen in Entsetzen. Pippi ist die Götterdämmerung in eigener Person: »Pippi ritt durch die kleine Stadt, und die Leute drückten sich ängstlich gegen die Hauswände, als sie vorbeigestürmt kam.« Zugleich schenkt sie Vertrauen und Geborgenheit:

»*Wir brauchen keine Polizei hier in der Stadt*«, sagte einer, »*solange wir Pippi Langstrumpf haben.*«
»*Nein, wahrhaftig*«, sagte ein anderer. »*Sie wird mit Tigern und Strolchen fertig.*«
»*Natürlich brauchen wir die Polizei*«, sagte Pippi. »*Wer sollte denn sonst dafür sorgen, dass alle Fahrräder an der falschen Stelle geparkt sind?*«

Hier bekommen wir einen Vorgeschmack auf Pippis Ironie – sie sorgt für Ordnung, indem sie die Dinge auf den Kopf stellt. Ein Fahrrad ist nicht falsch geparkt, solange die Polizei als Arm des Gesetzes das so entschieden hat. Mit anderen Worten: Das Gesetz sorgt für Übertretungen.

Wenn Pippi über die beiden Matrosen der Hoppetosse erzählt, Agaton und Theodor, werden wir abermals auf Platons Welt und Sokrates' Freundeskreis verwiesen. Der Tragödiendichter Agathon (dieser Name bedeutet »der Gute«) ist kein Geringerer als der geehrte Gastgeber beim *Symposion*. Der Mathematiker Theodoros (»die Gottesgabe«) ist ein zentraler Gesprächspartner in den Dialogen *Theaitetos* und *Der Sophist*, in denen Wissen und Sein das Thema bilden.

Pippis einziger Schultag ist dermaßen von Themen aus dem *Theaitetos* gefüllt, bis zu Details wie richtiger und falscher Schreibweise, korrekter Abbildung und dem konkreten Rechenexempel $5 + 7 = 12$, dass man meinen könnte, Astrid Lindgren habe sich Platons Text zum Vorbild genommen! An diesem Tag, berichtet Pippi, habe sie »so viel Weisheit in mich reinbekommen, dass mir jetzt noch der Kopf brummt«. Als sie sich deshalb das nächste Mal zur Schule wagt, hängt sie sich lieber vor dem Fenster in einen Baum: »Meinst du nicht«, fragt sie die Lehrerin, »dass etwas von der Weisheit durch das Fenster fliegt und an mir hängen bleibt? So viel, dass ich mit auf den Ausflug kommen kann?«

Wir glauben hier fast, den großen Ironiker im *Symposion* zu hören. »Welche Ehre ist es doch, hier neben dir zu liegen, Agathon«, sagt Sokrates, und er freut sich über die viele Weisheit, die zu ihm herüberströmen wird – falls es denn so ist, dass Weisheit vom Volleren in den Leeren überfließen kann, so wie Wasser durch einen Wollfaden aus einem vollen Becher in einen leeren fließt.

Für diese Art Weisheit, die den Kopf zum Brummen bringt, hat Pippi ebenso wenig Sinn wie Sokrates. Zufälliges Faktenwissen von der Art, wie Sophisten und Schule es anbieten können, ist nicht nur nutzlos und flüchtig, sondern geradezu schädlich für die Seelenbildung: »Aber bedenkt mal, ... wenn ich gerade gelernt habe, wie viele Hottentotten es gibt, und einer davon bekommt Lungenentzündung und stirbt.« Dann war das ganze Büffeln für die Katz und Pippi ist noch immer keine gebildete Dame. Anderswo, weit entfernt von unseren Breitengraden, hat das Schulwesen daraus radikale Konsequenzen gezogen: »In Argentinien ist es streng verboten, Schularbeiten zu machen ... Rechnen haben sie dort überhaupt nicht, und wenn es ein Kind gibt, das weiß, wie viel 7 und 5 ist, muss es den ganzen Tag in der Ecke stehen.«

Das wahre Wissen, finden Sokrates und Pippi, ist uns von der Natur gegeben. Unwissenheit ist nichts anderes als Vergessen, und Gelehrsamkeit ist Erinnerung, *anamnesis*. Von dort leitet sich die sokratische Hebammenkunst oder *Maieutik* ab.

Die Hebamme Sokrates geht systematisch ans Werk. Wenn Sokrates fragt, was Selbstbesinnung ist, sucht er einen allgemeinen Begriff. Der junge Charmides – im gleichnamigen Dialog – leidet unter Geburtswehen, kann aber nur *Beispiele* für Selbstbesinnung gebären. Und diese werden dem erbarmungslosen logischen Drill des Sokrates ausgesetzt und nach und nach als Wechselbälger der Wahrheit entlarvt.

Pippi ist in ihren Anforderungen nicht weniger konsequent:

»Ich möchte vier Liter Medusin kaufen«, sagte Pippi.

»Was für eine Sorte Medizin?«, fragte der Apotheker ungeduldig.

»Ja, es soll möglichst eine sein, die gut gegen Krankheit ist«, sagte Pippi.

Diese vermeintliche Tautologie (Was für ein Junggeselle? Ja, am liebsten ein unverheirateter.) betont, dass Pippi sich nicht mit irgendeinem Mittel gegen irgendeine Krankheit begnügen will. Sie verlangt eine Arznei gegen Krankheiten ganz allgemein. Der Apotheker kann, wie Charmides, nur Beispiele anbieten: eine lange Reihe unterschiedlicher Medizinen gegen unterschiedliche Krankheiten. Pippi dagegen verlangt die Essenz der Medizin. Weder sie noch Sokrates lassen sich mit *Partikularia* abspeisen, sie verlangen *Universalia*, das Universalmittel schlechthin!

»Entschuldigen Sie, lieber Aputheker ...«, sagt sie und macht kurzen Prozess mit seinem Unverstand. Sie kauft alle Gläser und Flaschen mit besonderer Medizin, inklusive Möbelpolitur, mischt alles in einer großen Flasche, schüttelt und trinkt ...

Da auf mehreren Flaschen die Aufschrift »Nur äußerlich anwenden« prangt, erhebt sich die Frage, ob die Universalmedizin vielleicht giftig sein kann. Pippi reagiert pragmatisch: Entweder lebt sie morgen noch, dann ist sie nicht giftig. Oder sie ist giftig, dann können Thomas und Annika damit immer noch die Möbel polieren. »Ob giftig oder nicht, jedenfalls ist die Medusin dann nicht umsonst gekauft worden.« Wie Sokrates nimmt Pippi ihrem Tod gegenüber eine Haltung ein, die ironisch und stoisch zugleich ist.

»›Übrigens glaube ich, dass es eine sehr gute Medizin ist‹, sagte Pippi. ›Ich fühl mich schon viel gesünder.‹«

Der schöne Jüngling Charmides wird von nervösen Kopfschmerzen gequält, und Sokrates verordnet Zauberlieder – oder eine »Redekur« (wie eine von Freuds Patientinnen die Psychoanalyse genannt hat). Um das junge Gemüt der Selbstbesinnung zu öffnen, müssen sie klären, was Selbstbesinnung ist. Im Nachhinein verstehen wir, dass die sokratische Universalmedizin, die erwähnten Zauberlieder, eben aus dem untersuchenden Gespräch besteht, seinem dialektischen Dialog.

In Pippis Welt sind es die Erwachsenen, die eine Gesprächstherapie brauchen. Die alte Tante Laura zum Beispiel klagt: »Ich bin so nervös und alles regt mich auf.« Pippis Zauberlieder, die auf den ersten Blick nicht gerade beruhigend wirken, zeitigen eine starke Wirkung. Laura will über ein »komisches Zusammentreffen« erzählen, aber Pippi kommt ihr mit ihren Anekdoten über die Matrosen Agaton und Theodor zuvor. Agaton musterte in Singapur an, er war zweieinhalb Meter groß und mager, hatte rabenschwarze Haare, die ihm bis zum Nabel reichten, und einen einzigen langen Zahn mitten im Mund. »Papa fand ja, dass Agaton zu hässlich wäre ...« Aber in Hongkong musterte dann auch Theodor an:

»Zweieinhalb Meter lang war er, rabenschwarzes Haar hatte er, das ihm bis zum Gürtel reichte, und einen einzigen großen Stachel im Mund. Agaton und Theodor waren sich wirklich kolossal ähnlich. Besonders Theodor. Sie sahen sich einfach ähnlich wie zwei Zwillinge.«
»Das ist ja komisch«, sagte Tante Laura.
»Komisch?«, fragte Pippi. »Was ist daran komisch?«
»Dass sie sich so ähnlich sahen«, sagte Tante Laura. »Das ist doch komisch.«
»Nee«, sagte Pippi. »Das ist nicht die Spur komisch. Denn sie waren Zwillinge. Beide. Sogar schon von Geburt an. Und vor allem Agaton. Ich versteh nicht, was du meinst, Tante Laura. Was gibt es da zu fragen und zu streiten, wenn zwei arme Zwillinge sich zufällig ähnlich sehen?«

Nein, wie es sich herausstellt, das echte äußerst merkwürdige Zusammentreffen war, dass Agaton und Theodor beide mit den Zehen einwärts gingen, wobei ihre großen Zehen bei jedem Schritt gegeneinander stießen. »War das nicht ein komisches Zusammentreffen? Die großen Zehen fanden das jedenfalls.«

Und auf diese Weise wurde Tante Laura von Zwangsvorstellungen und Nervosität geheilt. »›Auf Wiedersehen, Kleine‹, sagte sie. ›Du hast Recht. Ich glaube, ich fange an, mich schon besser zu fühlen. Ich bin gar nicht mehr so nervös.‹«

Und so ist der Weg bereitet für die Möglichkeit eines äußerst komischen Zusammentreffens: dass Pippi und Sokrates Zwillinge sind.

Die Verwirklichung der Auffassung: Pippi und Sokrates haben denselben Auftrag

Wie Sokrates ist Pippi eine Befreierin – von Vorurteilen und fest verwurzelten Vorstellungen, von falschem Wissen und Konventionen. Sokrates sucht die Leute auf, die aufgrund ihres Berufes und ihrer Stellung in der Gesellschaft bestimmte Dinge wissen müssten, und stellt ihr Wissen auf die Probe. Er fragt den Heerführer Laches darüber aus (im Dialog *Laches*), der Rhapsode Ion (in *Ion*) soll sich über Dichtkunst äußern – und beide müssen zugeben, dass sie im Grunde keine Ahnung davon haben, was sie so treiben. Die Dialoge enden in einer Sackgasse, in einer *Aporie*. Pippi nimmt sich eine Reihe von Autoritäten vor – Eltern, Lehrer, Polizei, Jugendamt, die Feinen und die noch Feineren – und zeigt ihnen nachdrücklich, dass ihr Wissen Luft ist, und schlimmer noch: dass ihre Macht nicht durch höhere Ideale legitimiert wird, sondern Macht um der Macht willen ist. Das Ziel der Macht ist Disziplinierung, das Ziel der Disziplinierung ist Macht.

In seiner Verteidigungsrede vergleicht Sokrates seine Aufgabe mit der einer Pferdebremse. Das Orakel hat ihn wie eine wütende Bremse auf den trägen Gesellschaftsgaul losgelassen, um diesen zu reizen und zu wecken. Pippi ist in ihrer Rolle als Befreierin keine geringere Plage. Es kommt zu luftigen Runden – verbal und körperlich gesehen – für Polizisten, feine Herren und andere Vertreter der Obrigkeit. Pippi empfindet ihre Aufgabe nicht als schwere Pflicht. Nachdem sie mit zwei energischen Staatsbürgern in Uniform jongliert hat, ruft sie:

»Wie schön ist es doch zu leben! ... Polizisten sind das Beste, was ich kenne – gleich nach Rhabarbergrütze!«

Pippis Freundin Annika ist nicht so scharf auf Grütze. Sie stochert darin herum, während ihre Mutter sie zum Aufessen drängt. Pippi stellt sich scheinbar auf die Seite der Macht und führt durch die Begründung des tieferen Sinnes des Grützeessens das Ganze ad absurdum – und damit sinnbildlich: jegliche Erziehung.

»Es ist klar, dass du deine gute Grütze essen musst. Denn wenn du deine gute Grütze nicht isst, dann kannst du nicht wachsen und groß und stark werden. Und wenn du nicht groß und stark wirst, dann kannst du deine Kinder nicht zwingen, ihre gute Grütze zu essen. Nein, Annika, so geht das nicht. Es gäbe ja ein furchtbares Durcheinander in diesem Land mit der Grütze-Esserei, wenn alle so denken würden wie du.«

Dieses dreimalige »gute Grütze« sorgt dafür, dass uns allen die gute Grütze im Hals stecken bleibt und dass sich uns der Magen umdreht. Pippis Ironie über Ziel und Mittel der Erziehung können schon von den jüngsten Leserinnen und Lesern verstanden werden. Die »gute Grütze« muss hinuntergewürgt werden, damit das Kind später seine eigenen Kinder dazu zwingen kann, gute Grütze hinunterzuwürgen. Die normale Motivation zum Essen, die jedes Kind kennt – dass es »groß und stark« werden soll –, wird hier in ihrer ganzen Brutalität entlarvt: Wir sollen groß und stark werden, um unsere Kinder derselben »erzieherischen Gewalt« zu unterziehen, der wir selbst ausgesetzt waren. Grütze ist Macht und Macht ist Recht. Und was ist der tiefere Sinn dieses in jeder Generation wiederholten Übergriffes? Es geht hier durchaus nicht um das Wohlergehen des einzelnen Kindes – o nein –, sondern um die gesellschaftliche Ordnung an sich. Die Gesellschaft soll vor der Anarchie gerettet werden, vor einem »furchtbaren Durcheinander«.

Sokrates und Pippi Langstrumpf werden angeklagt, weil sie die Grütze-Esserei in ihrem Land auf furchtbare Weise durcheinander gebracht haben. In der Anklageschrift gegen Sokrates heißt es, er sei ein Gesetzesbrecher, da er nicht an die Götter des Staates glaubt und neue dämonische Mächte einführen möchte. Außerdem verderbe er die Jugend. Und deshalb forderte die Anklage die Todesstrafe.

Als *Pippi Langstrumpf* 1945 in Schweden auf den Markt kam, wurde das Buch zuerst freundlich aufgenommen. Dann brach der Sturm los. Empörte Leserbriefe behaupteten, die Autorin untergrabe Moral, Religion und gesellschaftliche Ordnung und verderbe die Kleinen. In einem Brief wurde mit Matthäus 18, 6 gedröhnt: »Wer jedoch einem dieser Kleinen, die an mich glauben, etwas zuleide tut, für den wäre es besser, ihm einen Mühlstein an den Hals zu hängen und ihn im tiefen Meere zu versenken.«

Pippi ist in der Tat ein Sokrates!

Die Notwendigmachung der Auffassung: Pippi und Sokrates sind eins!

In der französischen und in der für die USA bestimmten englischen Übersetzung – und sicher auch noch in anderen – wurde *Pippi Langstrumpf* disziplinierenden Eingriffen gröbster Sorte unterzogen. Was für eine Ironie! Dem Text passiert genau das, was er so vorbildlich und entlarvend ins Lächerliche zieht!

In der französischen Übersetzung fehlt ein Drittel des Textes, unter anderem alle Passagen, in denen Pippi Lügengeschichten erzählt oder sich Erwachsenen gegenüber unhöflich verhält, kurz gesagt, die witzigsten Stellen. Zum Ausgleich wurde neuer Text hinzugefügt, um kleinere Unziemlichkeiten zu überspielen. Der Verlag wandte sich schließlich mit dem Vorschlag an Astrid Lindgren, Pippis Pferd durch ein Pony zu ersetzen. Und zwar mit der Begründung, französische Kinder dächten realistischer als schwedische und ließen sich nicht einreden, ein neunjähriges Mädchen könne ein Pferd hochheben. Astrid Lindgren antwortete, sie habe keine Einwände, doch der Verlag solle ihr zuvor das Bild eines kleinen Mädchens zukommen lassen, das ein Pony stemmt.

Das ist Xenophon! Der Heerführer und Autor Xenophon ist die dritte zeitgenössische Quelle über Sokrates (neben Platon und Aristophanes), doch er ist dermaßen verständnisvoll, dass der alte Ironiker sicher ausgerufen hätte: »Gott schütze mich vor meinen Freunden!«

Xenophons ausdrückliches Ziel ist es, alle Anklagen, die zur Verurteilung von Sokrates geführt haben, zu entkräften. Und das gelingt ihm nur zu gut: In seiner retuschierten Darstellung ist Sokrates nicht nur das pure Unschuldslamm, er ist noch dazu ganz und gar ungefährlich. Mit seinem mangelnden Gespür für die ironische Replik macht Xenophon aus Sokrates einen gutbürgerlichen, moralisierenden, redseligen Verbraucherschützer. Wenn diese Auffassung zutreffen sollte, bemerkt Kierkegaard, dann hätten die Athener Sokrates zum Tode verurteilt, weil er sie langweilte, und nicht, weil sie ihn fürchteten.

Kierkegaards Deutung der drei erhaltenen Primärquellen sieht so aus: Jede hat auf ihre bemerkenswerte Weise Sokrates *missverstanden*. Xenophon hat ihn in die Niederungen der Nützlichkeit herabgezogen, Platon hat ihn in die überirdischen Sphären der Ideen hochgezogen, und Aristophanes hat ihn auf parodistische Weise zwischen allen Sphären schweben lassen, in der losen Luft zwischen Himmel und Erde. Wenn es uns an direkten Zeugenaussagen und einer zuverlässigen Deutung auch fehlen mag, so besitzen wir doch immerhin alle Nuancen des Missverständnisses, sagt Kierkegaard. Und »bei einer Persönlichkeit wie Sokrates ist uns damit sicher am besten gedient«.

Aber wie mag er das gemeint haben – dass uns mit dem Missverständnis am besten gedient ist? Eine Persönlichkeit, die sich konsequent hinter Ironie versteckt, lässt sich nicht auf einen Blick erfassen. Kierkegaard treibt die Sache auf die Spitze: Sokrates ist ebenso schwer abzubilden wie ein Zwerg mit einer Tarnkappe, die ihn unsichtbar macht.

Um Sokrates zu erfassen, muss man ihn betrachten wie ein Vexierbild, eine bildliche Darstellung, aus der man durch genaueres Betrachten eine andere herausfinden soll. Das Bild, das Kierkegaard als Beispiel heranzieht, zeigt auf den ersten Blick Napoleons Grab auf St. Helena, umgeben von hohen Bäumen. Doch wenn wir den Konturen der Bäume folgen, dann tritt plötzlich dazwischen Napoleons vertraute Gestalt hervor. Und danach sehen wir ihn mit »fast beängstigender Notwendigkeit« immer wieder. So, meint Kierkegaard, könnten die drei einander ergänzenden Missverständnisse gedeutet werden: Aus diesem leeren Nichts zwischen ihnen tritt die Gestalt des Sokrates hervor.

Die drei Missverständnisse – der trivialisierte Sokrates, der idealisierte Sokrates und der parodierte Sokrates – ziehen die Konturen des Ironikers Sokrates. Und Ironie ist der Standpunkt, der Missverständnisse verständlich macht. Doch eins davon unterscheidet sich von den beiden anderen Missverständnissen:

Aristophanes, meint Kierkegaard, kommt in seiner Darstellung der Wahrheit sehr nah.

So lautet, wenn wir sie aus dem Lateinischen übersetzen, die siebte der fünfzehn Thesen, die Kierkegaard bei seiner Magisterprüfung verteidigen sollte:

Die Komödie Die Wolken *zeigt ein lächerliches Zerrbild des Sokrates – aber wenn ein Zerrbild treffend sein soll, dann muss es auf komische Weise wahr sein. Und wie gesagt, das Publikum hatte im Jahre 423 v. Chr. in Athen das Vergnügen, die Parodie direkt mit dem Original vergleichen zu können.*

In den *Wolken* erscheint Sokrates als Erzsophist und Naturphilosoph, der eine eigene Spekulierschule betreibt, das *Phrontisterion* (Denkerei), wo er seine Schüler in falscher Rhetorik, logischen Tricks und gottlosem Freidenkertum unterrichtet. Er verbringt seine Tage in einem Korb, in dem er zwischen Himmel und Erde schwebt, in direktem Kontakt mit den Wolken, die er anstelle von Göttern anbetet. (Dieser Korb, der zum attischen Theater gehörte, wurde in Tragödien oft verwendet, um Götter auf die Bühne zu holen, wenn der Konflikt Ausmaße erreichte, bei denen nur noch höhere Mächte helfen konnten. Daher stammt der Ausdruck *deus ex machina*, »Gott aus der Maschine«, mit dem eine unerwartete und oft aufgesetzte Lösung bezeichnet wird. Und deshalb ist es besonders komisch, wenn auch der Sophist Sokrates dieses Beförderungsmittel benutzt.)

In der Rolle der Wolken tritt der Chor auf, dieser feste Bestandteil griechischer Tragödien und Komödien. Der Chor besteht eigentlich aus Frauen, die sich zur Feier des Tages als Wolken verkleidet haben, die zur Feier des Tages aussehen wie – Frauen! Das ist wie die bekannte Geschichte der Kartoffel, die aussieht wie ein Bär, der sich zusammengerollt hat und deshalb einer Kartoffel zum Verwechseln ähnlich sieht.

Die Denkerei besucht der ehrsame Bauersmann Strepsiades, der sich wegen seiner verschwenderischen Frau und seines pferdeverrückten Sohnes bis über beide Ohren verschuldet hat. Er braucht einen Schnellkurs in sophistischer Scheinlogik, um seine Schulden wegdiskutieren zu können. Aber seine Fähigkeiten reichen nicht aus für die dialektischen Übungen, die nötig sind, um Schwarz zu Weiß und Unrecht zu Recht zu machen. Dem Sohn, Pheidippides, gelingt das schon besser. Der wettergegerbte Pferdebursche wird mit Mehl eingerieben, um ebenso leichenblass auszusehen wie Sokrates und dessen Jünger. Schwarz zu Weiß. Und nach nur wenigen Stunden in der sokratischen Denkerei, unter der persönlichen Anleitung des personifizierten Lehrmeisters Falsche Rhetorik, ist »seine Zunge zum zweischneidigen Schwert geschliffen«, das mit Leichtigkeit den drohenden Zahltag aus dem Kalender tilgt. Der letzte Tag im Monat, an dem die Zinsen fällig wurden, wurde im griechischen Kalendersystem »Alt und Neu« genannt – und Pheidippides weist mit

Leichtigkeit nach, dass es einen solchen Tag nicht geben kann. Das ist eine treffende Parodie auf sokratische Dialektik, die eben darauf aufbaut, dass demselben Gegenstand nicht widersprüchliche Eigenschaften zugeschrieben werden können.

Leider haben die frisch erworbenen Fähigkeiten des Sohnes für den Vater eine unselige Kehrseite. Zusammen mit dem Zahltag verschwinden auch Ehrerbietung und Gehorsam dem Vater gegenüber in der Versenkung. Mit unwiderlegbaren Schlussfolgerungen beweist Pheidippides, dass die einzige Schuld, die unbedingt, und zwar mit Zinsen, zurückgezahlt werden muss, die Prügel sind, mit denen sein liebender Vater ihn überhäuft hat. Erst jetzt sieht der einfältige Strepsiades ein, dass die neue Weisheit ins Verderben führt. Voller blauer Flecken und schäumend vor Wut stürzt er zur Denkerei und steckt sie in Brand.

Die frische, sommersprossige Pippi kann ebenfalls mit dem Mehl umgehen. Schon bei seiner allerersten Begegnung mit dem »merkwürdigen Mädchen mit den großen Schuhen« möchte Thomas wissen, was das denn solle, als Pippi, »von oben bis unten weiß wie ein Müller«, auf dem Küchenboden Pfefferkuchenteig ausrollt. »Wenn ich sage, dass ich gerade dabei bin, den Schornstein zu fegen, glaubst du mir doch nicht, schlau wie du bist. Tatsache ist, dass ich backe.« Aus lauter Sympathie für diese beiden braven Kinder untergräbt sie ihre Ironie im selben Moment, in dem sie sie ausspricht. Ansonsten müssen alle, die sich Pippis Denkerei nähern, damit rechnen, dass sie ihrer Fähigkeit, aus Schwarz Weiß zu machen und die Dinge auf den Kopf zu stellen, in die Falle gehen würden.

»Bist du das Mädchen, das in die Villa Kunterbunt eingezogen ist?«, fragte einer der Polizisten.
»Im Gegenteil«, sagte Pippi. »Ich bin eine ganz kleine Tante, die in der dritten Etage am anderen Ende der Stadt wohnt.«

Pippi hat noch in den seltsamsten Situationen eine ironische Antwort bei der Hand. Auf der Taka-Tuka-Insel, wo Pippi einem Hai ins Gewissen reden muss, um Thomas zu retten, ist sie danach einfach fertig.

»*Du weinen, weil Thomas beinah aufgefressen?*«, vermutete Momo.
»*Nein*«, sagte Pippi mürrisch und trocknete sich die Augen. »*Ich weinen, weil kleiner hungriger Hai heute kein Frühstück bekommen hat.*«

Aber die pippische und sokratische Ironie ist etwas anderes und viel mehr als die rhetorische Stilfigur »das Gegenteil von dem zu sagen, was man meint« – zu der beide allerdings häufig greifen. Die Ironie des Sokrates wird oft als »vorgebliche Unwissenheit« bezeichnet, weil er durch sein angebliches Unwissen die Ansichten der anderen hervorlocken und ihre Unwissenheit entlarven will. Diese Ironie ist eng verbunden mit der *Maieutik*, der Hebammenkunst, die das Gegenüber dazu bringt, eingebildetes Wissen aufzugeben und sich möglicherweise an wahre Erkenntnisse zu erinnern.

So gesehen ist Ironie nur die äußerste Konsequenz dessen, was jeder Lehrer mit pädagogischem Ziel betreibt – wider besseres Wissen Fragen zu stellen. Pippi ertappt die Lehrerin auf frischer Tat, als diese Dinge fragt, die sie eindeutig weiß. Der entscheidende Unterschied liegt darin, ob die Lehrerin fragt, um sich die Antwort bestätigen zu lassen, oder ob man wie Sokrates fragt, um Leere zu entlarven.

Kierkegaard geht um vieles radikaler vor. Mit Hegel definiert er den *ironischen Standpunkt* als »absolut unendliche Negativität«. Nicht weniger! Für den Ironiker hat die Wirklichkeit ihre Gültigkeit verloren. Der Ironiker misst die Wirklichkeit am Ideal und zeigt, wie sehr sie dagegen abfällt. Aber auch das Ideal hat für ihn keine Gültigkeit, auch das Ideal kann nicht als dauerhaft und haltbar erscheinen. Kurz gesagt: Der Ironiker negiert das Bestehende durch ein Ideal, das ebenso verneint wird. In dieser Zweideutigkeit allem gegenüber, in diesem schwebenden Zwischenzustand, genießt der Ironiker seine Freiheit. Und hier ist Aristophanes für Kierkegaard in seiner Darstellung des Sokrates der Wahrheit sehr nahe gekommen.

Aristophanes hat mit seinem Bild der Wolken und des Sokrates im Korb diese die Wirklichkeit aufhebende Ironie veranschaulichen können. Die Wolken können jegliche Gestalt annehmen. Im einen

Moment sehen sie aus wie Frauen, im nächsten wie ein Kentaur, ein Leopard, ein Wolf oder ein Stier. Die Regeln für die regellose Veränderlichkeit der Wolken liegen dem Sokrates des Stückes zufolge darin, dass sie spöttische Abbilder dessen sind, was sie sehen. Wenn sie auf der Straße den Dieb Simon sehen, verwandeln sie sich sofort in Wölfe. Und heute, erklärt Sokrates, haben sie Klisthenes gesehen – offenbar ein bekannter Transvestit – und nehmen deshalb die Gestalt von Frauen an. Die Wolken ähneln, ja sie parodieren alles Mögliche, sie sind jedoch nicht das, was sie darstellen, denn hinter allen diesen veränderlichen Gestalten sind sie einfach formlose Nebelmasse oder, wie Kierkegaard sagt, »die dunkel sich rührende unendliche Möglichkeit, das zu werden, was sie sein sollen ... die Möglichkeit, die Alles aufnehmen, aber Nichts festhalten kann«. Die Wirklichkeit wird zu Gleichnissen aufgelöst, doch diese, die das Wesentliche der Dinge so erfassen sollten wie platonische Ideen, erweisen sich ihrerseits als Nebel und Leere.

Diese ironische Doppelbewegung, die alles ins Nichts stürzt, entspricht dem schwebenden Sokrates im Korb, der teilweise von der irdischen Schwere befreit ist, der aber trotzdem nicht in der Sphäre der Ideen aufgeht. »Der Ironiker wird zwar leichter als die Welt, andererseits aber gehört er der Welt noch an, wie der Sarg des Mohammed schwebt er zwischen zwei Magneten.«

Wie den Sokrates der *Wolken* stellen wir uns auch Pippi *schwebend* vor. Sie klettert stetig (in doppelter Hinsicht). Sie klettert auf Bäume und Berge, auf Mauern und Dächer. Sie saust durch die Luft und taucht plötzlich an unerwarteten Orten auf. Auf der Taka-Tuka-Insel sitzt sie auf einer Schaukel aus Hibiskusbast – wie Sokrates in seinem Korb. Und aus ihrer Position zwischen Himmel und Erde rüttelt sie an allem und allen, von Eltern und Lehrern bis zu Polizei und Einbrechern. Sie wirft mit allerlei Autoritäten um sich, im wörtlichen wie im übertragenen Sinn. Ja, sogar Zirkusakrobaten – deren Fach doch gerade die Balancekunst ist – bringt sie aus dem Gleichgewicht.

Das Spiel der Wolken mit der Wirklichkeit, die spöttischen (Zerr-)Bilder, die sich wiederum in nichts auflösen, sind die Formel für Pippis Ironie der etablierten Weltordnung gegenüber. Es fehlt ihr nie an (übertriebenen) Gegenbeispielen aus anderen Weltgegenden. Wir kennen diese Logik des Gegenbeispiels schon: Etwas kann immer etwas anderes sein. Jegliche Handlung oder Haltung oder etablierte Wahrheit könnte auch ganz anders sein, ja, das genaue Gegenteil. Oft untergräbt sie die Glaubwürdigkeit ihres eigenen Gegenbeispiels, wodurch alles in fundamentaler Zweideutigkeit erscheint.

Beispielhaft ist ihr Umgang mit den feinen Damen, die über ihre Hausgehilfinnen herziehen. Pippis Geschichte über Malin übertrifft alle Schandtaten, die irgendeine Hausgehilfin ersinnen kann. Wenn die Damen sich über schlechte Manieren und unpassende Sprache beklagen, kann Pippi von Malin erzählen, die die Gäste der Großmutter ins Bein biss und fluchte wie ein Bierkutscher. Wenn die Damen über Schmuddeligkeit, Diebstähle und unvorsichtigen Umgang mit dem Service jammern, kann Pippi erzählen, dass Malin so verdreckt war, dass die Großmutter sie lange für eine Negerin hielt, dass sie diebisch war wie eine Elster und Glas und Porzellan zerschlug – systematisch, jeden Dienstag von fünf Uhr morgens an ... Malin war kurz gesagt eine tadellose erstklassige Haugehilfin, die nur einen unverzeihlichen Fehler hatte: »Diese Malin hat niemals unter den Betten gefegt!«

Auf diese Weise stellt die Ironie die Borniertheit der Damen vollständig bloß. Anders als Spott und Satire, die Falschheit und Eitelkeit des Daseins anprangern, dreht die Ironie den Spieß um: »Sie bestärkt das Eitle in seiner Eitelkeit, sie macht das Falsche noch falscher.«

Die ganze Pippi-Gestalt ist konsequente Ironie – mit ihren übermenschlich überdimensionalen Eigenschaften, ihrem umgekehrten Verhalten, das sie die Füße aufs Kopfkissen legen lässt, ihren ironischen Bemerkungen, ihren Gegenbeispielen, ihren Wortspielen, ihrem Umgang mit konventionellen Manieren, ihrer unverwüstlichen Fähigkeit, das Falsche noch falscher werden zu lassen.

Pippi löst die Werte der Gesellschaft im Licht von etwas Höherem auf, das sie aber auch nicht ernst nimmt. Da ist sie wieder, die Doppelbewegung der Ironie. So verhält es sich auch mit dem Wert des Geldes: Ihre Seekiste macht sie reich wie »einen Troll im Berg«. Die überall gültigen, alles bezahlenden Goldstücke erlauben es ihr, dem

Apotheker zu sagen, er solle sein »hässliches weißes (Silber-)Geld behalten«, und den Hunderter, den Pippi der Sieg über den *schdarken Adolf* einbringt, vermacht sie dem Zirkusdirektor, der darin »Heringe einwickeln« soll. Alle übrigen Werte werden durch den absoluten Goldstandard vernichtet, der für Pippi andererseits jedoch nicht von Bedeutung ist. Sie wirft mit Goldstücken um sich – und sie beschenkt sogar die Einbrecher, die sie doch ausplündern wollten.

Vereinzelt tritt Pippi selbst als Chor in der Komödie auf – als veränderliche Wolke. Während Thomas und Annika mit Masern im Bett liegen, lehnt sie vor deren Fenster eine Leiter ans Haus und unterhält sie in immer neuen, überraschenden Gestalten:

Und es war spannend für Thomas und Annika, in ihren Betten zu liegen und zu raten, wie Pippi aussehen würde, wenn sie draußen auf der Leiter erschien. Denn sie sah nicht an zwei Tagen hintereinander gleich aus. Manchmal hatte sie sich als Schornsteinfeger verkleidet, manchmal als Gespenst mit weißem Umhang, manchmal stellte sie eine Hexe dar. Manchmal führte sie lustige Theaterstücke vor dem Fenster auf und sie spielte alle Rollen selbst.

Schornsteinfeger und Gespenst, von Schwarz zu Weiß! Und Hexe: eine, die schwarze und weiße Magie gleichermaßen beherrscht!

Gespenster bieten einem Ironiker übrigens reichlich Spielraum:

»*Mama hat gesagt, es gibt keine Gespenster und Geister*«, sagte Thomas.
»*Das glaube ich*«, sagte Pippi. »*Nirgendwo sonst als hier. Denn alle, die es gibt, wohnen auf meinem Boden.*«

Als die Gespenster auf Anrede nicht reagieren, nicht einmal auf der Freistätte Dachboden, nimmt Pippi an, sie seien zur »Vorstandssitzung des Geister- und Gespenstervereins« gegangen. Aber das Gespenst des Kommunismus (Marx) verwandelt sich in die Eule der Minerva (Hegel):

»Der Ärmste kommt zu spät zur Sitzung«, sagte Pippi. »Wenn es überhaupt ein Gespenst war. Und nicht eine Eule. Übrigens gibt es gar keine Gespenster ... denn je mehr ich darüber nachdenke, desto mehr glaube ich, dass es eine Eule war. Wer behauptet, dass es Gespenster gibt, dem drehe ich die Nase um.«

Als Pippi vorgehalten wird, dass sie selber die Existenz von Gespenstern behauptet hat, nimmt sie sich beim Wort und dreht sich die Nase um. Aber wenn es keine Gespenster gibt, dann müssen sie eben erfunden werden: Pippi zieht das alte Nachthemd ihres Vaters an und spukt selber. Dann findet sie zwei alte Pistolen, und mit einer in jeder Hand und der Beteuerung, dass Kinder niemals mit Schusswaffen spielen dürfen, feuert sie zwei Löcher in die Decke.

»Das soll ihnen eine Lehre sein. Vielleicht überlegen sie es sich, ehe sie wieder versuchen arme, unschuldige Kinder zu erschrecken. Denn selbst wenn es keine gibt, brauchen sie doch die Leute nicht zu Tode zu ängstigen. Wollt ihr übrigens jeder eine Pistole haben?«

Ob es Gespenster nun gibt oder nicht, ist eine ausgezeichnete Frage, über die man sich mehr als zwei Löcher in den Kopf grübeln kann. Wie Kierkegaard bemerkt: »Das ironische Nichts ... ist die Totenstille, in der die Ironie umgeht und spukt.«

In ihrer Rolle als Hexe ist Pippi ebenso souverän wie als Gespenst. Nachdem sie zwei Kinder aus einem brennenden Haus gerettet hat, führt sie einen unheimlichen Hexentanz auf, der die Menschenmenge vor der Brandstätte ebenso erschüttern kann wie das erwachsene lesende Publikum. Diese »unnatürliche« Szene wurde während der Pippi-Fehde des Jahres 1946 besonders hervorgehoben.

Zwischen den niedrigen, lauschigen alten Häuschen in der kleinen, kleinen Stadt gibt es ein neues und hohes – den Wolkenkratzer. Wie in Sokrates' Denkerei bricht plötzlich ein Feuer aus. Zwei kleine Jungen, vier und fünf Jahre alt, sind in der Mansarde gefangen, der Feuerwehrhauptmann ist ratlos, denn seine Leiter ist viel zu kurz, und die Menschenmenge ist verzweifelt. Spielerisch und selbstverständlich greift Pippi ein: Herr Nilsson, der Affe, klettert mit einem Seil den glatten Baumstamm hoch, Pippi folgt mit einem Brett, das sie zum Fenster hinüberschieben kann.

Für Pippi ist das alles ein Spiel, sie ist ironisch über den Ernst der Lage erhaben. Als sie über das Brett läuft, »hob sie ein Bein, genau wie sie es im Zirkus gemacht hatte. Da ging es wie ein Sausen durch die Volksmenge unten auf dem Marktplatz, und als Pippi gleich darauf einen Schuh verlor, fielen mehrere ältere Damen in Ohnmacht.«

Die Kinder werden unter Jubel heruntergelassen, und »alle Leute schrien hurra«. Pippi ist die Heldin des Tages. Aber dann nimmt ihr Spiel eine dramatische Wendung:

Pippi tanzte auf dem schmalen Brett hin und her. Sie hob und senkte die Arme so schön und sang mit heiserer Stimme (...):

Es brennt ein Feuer,
das brennt so hell,
es brennt in tausend Kränzen.
Es brennt für dich
und brennt für mich
und brennt zu unseren Tänzen!

Je weiter sie sang, desto wilder tanzte sie, und viele auf dem Marktplatz schlossen vor Schreck die Augen, weil sie glaubten, dass Pippi herunterfallen würde. Aus dem Fenster der Dachstube schlugen große Flammen, und in ihrem Feuerschein konnten sie Pippi ganz deutlich sehen. Sie hob die Arme gegen den Abendhimmel, und während ein Funkenregen über ihr niederging, schrie sie laut:
»So ein lustiges, lustiges, lustiges Feuer!«

Pippi verhält sich durchaus nicht wie eine Lottomillionärin. Hoch erhaben über den ängstlichen Ernst der braven Bürger und deren kleinliche Rücksichten genießt sie das alles verzehrende Feuer der Ironie.

Für Pippi ist alles möglich. Die Welt ist wunderbar. Sie könnten auch zum Fluss gehen und auf dem Wasser laufen üben, schlägt sie einmal vor. Thomas (der ungläubige Thomas) wendet ein, dass das unmöglich ist. Aber Pippi hat ein Gegenbeispiel, denn auf Kuba sei ihr einmal ein Tischler begegnet ...

Pippi mit Christus zu vergleichen, ginge vielleicht zu weit. Aber wir sollten uns an Kierkegaards erste These in seiner Abhandlung über Ironie erinnern: »Die Ähnlichkeit zwischen Sokrates und Christus besteht vor allem in ihrer Unähnlichkeit.«

Aber dass Pippi möglicherweise, ja, *notwendigerweise* mit Sokrates eins ist, vereint in der Ironie, haben wir nun hoffentlich demonstrieren können. Wenn die Einheit von zwei scheinbar so unterschiedlichen Persönlichkeiten erst einmal belegt ist, sehen wir sie »mit einer fast beängstigenden Notwendigkeit immer«.

THEODOR: Das war witzig. Inmitten aller Ironie ist hier Hegels Dreiklang zur Anwendung gekommen – Möglichkeit, Wirklichkeit und Notwendigkeit.

AGATON: Ich glaube, auch das muss ironisch gemeint sein. Diese Triade – oder Tirade – hat Kierkegaard wirklich aus Hegels Dialektik übernommen, zu der er in jungen Jahren einen betrüblichen Drang verspürte. Wir müssen aber doch zugeben, dass es vielleicht haarscharf zu weit geht, Pippi in dieses hegelianische Schema zu pressen. Streng genommen ist es ziemlich *unmöglich* und sicher reichlich *unwirklich* – und auf jeden Fall absolut *unnötig*.

THEODOR *(hörbar enttäuscht)*: Das sieht dir ähnlich – den ganzen Vergleich zu torpedieren! Wo wir nun endlich etwas Handfestes über die Ähnlichkeit zwischen Pippi und Sokrates aussagen konnten ...

AGATON: Wir wollen uns doch nicht nachsagen lassen müssen, wir hätten am Ende mit einem positiven Resultat dagestanden. Du weißt sicher noch, dass Sokrates seine Untersuchungen immer in einer Sackgasse enden ließ, in der Ausweglosigkeit, der *Aporie*. Wenn wir im Laufe des Gespräches geglaubt haben, zu einem klaren Verständnis von Begriffen wie Selbstbesinnung oder anderen Tugenden wie Mut oder Gerechtigkeit gelangt zu sein, brachte Sokrates ein kleines Problem an, das die ganze Sache wieder zum Kentern brachte.

THEODOR: Aber das tut Pippi ja wohl auch! Denk nur an die Episode, wo ein Mädchen seinen Vater sucht und Pippi fragt, ob er mittelgroß ist und blaue Augen, einen schwarzen Hut und schwarze Schuhe hat. Das Mädchen sagt eifrig, dass ihr Vater genau so aussieht, worauf Pippi trocken erklärt: »Nein, den haben wir nicht gesehen.« Das ist eine Lektion in sokratischem Ausfragen, die im Nichts endet.

AGATON *(begeistert)*: Nichts! Null, nix, *nihil*. Da haben wir's. Was uns hier serviert worden ist, ist ein Bild von Pippi und Sokrates als waschechte Nihilisten. Sie lösen alles in der Ironie des Nichts auf.

THEODOR: Wir haben doch ein Beispiel dafür gesehen, wie sie das alles verzehrende Feuer der Ironie genießt, wie es hieß. Ist Pippi nicht ganz einfach eine Pyromanin? Physisch und sozial? Jedenfalls ist sie eine brennende Seele, die ihre Macht benutzt, um ihre Umgebung in Flammen zu stecken!

AGATON: Genau wie der große Bilderstürmer unter den Philosophen, der, der alles umstürzen und die Welt in Brand stecken wollte.

THEODOR: Das Feuer lenkt alles. Ich sehe, du denkst an Heraklit. Ja, die Lunte brennt!

AGATON: Das tut sie überhaupt nicht. Ich denke natürlich an Nietzsche!

THEODOR: Das ist ja wohl so klar, dass ich es als alltäglich bezeichnen würde. Pippi und Nietzsche sind identisch, nur Pippi nicht.

AGATON: Offenbar verbirgst du gern dein wahres Wesen, Theodor, so, wie Kinder gern Verstecken spielen. Und du bist ebenso leicht beeinflussbar. Im einen Moment begeisterst du dich für die Darstellung von Sokrates als Pippis philosophischem Zwilling. Im nächsten möchtest du Sokrates mit Nietzsche vertauschen. Aber die beiden sind wie Feuer und Wasser, das hat Letzterer gesagt. Du hast doch nicht vergessen, dass Nietzsche Sokrates zu seinem philosophischen Feind Nr. 1 ausgerufen und ihn den »Rattenfänger von Athen« genannt hat – was ja nicht gerade eine schmeichelhafte Metapher für uns ist, die wir uns beide von Sokrates' Zauberliedern verlocken ließen.

THEODOR: Ich kann Nietzsches Sokrates-Karikatur einfach nicht ernst nehmen. Hast du jemals Sokrates als staubtrockenen Nützlichkeits-Philosophen gesehen, der sich nie vom Feuer der Begeisterung entzünden ließ? Und war er nicht eigentlich ziemlich verrückt?

AGATON: Vielleicht hat Nietzsche Sokrates zu seinem Hauptfeind ernannt, weil sie beide auf demselben Markt antraten? Weißt du nicht mehr, wie Sokrates auf dem Athener Marktplatz mit uns umgesprungen ist? Er war ein schlimmerer Machtmensch und ein entsetzlicheres Raubtier als die Macht-ist-Recht-Philosophen Gorgias und Thrasymmachos. Und wie auch Nietzsche, der Prophet des Übermenschen.

THEODOR: Da hast du zweifellos nicht ganz Unrecht, Agaton. Ebenso, wie Nietzsche nachgewiesen hat, dass es in der Vernunft sehr viel Wahnsinn gibt, gibt es auch viel Vernunft im Wahnsinn. Aber wollen wir nicht hören, was Pippi und Sokrates selber zu dieser Frage zu sagen haben, ehe Fridolf weiter vorliest?

AGATON: Bist du wahnsinnig geworden? Sie jetzt losreden zu lassen, würde endlose Vorträge dieser beiden Scherzbolde nach sich ziehen. Nein, sie mögen schweigend zuhören, wenn Fridolf das nächste Kapitel vorliest, in dem dieser Vergleich gezogen wird – zwischen *Pippi und Nietzsche*.

Pippi und Nietzsche

»So ein lustiges, lustiges, lustiges Feuer!«

※ ※ ※

Flamme bin ich sicherlich.
Nietzsche

Das Feuer lenkt alles.
Heraklit

»Ich bin kein Mensch«, schrieb Friedrich Nietzsche, »ich bin Dynamit!« Das hätte Pippi auch von sich sagen können, zusammen mit anderen grenzensprengenden Persönlichkeiten bei Astrid Lindgren, wie Karlsson vom Dach oder Michel. Michel verkündete eine »Umwertung aller Werte«. Und dieses Programm richtete sich nicht nur an den einzelnen Menschen, sondern sollte das Schicksal des Abendlandes und damit den Weg der Geschichte beschreiben. Zugleich kam darin die Forderung zum Ausdruck, dass eine solche Umwertung geschehen sollte, geschehen muss und geschehen wird.

In dem Teil seiner nachgelassenen Schriften, die nach seinem Tod unter dem Titel *Der Wille zur Macht* erschienen sind, beschreibt Nietzsche das, was er als »europäischen Nihilismus« bezeichnet, einen Zustand, in dem die höchsten Werte wertlos werden.

Wie ein Arzt der Zivilisation stellt Nietzsche dem Abendland eine Diagnose: *Der Wille zur Macht* ist immer ein Wille zu *mehr* Macht. In dem Moment, in dem diese inhärente Machterweiterung nicht mehr möglich ist, wird der Wille zur Macht ohnmächtig. Das Leben selbst ist Wille zur Macht. Aber die Schwindler – in Nietzsches Augen sind das Sokrates, Platon, Christus, die Utilitaristen (Nützlichkeitsphilosophen), die Frauenrechtlerinnen und die europäischen Sozialisten – versuchen, die tiefste Wahrheit des Lebens zu verbergen, indem sie dekadente Tugenden wie Mitleid und Herdentrieb auf den Schild heben, maskiert unter Ehrennamen wie »Barmherzigkeit« und »Solidarität«.

Hinter diesen angeblich edlen Motiven lauert das Begehren danach, selbst zu erbarmungslosen Herrinnen oder Herren zu werden. Diese »sanftmütigen« Seelen wollen über die herrschen, die sich offen zum Programm der Macht bekennen. Das ganze Gerede über das »Beste der Menschheit« entspringt dem Neid der Sklavenmentalität, der Missgunst und dem Wunsch, sich an den Herrenmenschen zu rächen. Vornehme Seelen zeigen ihre Lebensfreude, ihre Kraft und ihre Lust ohne Furcht und Hintergedanken, die Sklavennatur jedoch ist schlau, berechnend und rachsüchtig. Der Sklavenmensch ist der Meister der Verstellung und der Intrige.

Als Gegensatz zur sich selbst unterdrückenden Sklavenmentalität verkündet Nietzsche das *Kommen des Übermenschen*. Der Übermensch ist das neue stolze und aufrechte Wesen, das seine Zuflucht nicht in einer ersonnenen Welt hinter dieser sucht, in einer »Hinterwelt«, sondern das seinen Körper, seine Biologie, sein Begehren und seinen Willen zur Macht bejaht.

Ein kleiner Übermensch in Kindergestalt

Im Jahre 1944 zeigt die siebenunddreißig Jahre alte »Hausfrau« Astrid Lindgren ihre positive Einstellung gegenüber Nietzsches Vorstellung vom Übermenschen, denn sie schreibt in ihrem Begleitbrief zum Manuskript von *Pippi Langstrumpf* an den Bonniers Verlag:

> *Pippi Langstrumpf ist, wie Sie feststellen werden, wenn Sie sich die Mühe machen, das Manuskript zu lesen, ein kleiner Übermensch in Kindergestalt, der in eine ganz normale Umgebung gezogen ist. Durch ihre übernatürlichen Körperkräfte und andere Umstände ist sie von allen Erwachsenen ganz und gar unabhängig und lebt ihr Leben so, wie es ihr Spaß macht. In ihren*

Scharmützeln mit großen Menschen behält sie immer das letzte Wort.
In Bertrand Russells Buch Erziehung zum Leben *lese ich, dass der wichtigste Instinkt des Kindes das Begehren danach ist, erwachsen zu werden, oder vielleicht richtiger, der Wille zur Macht, und dass das normale Kind sich in seiner Fantasie Vorstellungen hingibt, die den Willen zur Macht beinhalten.*
Ich weiß nicht, ob Bertrand Russell Recht hat, aber ich neige zu dieser Ansicht, wenn ich von der schier krankhaften Beliebtheit ausgehe, die Pippi Langstrumpf nun schon seit Jahren bei meinen eigenen Kindern und ihren gleichaltrigen Freunden genießt.

Hier sehen wir Astrid Lindgren nicht nur als Leserin philosophischer Literatur, wir hören noch dazu aus ihrem eigenen Mund, dass *Übermensch* und *Wille zur Macht* im Zentrum ihres ersten großen Werkes stehen, eben in *Pippi Langstrumpf*. Trotzdem hat keine Lindgren-Interpretation, in der dieser Brief zur Sprache kommt, den Bezug zum Produzenten dieser Ideen gezogen, zu Friedrich Nietzsche.

Es gehört mit zur Geschichte, dass Bonniers das Buch abgelehnt hat. Man konnte dort ja nicht ahnen, dass die »schier krankhafte Beliebtheit« dieses unsympathischen kleinen Übermenschen alle verlegerischen Machtfantasien überbieten würde. Aber die Ablehnung war durchaus konsequent, wenn wir, wie wir heute sagen, das Verlagsprofil betrachten. An die fünfzig Jahre zuvor hatte Albert Bonnier in einem Brief an den Nietzsche-Verehrer Ola Hansson das Angebot abgelehnt, dessen geplante Übersetzung von *Also sprach Zarathustra* herauszugeben: »Ich muss mir die Ehre versagen, Nietzsche in unserer Öffentlichkeit einzuführen.«

Margareta Strömstedt weist in ihrer Lindgren-Biografie das allgemeine Interesse an Freud und der Psychoanalyse beim schwedischen Lesepublikum der 1930er Jahre nach und betont den Einfluss Alfred Adlers, der den Machtwillen als wichtigste Triebkraft im Seelenleben sah, nicht, wie Freud, die Libido. Und das wird im biografischen Bericht über die Entstehung *Pippi Langstrumpfs* absolut bestätigt. Die Tochter Karin war an Lungenentzündung erkrankt, und eines Tages sagte sie, scheinbar völlig unmotiviert und fast schon aus dem großen Nichts geholt: »Erzähl von Pippi Langstrumpf.«

Dieser magische Name ist die Erfindung der kranken Tochter in ihrem Begehren nach Gesundheit und Lebenskraft – und nicht zuletzt nach Macht über ihr eigenes Schicksal. Und auf ähnliche Weise war das dekadente, kranke Europa mit dem Übermenschen schwanger.

Astrid Lindgren ist natürlich keine erklärte oder verdeckte Jüngerin Nietzsches. Sollte gerade sie sich das Ziel gesetzt haben, das Evangelium des Übermenschen zu verbreiten, indem sie in seinem Geist Kindergeschichten ersinnt? Aber es gibt rote Fäden im Gewebe, die auf Nietzsche hinweisen, vielleicht stärker auf ihn als auf irgendeinen anderen großen abendländischen Philosophen.

Wenn Astrid Lindgren über das Land schreibt, »das es nicht gibt«, und diesen Titel aus Edith Södergrans berühmtem Gedicht entlehnt, dann bezieht sie sich auf eine Kollegin, die in ihrer Jugend für Friedrich Nietzsche geschwärmt hat. Das taten viele, denen jedoch deshalb nicht der Missbrauch der Ideen dieses Philosophen zur Last gelegt werden kann, die im Dritten Reich so schreckliche Folgen zeitigten. In der Zwischenzeit hatte seine Schwester, Elisabeth Förster-Nietzsche, ja auch ihre Verfälschungen seiner Werke auf den Markt gebracht. Nach dem Zweiten Weltkrieg ist Nietzsche dann aber auf eine Weise neu gelesen worden, die es salonfähig machte, einige seiner grundlegenden Ideen ernst zu nehmen. In der französischen Philosophie ist er in den letzten Jahrzehnten fast schon zu einer Kultfigur geworden.

Wir wissen, dass Astrid Lindgren als Gymnasiastin zusammen mit einigen Freundinnen die große radikale Leitfigur der schwedischen Pädagogik besucht hat, Ellen Key. Ein an Keys Wand befestigtes Zitat hat sich in Lindgren festgesetzt: »Dieser Tag ist ein Leben.« Fast vierzig Jahre später fand es seinen Platz als Lebensmotto in *Ferien auf Saltkrokan*. Die alternde, energische Dame hatte übrigens auch einen Bernhardiner und eine Hausgehilfin namens Malin ...

Ellen Keys Hauptwerk *Das Jahrhundert des Kindes* wurde im Jahr 1900 veröffentlicht, wie Sigmund Freuds *Traumdeutung*, und signalisierte eine Umwertung aller Werte in der Beziehung Kind–Erwachsene am Eingang zu einem neuen Jahrhundert. Das Buch wurde weit über Schwedens Grenzen hinaus gelesen und erweckte Begeisterung und Verärgerung. Als Motto ihres ganzen Werkes setzte Ellen Key ein Zitat aus *Also sprach Zarathustra*:

Eure Kinder sollt ihr lieben: Diese Liebe sei euer neuer Adel, das unentdeckte, im fernsten Meere! Nach ihm heiße ich eure Segel suchen!
An euren Kindern sollt ihr gutmachen, dass ihr eurer Väter Kinder seid: Alles Vergangene sollt ihr so erlösen! Diese neue Tafel stelle ich über euch!

Aristokratischer Radikalismus

Ellen Key war die Tochter einer Gräfin und eines liberalen Politikers. Sie war eine Aristokratin mit radikalen Gedanken über alles Mögliche, vor allem über Kindererziehung und Schule. Im *Jahrhundert des Kindes* schreibt sie, wie schon gesagt, verächtlich über die uniformierende Wissensschule und freut sich auf »die große Revolution, die das herrschende System zerbrechen und nicht einen Stein auf dem anderen lassen wird«. Sie entleiht Gedankengut bei vielen großen Namen ihrer Zeit – und hegt vor allem für Nietzsche eine wirkliche Vorliebe.

»Man muss versuchen, das richtige Gleichgewicht zwischen Spencers Definition des Lebens als Anpassung an die Umgebung und Nietzsches Definition des Lebens als Wille zur Macht zu finden!«

Wenn wir mit »Übermensch« den »neuen Menschen, der nicht von Vorurteilen und Sklavengemüt der Vergangenheit unterdrückt wird«, meinen, dann hat es einen guten Grund, Pippi unter diesem Aspekt zu lesen – und auch Michel, Rasmus, Ronjas Vater Mattis und Karlsson sind echte Nietzscheaner!

Nehmen wir Michel – der im Original Emil heißt; ist Ellen Keys Vater Emil vielleicht ein Schlüssel zu dieser Namensgebung? Sein Machtwille wird uns schon im ersten Kapitel des Buches vorgeführt:

»So eigensinnig war Michel. Er wollte über Mama und Papa bestimmen, über ganz Katthult und am liebsten noch über ganz Lönneberga bestimmen, aber da machten die Leute von Lönneberga nicht mit.«

Der Vater kann Michel nach Herzenslust bestrafen, weil er dem Jungen bis auf weiteres körperlich überlegen ist. Aber welcher Aufruhr dem Vater bevorsteht, verschweigt uns die Erzählerin. In die-

sem Zusammenhang müsste es aber ausreichen, wenn wir an Vivi Edströms Vergleich zwischen Michel und dem furchterregendsten Berserker der isländischen Sagas erinnern:
»Ein ursprünglicher Bruder des småländischen Helden ist übrigens Egill Skallagrimsson, dieser unglaublich starke Knabe, der seinen Vater angriff.«
Am Tag der Abrechnung kehrt Michel seinen ganzen nietzscheanischen Zorn und seine vernichtende Kraft gegen das, was ein physisches Hindernis für seine Freiheit und das Symbol für die väterliche Macht gleichermaßen ist:

Michel richtete sich in seinem rußigen Hemd auf und stand nun auf dem Dach, kühn wie ein Heerführer. Er hob seine schwarze Faust zum Himmel empor und schrie, dass es über ganz Lönneberga zu hören war:
»Heute Abend wird der Tischlerschuppen abgerissen, und ich werde niemals mehr darin sitzen!«

In Astrid Lindgrens Werk geht es immer wieder um den Kampf zwischen starken Willen. Und ihre Hauptpersonen werden von dem gekennzeichnet, was Georg Brandes als besonders charakteristisch an Nietzsche bezeichnete, nämlich dessen »aristokratischen Radikalismus«. Der tonangebende dänische Kritiker und Autor war übrigens der Erste, der Nietzsche einem größeren internationalen Publikum vorstellte, und Nietzsche hatte schon vorher allerlei Versuche unternommen, um Brandes' Aufmerksamkeit auf sich zu lenken.
Wir müssen hier betonen, dass der Nietzsche, zu dem wir in Astrid Lindgrens Werk Parallelen finden, nicht derselbe ist, den seine Schwester in den Salons der Nazis einzuführen versuchte oder der in den bayrischen Bierstuben der 1930er Jahre so gut ankam. Wir meinen den »progressiven« anti-autoritären Vorkämpfer für starke, qualitätsbewusste Individuen, die sich niemals in den stupiden Takt des Stechschrittes einfügen würden. Pippi bekämpft und bezwingt den *schdarken Adolf*, den stärksten Mann der Welt, schon zwei Jahre ehe den alliierten Invasionstruppen dasselbe glückt. Das Buch über Pippi wurde während des Krieges geschrieben und kurz nach Kriegsende veröffentlicht.

Was an Nietzsche mit dämonischer Kraft anzieht und abstößt, ist seine Verherrlichung des Ausnahmemenschen, der sich über das laue Mittelmaß erhebt. Es leuchtet ein, dass dieser Zug sich in faschistische Richtung entwickeln lässt, doch er kann ebenso Georg Brandes' aristokratischen Radikalismus zum Ausdruck bringen und uns dazu anspornen, den Blick aus dem lauen Sumpf der Alltäglichkeit zu heben und ihn auf Berggipfel und Sterne zu richten.

Nietzsche betont den Stolz des Vornehmen, der seinen Rang behauptet. Der Vornehme weist Nächstenliebe und Gleichheitsideologie als Sklavenmoral zurück. Lachend verhöhnt er niedrig Stehende und Geschmacklose. Wir müssen zugeben, dass diese Seite Nietzsches abstoßende und inhumane Züge aufweist, und das lässt sich auch von Pippi behaupten:

Wie sie so dasaßen und Birnen aßen, kam ein Mädchen den Weg von der Stadt her. Als es die Kinder sah, blieb es stehen und fragte: »Habt ihr meinen Vater hier vorbeigehen sehen?«
»Mja«, sagte Pippi. »Wie sieht er aus? Hat er blaue Augen?«
»Ja«, sagte das Mädchen.
»Richtig groß, nicht zu groß und nicht zu klein?«
»Ja«, sagte das Mädchen.
»Schwarzer Hut und schwarze Schuhe?«
»Ja, ganz richtig«, sagte das Mädchen eifrig.
»Nein, den haben wir nicht gesehen«, sagte Pippi bestimmt.
Das Mädchen sah enttäuscht aus und ging ohne ein Wort weiter.
»Warte mal«, schrie Pippi hinter ihr her. »Hat er eine Glatze?«
»Natürlich nicht«, sagte das Mädchen böse.
»Da hat er Glück gehabt«, sagte Pippi und spuckte ein Kerngehäuse aus.
Das Mädchen lief weiter, aber Pippi rief: »Hat er unnatürlich große Ohren, die bis zu den Schultern reichen?«
»Nein«, sagte das Mädchen und drehte sich erstaunt um. »Du willst doch nicht behaupten, dass du einen Mann mit so großen Ohren hast vorbeigehen sehen?«
»Ich hab niemals jemand gesehen, der mit den Ohren geht. Alle, die ich kenne, gehen mit den Füßen!«

Hier stellt Pippi die kindliche Mobbingkultur in ihrer unsympathischsten Form dar. Nachdem sie zunächst dem Mädchen Hoffnung darauf gemacht hat, den Vater bald zu finden, zerschlägt sie diese Hoffnung dann grausam. Ja, sie ruft die andere noch, um ihr gleich zweimal Salz in die Wunde zu reiben. Das ist der Nihilismus in seiner destruktiven Variante. Die Erheiterung, die Pippi in dieser Szene sucht, könnte von Nietzsches Ausspruch über das Lachen begleitet werden: »Lachen bedeutet: mit gutem Gewissen schadenfroh sein.«

Nach dieser Szene erzählt Pippi über den Chinesen Hai Shang mit den riesigen Ohren, wobei sich eine erstaunliche Übereinstimmung mit Zarathustra zeigt:

So große Ohren kann man nicht haben. Jedenfalls nicht hier in diesem Land. ... In China ist das ja was anderes. Ich hab mal in Shanghai einen Chinesen gesehen. Seine Ohren waren so groß, dass er sie als Umhang benutzen konnte. Wenn es regnete, kroch er unter die Ohren, und darunter war es so warm und schön, wie man sich nur denken kann.

Vermutlich ist dieser Hai Shang aus Shanghai auch Nietzsches Zarathustra über den Weg gelaufen, als der aus seiner Einsamkeit in die Stadt kam und die umgekehrten Krüppel sah, die von allem zu wenig und zu viel von einem hatten:

... da traute ich meinen Augen nicht und sah hin und wieder hin und sagte endlich: »Das ist ein Ohr! Ein Ohr, so groß wie ein Mensch!« Ich sah noch besser hin: Und wirklich, unter dem Ohre bewegte sich noch etwas, das zum Erbarmen klein und ärmlich und schmächtig war. Und wahrhaftig, das ungeheure Ohr saß auf einem kleinen dünnen Stiele – der Stiel aber war ein Mensch!

Das Zusammentreffen zwischen den ungeheuer großen Ohren ist ebenso äußerst merkwürdig wie das der großen Zehen von Agaton und Theodor. Und die Ähnlichkeiten zwischen Nietzsches Propheten und Lindgrens Prinzessin greifen noch tiefer ...

Die Herren des Raubtiers – Pippi und Zarathustra

Pippi ist Astrid Lindgrens Zarathustra. Beide tauchen in Menschenmengen auf und erregen durch ihre Umwertung aller Werte die Empörung der Umstehenden. Ja, Pippi geht da noch krasser vor als Zarathustra, der trotz allem mit einer gewissen idealisierten Sentimentalität geschildert wird.

Zarathustra und Pippi haben gleichermaßen mit der »blonden Bestie« zu tun, diesem großen Raubtier aus der Katzenfamilie: Zarathustra wird von einem Löwen begleitet, während Pippi einem Tiger gegenübertritt, der sich aus der Gefangenschaft bei den Menschen losgerissen hat.

Es hat durchaus einen üblen Beigeschmack, wenn man liest, wie Zarathustras zahmer Löwe sich verspielt bei seinem Herrn und Meister einschmeichelt und ihn bei allen Unternehmungen wie ein zahnloser Claqueur unterstützt. Pippis Tiger dagegen verfügt noch über alle Raubtierzähne und Instinkte und geht auf Pippi los. Doch hier findet er seine Überfrau:

Mit einem furchtbaren Fauchen, bei dem alle Menschen eine Gänsehaut kriegten, warf sich der Tiger zum zweiten Mal auf Pippi. Man konnte deutlich sehen, dass er ihr jetzt die Kehle durchbeißen wollte.
»Wie du willst«, sagte Pippi. »Aber denk daran, dass du es warst, der angefangen hat.«
Mit der einen Hand presste sie die Kiefer des Tigers zusammen und dann trug sie ihn, zärtlich an sich gedrückt, in den Käfig zurück, während sie ein kleines Lied summte:
»Habt ihr meine kleine Katze gesehn, Katze gesehn, Katze gesehn?«

Pippi ist eine konsequente Nietzscheanerin, die die Überwundenen demütigt und stolz die Würde des Tieres verhöhnt, ganz nach Nietzsches Vorbild. Über Zarathustra und seine sentimentale Beziehung zu seinem Löwen können wir nicht dasselbe sagen.

Leider muss man dem Nietzsche-Kenner Trond Berg Eriksen Recht geben, wenn er das literarische Werk *Also sprach Zarathustra* als »Kitsch« bezeichnet, auch wenn er natürlich die vielen funkelnden Aphorismen, die dort enthalten sind, durchaus zu schätzen weiß. Ein großer Autor wie Nietzsche sollte darüber erhaben sein, den Propheten des Übermenschen mit den Hauptsymbolen der Monarchie auszustatten, mit Adler und Löwen, denen hier ihre tierischen Instinkte genommen und die zu Schmusetieren degradiert worden sind. Der Zirkustiger kann töten. Auf den steinernen Löwen der Macht spielen sorglose Kinder.

Aber auch der »Übermensch« der Gosse, der Schläger Laban, bekommt zu spüren, was es mit dem Willen zur Macht wirklich auf sich hat. Laban demütigt den kleinen Wurstverkäufer, indem er dessen Würste in die Luft wirft. Pippi gibt Laban seine eigene Medizin zu kosten:

> *»Wie hast du es mit den Würsten gemacht?«, fragte sie. »War es so?«*
> *Sie warf Laban in die Luft und spielte eine Weile Ball mit ihm, und die Leute jubelten. Der Wurstmann klatschte in seine kleinen runzligen Hände und lachte.*

Als Pippi mit Thomas und Annika auf die Insel reist, nimmt sie einen Sack mit.

> *»Was ist in dem Sack drin?«, fragte Thomas.*
> *»Essen und Schießwaffen und Decken und eine leere Flasche. Denn ich finde, wir müssen einen einigermaßen bequemen Schiffbruch haben, da es euer erster ist. Sonst, wenn ich schiffbrüchig war, hab ich immer eine Antilope oder ein Lama geschossen und das Fleisch roh gegessen.«*

Hier ist Pippi nietzscheanischer als Nietzsche selbst, der im wirklichen Leben ein hypochondrischer Vegetarier war.

Seeräuber und Schrecken der Meere

Pippis einziges Berufsziel ist es, Seeräuber zu werden. Ansonsten lebt sie von Goldstücken, bei denen es sich aller Wahrscheinlichkeit nach um Diebesgut handelt, denn das Schiff des Vaters, die Hoppetosse, ist ja vor allem ein Seeräuberschiff, wenn wir Pippis eigenen Worten glauben wollen. Die Reise zur Insel, die sie mit Thomas und Annika unternimmt, ist eine Einweihung ins Seeräuberleben. Mit ihrer heiseren Stimme singt sie fast dasselbe wie der tückische Kapitän Flint und der einbeinige John Silver in der *Schatzinsel*:
»Fünfzehn Gespenster auf des toten Mannes Kiste,
johoho und die Flasche voll Rum.«
Dass Pippi eine Machtphilosophin ist, kommt klar zum Ausdruck:

»Ich geh zur See, wenn ich groß bin«, sagte Thomas bestimmt.
»Ich will Seeräuber werden, genau wie du, Pippi.«
»Prima«, sagte Pippi. »Der Schrecken des Karibischen Meeres, das wollen wir beide werden, Thomas. Wir rauben Gold und Juwelen und Edelsteine, und tief drinnen in einer Höhle haben wir ein Versteck für unsere Schätze, auf einer unbewohnten Insel im Stillen Ozean.«

Als Pippis Vater Efraim Langstrumpf in die Villa Kunterbunt zurückkehrt, muss er sich zuerst mit Pippi im Armdrücken messen:

Schließlich gelang es Pippi, ihren Vater auf den Boden zu werfen. Sie setzte sich auf ihn und sagte: »Gibst du dich geschlagen?«
»Ja, ich bin besiegt«, sagte Kapitän Langstrumpf. Und die beiden lachten, dass ihnen die Tränen herunterliefen, und Pippi biss ihren Vater ganz leicht in die Nase, und er sagte: »So viel Spaß hat mir nichts gemacht, seit du und ich die Seemannskneipe in Singapur geräumt haben.«

Kann irgendwer bestreiten, dass hier der Wille zur Macht sich selber feiert?

Der Wille zur Macht ist der tiefste Ausdruck für die eigentliche Lebenskraft, die Lebensentfaltung. Das Gegenteil sind Lebensverneinung und ihr moralischer Ausdruck: die Sklavenmoral. Nietzsche sagt, Lebensverneinung bedeute, in der Vergangenheit oder in der Zukunft zu leben, nie jedoch im Jetzt, dem, was von Zarathustra als »die große Mittagsstunde« bezeichnet wird. »Dieser Tag ist ein Leben«, wie die junge Astrid an der Wand der alternden Ellen Key las.

Carpe diem und amor fati

Pippi ist ganz intensiv im Jetzt zugegen, in der Situation. Sie verliert sich nicht in dem, was war oder was kommen wird. Sie lebt in jeder Sekunde wie in Zarathustras großer Mittagsstunde, hier und jetzt, ohne Zuflucht in einem jenseitigen Paradies oder in der Welt der Ideen zu suchen. Sie sagt Ja zum Augenblick – *carpe diem*, ergreife den Tag! Sie sagt Ja zu den Dingen, so, wie sie sind, zum Leben, so, wie es geworden ist: *amor fati* – Liebe zum Schicksal!

Das setzt die Fähigkeit dazu voraus, alle Werte umzuwerten, um mit Nietzsche zu sprechen. Pippi sieht das Große im Schlichten, das Wertvolle in dem, was andere verworfen haben. Als Sachensucher findet sie, wie vor ihr so mancher Märchenheld, Dinge, die andere als Müll bezeichnen würden. In unserer kleinlichen Vernunft und Fantasielosigkeit sind die meisten von uns vom Nutzen besessen.

»Wozu kann man die gebrauchen?«, fragt Thomas misstrauisch, als Pippi begeistert eine alte, rostige Blechbüchse vom Boden aufhebt.
»Oh, die kann man zu vielem gebrauchen. Wenn man Kuchen reinlegt, dann ist es eine prima ›Büchse mit Kuchen‹. Wenn man keinen Kuchen reinlegt, dann ist es eine ›Büchse ohne Kuchen‹, und das ist natürlich nicht ganz so schön, aber so kann man sie auch gut brauchen.«

Wichtig ist, dass Pippi im Unnützen neue Nutzwerte findet. In einer Fortsetzung der Blechbüchsenepisode macht sie sich über die Sache mit dem Nutzen lustig. Nachdem sie festgestellt hat, dass es sich bei der durch und durch verrosteten Büchse wohl eher um eine von der Art »Büchse ohne Kuchen« handelt, findet sie eine alternative Verwendung: Die Büchse lässt sich über den Kopf stülpen und macht auf diese Weise den Tag zur Nacht. Als Pippi dann auf die Nase fällt, zeigt die Büchse eine weitere nützliche Eigenschaft – als Schutzhelm. Worauf Annika die selbstverständliche Bemerkung macht, dass Pippi ohne Büchse gar nicht erst gestolpert wäre.

Nein, es geht wirklich nicht um den praktischen Nutzen, der wird auf den Kopf gestellt. Es geht darum, dass Pippi ein freies Subjekt ist – erhaben über die Dinge, gibt sie dem Wertlosen Wert. Sie bestätigt ihre selbstständige Perspektive, eine Haltung, die souveräne Kontrolle über alle Fügungen des Daseins ermöglicht.

Das ist bei Astrid Lindgren ein durchgängiges Motiv. Michel und Karlsson vom Dach sind nietzscheanische Umwerter von hohem Rang. Und selbst in den scheinbar unschuldigen und idyllischen Geschichten aus Bullerbü üben die Kinder sich in der Kunst, alle Werte umzuwerten, den Tag zu ergreifen und ihr Schicksal zu lieben. Als sie eines Tages am Straßenrand stehen und Kirschen verkaufen, platzt es aus der Erzählerin, der neunjährigen Lisa, heraus:

> *»Uh, wie es staubt.« Aber da fragte Lasse, warum ich das sage.*
> *»Warum sagst du nicht auch ›Uh, wie die Sonne scheint‹ oder ›Uh, wie die Vögel zwitschern‹?«*
> *Wer hatte denn befohlen, dass man es schön finden solle, wenn die Sonne scheint und die Vögel zwitschern, und nicht, wenn es staubt? Und da beschlossen wir, es schön zu finden, wenn es staubte.*

Perspektivismus bei Nietzsche und Lindgren

Perspektivismus bedeutet, dass wir die Wirklichkeit davon ausgehend auffassen, wer wir sind, und nicht zuletzt aufgrund unserer körperlichen Beschaffenheit und des Projekts, mit dem wir als Subjekt im Moment des Auffassens beschäftigt sind. Unsere Perspektive entscheidet unsere Wirklichkeitsauffassung.

Es ist zwar allgemein bekannt und mag auf den ersten Blick nicht gerade sensationell wirken, dass Nietzsche unsere Verständnisfomen, »Gesetze«, Normen, ja die wichtigsten Begriffe der Sprache und Prinzipien als geprägt durch ganz bestimmte Perspektiven ganz bestimmter Personen in ganz bestimmten historischen Situationen nachweist.

Der Perspektivismus aber dezentralisiert die Macht, die darin liegt, über die einzige legitime Perspektive des Erkenntnisprozesses zu verfügen. Alle autoritären Systeme operieren mit einem *Perspektivenmonopol*. Andere Perspektiven, die alternative Wirklichkeitsauffassungen ermöglichen und damit unterdrückte und unsichtbar gemachte Interessen zu Wort kommen lassen könnten, sind untersagt.

Die Legitimität des Perspektivismus zeigt sich in einer Reihe von Astrid Lindgrens Büchern. Karlsson definiert die von ihm ausgelösten Katastrophen neu, als Alltagskram. Pippi verdreht nach Belieben die Bedeutung von Worten und Dingen. Die Kinder von Bullerbü beschließen, es toll zu finden, wenn es staubt.

In *Saltkrokan* wird der Perspektivismus in der Erzähltechnik betont. Hier wird die Handlung abwechselnd durch die einzelnen Personen erzählt: mal durch Malin, mal durch Pelle, mal durch Tjorven und mal durch Melcher. Außerdem haben wir die übergeordnete und zusammenfassende Perspektive der Autorin.

Die Erzählerin zeigt, wie die Personen die Welt abhängig von ihrem *Lebensgefühl* auffassen. Wenn der Eisenherd nicht funktioniert und die Familie Melcherson deshalb nicht kochen kann, bestimmt der leere Magen das herrschende Lebensgefühl:

Alle starrten traurig den Eisenofen an, der sich nicht benehmen wollte. Und in diesem Moment wünschten sie sich nichts sehnlicher als eine warme Mahlzeit.
»Das Leben ist schwer«, sagte Pelle, denn das sagte der Vater auch manchmal.

Wie kein anderer Philosoph betont Nietzsche den Bauch als grundlegendes philosophisches Organ, und das lässt sich wohl kaum deutlicher zeigen als im obigen Zitat.

In *Saltkrokan* wird wie bereits erwähnt das lebensphilosophische und überaus nietzscheanische Motto *Dieser Tag ist ein Leben!* eingeführt. Melcher Melcherson erklärt das genauer:

»*Hier steht: dieser Tag ein Leben – das bedeutet, man soll gerade an diesem Tag so leben, als hätte man nur diesen einen. Man soll auf jeden einzigen Augenblick Acht geben und spüren, dass man wirklich lebt.*«
»*Und da findest du, ich soll abwaschen*«, *sagte Niklas vorwurfsvoll zu Malin.*
»*Warum nicht*«, *antwortete Melcher darauf.* »*Zu spüren, dass man etwas ausrichtet, etwas mit seinen eigenen Händen tut, so etwas steigert ja gerade das Lebensgefühl.*«
»*Dann möchtest du vielleicht abwaschen*«, *schlug Niklas vor. Aber Melcher sagte, er habe einen ganzen Haufen anderes zu tun, genug, dass sein Lebensgefühl sich den ganzen Tag lang auf der Höhe befinden werde.*
»*Was ist das Lebensgefühl?*«, *fragte Pelle.* »*Sitzt so was in den Händen?*«
Malin schaute ihren kleinen Bruder zärtlich an.
»*Bei dir sitzt es, glaube ich, in den Beinen. Wenn du sagst, du hast so viel Gerenne in den Beinen, dann ist das Lebensgefühl.*«

Carpe diem könnte Melcher mit Nietzsche und Pippi sagen. Und statt dieses momentane Lebensgefühl mit einem einzigen, geistigen Organ zu verbinden, sieht Astrid Lindgren es als unmittelbar körperlichen Ausdruck, hundert Prozent im Geiste des Körperphilosophen Nietzsche. »Der Tanzende lauscht mit seinen Zehen«, singt Zarathustra, um dann zu behaupten, dass hinter unseren Gedanken und Gefühlen ein mächtiger Herr steht, ein unbekannter Weiser, der »das Selbst« genannt wird. »In deinem Leib wohnt er, dein Leib ist er.«

Als Kinder einer Epoche, die Körper, Begehren und Machtwillen versklavt hat, sind wir dekadent, furchtsam und krank geworden. Wir ahmen den Sklavenmenschen nach, statt den Übermenschen zu schaffen. Und wir fürchten nichts so sehr wie das Echte. In *Menschliches, Allzumenschliches* überlegt Nietzsche, dass uns häufig Kopien von bedeutenden Menschen begegnen und hier – wie bei der Malerei – die meisten die Kopie dem Original vorziehen.

Wenn braven Bürgern ein so beängstigendes Original wie Pippi über den Weg läuft, werden Polizei und Jugendamt alarmiert. Denn Pippi lässt sich nicht von der ersten Drohung mit Repressalien beeindrucken, wie jede kleinkarierte Gesellschaft sie sofort bereithält: der Drohung mit dem schlechten Ruf. Wie Nietzsche in *Jenseits von Gut und Böse* sagt:

»Wer hat nicht für seinen guten Ruf schon einmal – sich selbst geopfert?«

Pippi opfert sich nicht. Sie mag allen bedrohten Wesen gegenüber noch so großzügig und hilfsbereit auftreten, die konventionelle Umgänglichkeit, die das Schmieröl der Gesellschaft darstellt, lehnt sie ab. Denn sie weiß, dass sich hinter dieser Umgänglichkeit das Gegenteil von echter Menschenfreundlichkeit versteckt. Oder, abermals Nietzsche:

»In der Leutseligkeit ist nichts von Menschenhass, aber eben darum allzu viel von Menschenverachtung.«

Der schnellste Weg zum neuen Menschen führt bei Nietzsche, wie bei Astrid Lindgren, über die eigene Kindheit und das Kind in uns:

»Reife des Mannes: das heißt den Ernst wiedergefunden zu haben, den man als Kind hatte, beim Spiel.«

Deshalb sind in Astrid Lindgrens Büchern die Kinder die erneuernden Akteure. Und die erwachsenen Schlüsselpersonen, wie Michels Freund Alfred und Rasmus' Begleiter Oskar, haben das spielende und verspielte Kind in sich bewahrt. Die Kunst des Lebensgefühls liegt darin, die Welt aus einer Perspektive zu sehen, die uns immer wieder zum Kind werden lässt.

Die Wiedereinführung der kindlichen Perspektive geht nicht ohne Kampf vor sich. In den Pippi-, Michel- und Karlssonbüchern geht es um einen *Kampf der Perspektiven*: Die Personen kämpfen um Verständnis dafür, dass ihre Perspektive eine andere Wirklichkeitsdeutung geben kann, die des spielenden und verspielten Kindes, und dass diese Deutung legitimer ist als die in der Erwachsenenwelt herrschende.

Irrenhaus, Gefängnis, Kinderheim und Schule

Auch ein Post-Nietzscheaner wie Michel Foucault kann bei Astrid Lindgren Belege für seine Thesen über die Grammatik der Macht finden. In seiner »wissensarchäologischen« Suche nach den Wurzeln der Institutionen zeigt er die in Irrenhaus und Gefängnis vorgenommene Disziplinierung auf.

Michel Foucault hätte seine wichtigsten Thesen nicht besser illustrieren lassen können – und das zwanzig Jahre bevor er sie veröffentlichte – als durch Astrid Lindgrens lebhafte Schilderung der Zwangsmaßnahme, denen ihre Umgebung Pippi aussetzen will. Denn etwas anderes kann sie nicht erwarten, solange sie als halbverrückte, halbwilde und vielleicht halbkriminelle kleine Eigenbrötlerin außerhalb der gesellschaftlichen Kontrolle lebt. Pippi muss irgendwann »aus dem System herausgefallen sein«, und jetzt muss sie wieder hinein, ob sie nun will oder nicht:

> *In der kleinen Stadt wurde es bald allgemein bekannt, dass ein neunjähriges Mädchen allein in der Villa Kunterbunt wohnte. Die Mütter und Väter der Stadt fanden, dass das durchaus nicht ginge. Alle Kinder müssten doch jemanden haben, der sie ermahnt, und alle Kinder müssten in die Schule gehen und rechnen lernen. Und darum bestimmten alle Mütter und Väter, dass das kleine Mädchen in der Villa Kunterbunt sofort in ein Kinderheim solle.*

Die öffentliche Meinung erscheint in Gestalt von zwei Polizisten. Und ehe Pippi sich gezwungen sieht, sie rein physisch in ihre Schranken zu weisen, weist sie die Disziplinierungsversuche der Obrigkeit mit sokratischer Begriffsanalyse zurück:

> *»Ich hab schon einen Platz in einem Kinderheim«, sagte Pippi.*
> *»Was sagst du, ist das schon geregelt?«, fragte der eine Polizist.*
> *»Wo ist das Kinderheim?«*
> *»Hier«, sagte Pippi stolz. »Ich bin ein Kind, und das hier ist mein Heim, also ist es ein Kinderheim. Und Platz habe ich hier. Reichlich Platz.«*

Aufgrund einer Definition eines Kinderheimes als eines Heims, in dem ein Kind lebt, wird Pippis Behauptung, die Villa Kunterbunt sei ein Kinderheim, zu einer unwiderlegbaren logischen Wahrheit, einer so genannten analytischen Aussage. Aber die Polizisten sind mit Pippis Definition nicht zufrieden und fügen ein neues, qualifizierendes Begriffskennzeichen hinzu, »ein Heim, in dem Erwachsene sich um Kinder kümmern«: »Du musst in ein richtiges Kinderheim und brauchst jemand, der sich um dich kümmert.«

Da Pippi immer wieder demonstriert, dass sie in jeder Hinsicht allein fertig wird, werden die wahren Absichten der Gesellschaft entlarvt: Es geht im Grunde nicht um Fürsorge für das Kind selbst, sondern um *Disziplinierung, Kontrolle* und *einseitige Ausrichtung*, und das von der frühesten Kindheit an. Irrenhäuser und Gefängnisse waren Foucault zufolge Disziplinierungsanstalten, die die Fabrik als Modell hatten, und das Kinderheim war eine entsprechende Disziplinierungsanstalt für die Kleinen.

Die Beschreibung des Kinderheims in *Rasmus und der Landstreicher* zeigt, welches Schicksal für Pippi vorgesehen war. Das totale Fehlen von echter Fürsorge in diesem Heim und der erstickende Druck einer allgegenwärtigen Übermacht zeigen den Abgrund zwischen der Eigenwerbung der Anstalt und den tatsächlichen Gegebenheiten.

Es gehört zur Geschichte, dass die Polizisten sich keinerlei Zweifel oder eigene Einschätzungen gestatten, indem sie zum Beispiel ihren Auftraggebern mitteilen, dass man es hier mit einer Ausnahme zu tun hat, bei der eine Abweichung von der üblichen Praxis angebracht sein könnte. Nein, diese Welt ist so streng nietzscheanisch, dass die Polizisten nur ein einziges Gegenargument verstehen können, nämlich unüberwindliche Gegengewalt:

Und sie packte die beiden Polizisten am Gürtel und trug sie den Gartenweg entlang durch die Gartentür auf die Straße hinaus. Da setzte sie sie ab, und es dauerte eine ganze Weile, ehe sie so weit waren, dass sie sich bewegen konnten.

Aksel Sandemose, der dänische Norweger, der wichtige Jahre seines Lebens während des Zweiten Weltkriegs als Flüchtling in Schweden verbracht hat, schildert in seiner Erzählung *Ein blauer See im Wald* eine so genannte »Wilde«, eine alternde Pippi-Gestalt, die sich die unerhörte Freiheit nahm, allein im Wald zu leben, in einem kleinen Haus, jeglicher gesellschaftlicher Kontrolle entzogen. So konnte das natürlich nicht weitergehen, auch wenn sie niemandem etwas tat, und die Geschichte endet damit, dass sie von fünf zahmen Männern zwangszivilisiert wurde. Diese Männer hatten eine eigene Bürgerwehr gegründet und wuschen und läuterten das wilde Geschöpf an Leib und Seele. Die Geschichte nahm ein gutes Ende, denn die »Wilde« wurde zurück ins System geholt.

Wie früh dieser Disziplinierungsprozess einsetzt – im Grunde vom Moment der Geburt an –, zeigt das Erstaunen eines »zahmen« Kindes, nämlich der viel zu braven Annika, vor dem Eingreifen der Polizisten:

»Ja, aber ich meine, hast du keine Mama und keinen Papa hier?«
»Nein, gar nicht«, sagte Pippi vergnügt.
»Aber wer sagt dir, wann du abends ins Bett gehen sollst und all so was?«
»Das mach ich selbst«, sagte Pippi. »Erst sag ich es ganz freundlich, und wenn ich dann nicht gehorche, dann sag ich es noch mal streng, und wenn ich dann immer noch nicht hören will, dann gibt es Haue.«

Pippis parodische Selbstzüchtigung – wir können uns ja vorstellen, wie sie sich an den Ohren zieht oder sich mit der Rute droht! – ist wilder Überschwang mit einem ernsten Unterton. Dass Eltern im Dienste von Erziehung und Disziplinierung zu körperlicher Gewalt greifen, ist kaum ein Grund zum Scherzen. Astrid Lindgren hat sich – in der Öffentlichkeit und in ihren Büchern – energisch im Kampf darum engagiert, alle Übergriffe gegen Kinder zu verbieten. In einem Vortrag in Deutschland vertrat sie die Meinung der Psychoanalytikerin Alice Miller, die eine Vorkämpferin in dieser Sache war, dass die schlimmsten Tyrannen aller Zeiten, wie Hitler und Stalin, durch Misshandlung in ihrer Kindheit so geworden seien: »Ich glaube, hinter den meisten steht ein tyrannischer Vater oder irgendeine andere Autoritätsperson und hält eine Rute oder eine Peitsche in der Hand.«

Es war ein harter Kampf, sogar im braven Skandinavien. Schweden gehörte zu den ersten Ländern auf der Welt, in denen körperliche Bestrafung gesetzlich verboten wurde – und das erst 1977! Und das geschah gegen den demokratischen Willen der Bevölkerung. Eine Meinungsumfrage zeigte, dass 70 % gegen dieses Gesetz waren – was Alice Millers Manifest »Jeder Klaps ist eine Demütigung« entspricht. Zwanzig Jahre später erklären sich nur noch zehn Prozent der schwedischen Bevölkerung als Anhänger der Peitsche oder zumindest der energischen Ohrfeige.

Pippi aber macht sich über diese Einstellung lustig. Wenn es darum geht, die Disziplinierung lächerlich zu machen, scheut sie keine Mittel.

Der italienische Philosoph Mario Perniola hat den Kampf zwischen Bildersklaven (Ikonodulen) und Bilderstürmern (Ikonoklasten) als durchgängigen Charakterzug der westlichen Zivilisation aufgezeigt. Pippi gehört einwandfrei zu den Bilderstürmern. Und das tun auch zwei Professoren aus Uppsala ...

Wertnihilismus auf Schwedisch

In Schweden haben die beiden Philosophen Axel Hägerström und Ingemar Hedenius Nietzsches wertkritisches Erbe angetreten. In der ersten Hälfte des 20. Jahrhunderts dominierten sie die weltanschauliche Debatte in Skandinavien, und es besteht aller Grund zu der Annahme, dass diese führenden schwedischen Wertphilosophen auch die Ansichten der größten schwedischen Kinderbuchautorin geprägt haben. Sie vertraten einen Standpunkt, der unter dem provozierenden und teilweise missverständlichen, aber dennoch sinnvollen Namen »Wertnihilismus« bekannt geworden ist.

Hägerström leugnete die objektive Existenz der Werte. Das bedeutet, dass ethische Aussagen nicht wahr oder unwahr sein können, sie sind keine Tatsachenbeschreibungen. Die Ethik kann, sagt Hägerström, »keine Lehre *in* Moral sein, sondern nur eine Lehre *über* Moral«. Wert als objektive Eigenschaft der Dinge ist eine Schimäre, ein Nichts. Davon abgeleitet ist die Bezeichnung »Wertnihilismus« (vom lateinischen *nihil* = nichts).

Wie Hedenius betont, ist diese Bezeichnung unglücklich gewählt, da die Mehrdeutigkeit des Begriffes »Nihilismus« Außenstehende dazu verleiten kann, den Wertnihilisten verwerfliche Ansichten zuzuschreiben. Uninformierte Leser können meinen, sie wollten jegliche Moral über Bord werfen oder verträten die entgegengesetzten ethischen Standpunkte dessen, was als gesundes Volksempfinden gilt.

Die Nihilisten haben die Gemeinsamkeit, dass sie in der Natur oder im »Reich des Geistes« keine ethischen Werte finden und entdecken, anders als in Wissenschaften, in denen es neue Tierarten oder mathematische Gesetze zu finden gibt. Pippi ist zwar eine Sachensucherin, die viele seltsame Dinge findet. Aber objektive Werte findet sie nicht. Werte sind etwas, das der Einzelmensch sich aussucht oder erschafft. Autoritäre Ideologen und Institutionen dagegen wollen uns weismachen, dass wir die Werte vorfinden, dass es sich um ewige und unveränderliche Größen handelt, denen wir uns bedingungslos unterwerfen müssen. Nietzsche erklärt, dass alle Handlungen auf Wertmaßstäbe zurückgehen und dass alle Wertmaßstäbe entweder unsere eigenen oder aber, wie in den meisten Fällen, angeeignete sind. Und warum eignen wir sie uns an? Aus Furcht – in der Hinsicht, dass es uns als klüger erscheint, uns daran zu halten, und dass wir uns daran gewöhnen, bis sie am Ende zu einem Teil unseres Wesens geworden sind. Eigene Wertmaßstäbe bedeuten, dass wir etwas daraufhin untersuchen, wie weit es uns und sonst niemandem Lust und Unlust schenken kann – was wirklich nur selten vorkommt!

Wie Nietzsche kämpfen Hägerström und Hedenius für die eigenen Maßstäbe des einzelnen Menschen. Und sie kämpfen gegen das Christentum. In ihren Augen repräsentiert es eine unwahrhaftige und schädliche, ja, lebensfeindliche Weltsicht. Nietzsche und Hägerström waren beide Pastorensöhne und jeder wurde auf seine eigene Weise zum »Antichristen«.

Wie unterschiedlich sie in der Wahl ihrer Problembereiche auch sein mögen, im Geist von Befreiung und Wahrheit gegen autoritäre und machtvollkommene Traditionen sind sie verwandt miteinander und sollten als Teil des Aufruhrs dagegen gelesen werden. Diesen

Aufruhr trägt Astrid Lindgren nun in die wichtigste aller Arenen – die der Kinder.

*

THEODOR: Das wird ja immer schlimmer. Zuerst Ironie, dann Nihilismus! Ich verbinde ja Pippi vor allem mit Humor.

AGATON: Dem großen oder dem kleinen?

THEODOR: Wie meinst du das?

AGATON: Du musst unterscheiden zwischen dem großen und dem kleinen Humor. Es ist nicht dasselbe, ab und zu einen Witz zu reißen oder den Humor als Lebenshaltung zu pflegen. Letzteres setzt ein klares Bewusstsein über Ernst und Schmerz im Leben voraus.

THEODOR: Was? Reicht es jetzt schon nicht mehr, einfach »witzig« zu sein? Für mich ist Pippis schräger Humor mehr als genug.

AGATON: Aber glaubst du nicht, dass auch der einen Lebensschmerz versteckt? Freud bezeichnet den Humor als eine der vornehmeren Methoden, die die Menschenseele entwickelt hat, um sich gegen das Leid zu wehren. Er weist den Zwang der Wirklichkeit zurück und vertritt trotzig den Triumph des Lustprinzips. Unter anderen und als weniger empfehlenswerte Methoden für den Lustgewinn führt er an: Rausch, Ekstase, Neurose, Geisteskrankheiten …

THEODOR: Ja, über Humor fallen viele humorlose Bemerkungen. Übrigens begreife ich das mit dem Lebensschmerz nicht ganz. Die klassische Definition des Aristoteles sagt doch, das Lächerliche sei etwas Fehlerhaftes und Hässliches, das weder Schmerz noch Verletzung herbeiführt, so wie eine Maske hässlich und verzerrt ist, aber auch keinen Schmerz verursacht.

AGATON: Genau! Masken verursachen keine Schmerzen, sie verstecken Schmerzen. Stellen wir uns also für einen Moment vor, dass Pippi und Sokrates ihre Masken fallen lassen …

»Das habe ich noch nie jemandem erzählt«, sagte Pippi ungewöhnlich leise. »Ich dachte vielleicht, dass du, Sokrates ...«

Die beiden saßen für einige Minuten allein auf der Veranda. Thomas und Annika hatten den Faden verloren, als vom »Leben im Jetzt« die Rede war, und jetzt spielten sie hinten bei der hohlen Eiche mit einem Ball. Fridolf war ins Haus gegangen, um sich eine Sonnenbrille zu holen. Sokrates beugte sich vertraulich zu Pippi vor:
»Dann sprich, Mädchen, du brauchst hier keine Hemmungen zu haben. Nichts Menschliches ist mir fremd.«
»Das ist gut. Bei Frau Settergrens Kaffeeklatsch konnte ich meine tiefsten Gefühle noch nicht verraten, denn da heißt es eher: Nichts Fremdes ist mir menschlich! Und Thomas und Annika würden nur Angst bekommen ... Ich muss sie doch bei guter Laune halten.«
»Jetzt rede schon«, schnaubte Sokrates. »Ich platze vor Neugier. Spann mich hier nicht auf die Folter.«
Pippi zögerte kurz, dann sagte sie: »Manchmal bin ich einfach unendlich traurig. Und alle anderen glauben, dass ich die ganze Zeit vor Energie und Freude nur so berste. Ich könnte fast heulen ...«
Sokrates' Gesicht öffnete sich zu einem herzlichen, aber auch wehmütigen Lachen. »Liebe Pippi, warum glaubst du, habe ich den Schierlingsbecher geleert, statt mich ins Ausland abzusetzen? Glaubst du, die bodenlose Trauer und Melancholie des Lebens seien mir fremd gewesen? Und zu allem Überfluss dachte ich dann noch, ich naiver Trottel, ich würde den Schmerz darüber, dass ich kein vollkommener Gott bin, durch den Tod verlieren, aber nichts da ...«
»Ja«, sagte Pippi. »Dann tut es gut, wie Karlsson sagen zu können: Her mit dem Gift, gib mir eine Zigarre und benimm dich anständig.«

AGATON: Jetzt führt Pippi seit fast sechzig Jahren mit ihrem Maskenspiel Kinder an der Nase herum. Aber mich hat sie nie hinters Licht führen können.

THEODOR: Wie meinst du das?

AGATON: Mit ihrer aufgesetzten Munterkeit und ihrer totalen Kontrolle. Ich habe sie oft an Bord der Hoppetosse beobachtet. Plötzlich und unangemeldet konnte sie sich aus der Kajüte an Deck schleichen und danach in das Krähennest am Mast klettern. Das passierte immer mitten in der Nacht, während das Schiff träge über die sanften Wellen des Stillen Ozeans dümpelte und alle schliefen. Sie glaubte, dass niemand ihr Gesicht sehen könnte. Aber ich nahm das Periskop und tarnte die Linse mit einem ausgestopften Albatros. Pippi starrte melancholisch träumend über den Ozean. Sie hatte ja keine Ahnung, dass sie beobachtet wurde.

THEODOR: Das glaube ich dir gerne. Kapitän Efraim konnte so ungefähr alles vertragen, nur nicht, dass seine Tochter auch nur für einen Moment traurig war.

AGATON: Ja, sie hat früh gelernt, ihm ihren Lebensschmerz zu verbergen. Und er hat es umgekehrt genauso gemacht ...

THEODOR: Übrigens, Agaton, du hast erwähnt, dass alle schliefen, aber du ja offenbar nicht. Welcher Schmerz hat dir denn den Schlaf geraubt? Irgendwas mit der Liebe?

AGATON: Es ist ja wohl nur natürlich, dass man ab und zu nicht schlafen kann ... *(Und dann murmelte er etwas mit abgewandtem Gesicht.)*

THEODOR: Sollen wir eine Pause einlegen, Agaton?

AGATON: Nicht doch. Wir lassen Fridolf weiterlesen. Die Geburtswehen haben eingesetzt, und wenn ich mich nicht sehr irre, dann geht es um die *Geburt der Tragikomödie*.

Die Geburt der Tragikomödie

»Ich lüge so, dass meine Zunge schwarz wird, hörst du das nicht?«

✳ ✳ ✳

Es reicht nicht, verrückt zu sein, um Philosoph zu werden.
　　　　　　　　　　Albert Engström

Eben weil Humor immer einen Schmerz verdeckt, enthält er auch Mitgefühl.
　　　　　　　　　　Søren Kierkegaard

Der Name des Bogens ist Leben, sein Werk ist Tod.
　　　　　　　　　　Heraklit

Astrid Lindgren weist eine bemerkenswerte Gemeinsamkeit mit Pippi Langstrumpf auf: Sie wollten beide nicht erwachsen werden! »Die Rolle der Erwachsenen spielen zu müssen, verursachte in ihr eine Melancholie, die im Laufe der Jahre immer tiefer wurde«, schreibt Margareta Strömstedt über Astrid Lindgren. Die Melancholie war immer schon da, doch erst in hohem Alter hat sie ihr freien Lauf gelassen, indem sie sich ihren Verwandten und der befreundeten Biografin anvertraute: »… sie wagte auch etwas von dem zu zeigen, was zuvor streng privat gewesen war: Trauer, Melancholie, Angst.«

　　Aber dieser wichtige Zug war im Werk und in der Astrid-Lindgren-Forschung immer sichtbar: »Immer liegt die Melancholie auf der Lauer.«

Die humoristische Pessimistin

Übrigens ist auch der »Optimist« Friedrich Nietzsche kein eindeutiger Optimist, nicht einmal in dem Werk, das seine optimistische Glanznummer sein sollte, *Also sprach Zarathustra*. Dort beschreibt er, wie Zarathustra sich ans Herz griff und von einem schönen Fang erzählte, der ihm an diesem Tag gelungen war. Er hatte keinen Menschen gefangen, sondern einen Leichnam. Daraus schloss er, das Menschenleben sei scheußlich und sinnlos, denn schon ein Gaukler kann unser Schicksal werden.

Damit verkündet Zarathustra, in seiner Verachtung des Menschen und dessen »Niedrigkeit«, den *Übermenschen*. »Aber die darunter liegende Verzweiflung ist deutlich zu sehen. Das Lebensgefühl des Propheten gründet in tiefem Ekel an der Wirklichkeit, so wie sie ist!« Der fröhliche Becher, den Nietzsche seinen Lesern serviert, enthält unter anderem die Aufforderung, Vergänglichkeit und Vernichtung des Lebens zu lieben. Verdient aber ein »Optimismus«, der dermaßen gewaltige Vorbehalte zeigt, wirklich die Bezeichnung Optimismus?

Nietzsches »Optimismus« ist wohl eher hart erkämpfte Dichtung als eine wahrhaftige Beschreibung seiner Wirklichkeit. Das gibt er auch selber zu: »Die Wahrheit ist hässlich. Wir haben die Kunst, damit wir nicht an der Wahrheit zugrunde gehen.«

In *Also sprach Zarathustra* wimmelt es von aufgesetztem Humor, und der ausgedrückte Optimismus in diesem Werk wirkt eher gewollt denn gelebt. Ja, in der Darstellung von Zarathustras Gesundheit und optimistischer Reinheit büßt Nietzsche dann sogar seinen Humor ein. Umgekehrt aber finden wir sehr viel Optimismus und Lebensbejahung bei dem jungen Schopenhauerianer und Pessimisten Friedrich Nietzsche in seinem ersten Werk *Die Geburt der Tragödie aus dem Geiste der Musik*. Die alten Griechen wussten viel darüber, wie nah Humor und Verzweiflung einander stehen, denn sie sahen Tragödie und Komödie auch inhaltsmäßig als eng verwandte Theaterformen. Aristokles zum Beispiel, der als junger Mann mehrere hervorragende Tragödien verfasste, sich dann aber der Philosophie widmete, erwähnt im Zusammenhang mit der Komödie, dass vor allem Sokrates den anderen das Eingeständnis entlockte, ein und derselbe Autor könne Komödien und Tragödien schreiben, und ein wirklich klarsichtiger Tragödiendichter sei auch Komödienverfasser.

Aristokles ist besser bekannt unter seinem Spitznamen »Platon«, und seine Ausführungen über die Komödie stehen in seiner Komödie *Symposion*, einer überschäumenden und teilweise barocken philosophischen Komödie mit tragischen Einsprengseln, wenn es um die Bedingungen geht, mit denen die menschliche Sehnsucht nach Liebe hier auf Erden fertig werden muss.

Die Erkenntnis der tragischen Grundbedingungen des Lebens – und die der barocken, unfreiwilligen Komik des Daseins – besaß der junge Friedrich Nietzsche bereits, als er sich zu Arthur Schopenhauers pessimistischer Philosophie bekannte.

Schopenhauer erklärte das Leben für eine triste Angelegenheit, weshalb er sein Leben mit Nachdenken über diesen Umstand verbringen wollte. Der Kern des Daseins ist ein blinder, unpersönlicher Lebenswille, der uns zu Dingen antreibt, die uns immer tiefer in den Morast des Leidens hineinzwingen. Er berichtet dann, dass er schon mit siebzehn, und das ganz ohne irgendwelche Gelehrsamkeit, vom Jammer des Lebens ergriffen worden sei, so wie Buddha als junger Mann, als er Krankheit, Alter, Schmerz und Tod beobachtete.

Die Welt, die wir unmittelbar erfassen, ist unsere Vorstellung, die zunächst die Sinnlosigkeit und die brutale Rücksichtslosigkeit des Lebenswillens verschleiert. Als Vorstellung ist die Welt nur ein Schein, wie »Majas Schleier« in der indischen Weisheitslehre. Nicht zu sein ist besser als zu sein. Schopenhauer betrachtet sich als einen der vielen Nachfolger Buddhas.

Ein entsprechendes *Nein zum Leben!* suchen wir bei Astrid Lindgren vergebens. Wir finden dagegen Hauptpersonen, die vor Vitalität nur so sprühen, finden üppigen Lebenswillen, den viele fälschlicherweise als Ausdruck eines grundlegenden Optimismus deuten. Bei genauerem Hinsehen aber kann kein Zweifel daran bestehen, dass sich als Grundstimmung durch Lindgrens Werk nicht Dur, sondern Moll zieht.

Im Umgang mit unserer großen Dichterin liegt es nahe, ihren Verwandten und Seelenfreund, den beliebten Zeichner, Autor und Redakteur Albert Engström heranzuziehen, der ein pessimistischer und großer Humorist war. Nur wenige skandinavische Künstler können eine ähnlich farbenfrohe und vitale Personengalerie aufweisen. Der Optimist kann es sich gestatten, bedächtig und phlegmatisch zu sein. Der Pessimist muss hellwach und geistesgegenwärtig sein und die wenigen Momente des Glücks, die das Leben bietet, ohne auch nur eine Sekunde zu zögern ergreifen. Der Pessimist hat sich scheinbar damit abgefunden, dass der innerste Kern des Daseins eine Art schwarzes Loch ist, das alle Lebensformen in seinen zerstörerischen Kern saugt; doch hinter allem schwelt eine unverkennbare Verzweiflung. Ohne Galgenhumor ist das Leben unerträglich.

Engström, Lindgren und Zapffe

Dichter und Philosophen haben sich immer ihre Gedanken über die Beziehung zwischen Tragödie und Humor gemacht. Die zutiefst pessimistischen norwegischen Philosophen Peter Wessel Zapffe und Herman Tønnessen haben sich mit ihrer humoristischen Feder hohes Lob errungen, nicht zuletzt das vieler Optimisten. »Pessimismus ist eine gute Grundlage für Munterkeit«, sagt Herman Tønnessen. »Ich hab einen verdammten Spaß.«

Astrid Lindgren und Peter Wessel Zapffe verbindet ihre bewusste Beziehung zu und die Verwendung von Albert Engströms Humor. Berit Zapffe, die Witwe des Philosophen, berichtet, er sei ein großer Bewunderer von Engström gewesen und habe dessen Werke im Regal stehen gehabt. Sie standen nicht nur dort, sondern wurden fleißig benutzt, was in Zapffes Werken deutliche Spuren hinterlassen hat. Hier ist ein Beispiel aus Zapffes Logiklehrbuch, *Der logische Sandkasten*:

> *»Wenn Sie in wirklich feine Gesellschaft kommen«, sagt ein Lehrer bei Albert Engström, »dann reicht es nicht mehr zu sagen: Du lügst, du verdammter Mistkerl, nein, dann heißt es: Ihre Aussage, mein Herr, stimmt wohl kaum mit den tatsächlichen Gegebenheiten überein.«*

Dieses Zitat finden wir in einem Kapitel über die Anforderungen, die an einen sachlichen Meinungsaustausch gestellt werden. Die humoristische Pointe verweist nicht nur auf die offenherzigen, ungeschminkten Ausdrucksweisen der volkstümlichen Polemik, sondern auch auf die indirekte Weise, auf die im akademischen Stil Angriffe gefahren werden. Auch im Privatleben Akademiker zu sein bedeutet, die eigene Feindseligkeit hinter »gebildeter« Ausdrucksweise zu verbergen.

Für Peter Wessel Zapffe ist der Mensch ein übermäßig ausgerüstetes Tier, das seiner natürlichen Umwelt nicht mehr angepasst ist. In seinem Hauptwerk *Über das Tragische* behauptet er, die Evolution habe ein Tier produziert, das einen Sinn des Lebens und eine gerechte Weltordnung verlangt, eine Forderung, der ein kaltes und sinnloses Universum nur gleichgültiges, blindes Schweigen entgegenbringt. Der letzte Messias – in Zapffes gleichnamigem Werk – erkennt die tragischen Grundbedingungen des Lebens und verkündet: »Lasst die Erde hinter euch brachliegen!«

Auch wenn die kinderliebe Astrid Lindgren in ihrem eigenen Pessimismus niemals dermaßen drastische Schlussfolgerungen zieht, so bringt sie doch in ihrer Dankesrede aus Anlass der Verleihung des Friedenspreises des Deutschen Buchhandels ähnliche Überlegungen zum Ausdruck:

> *Müssen wir uns nicht, nach diesen vielen Jahrtausenden voller Kriege, fragen, ob dem gesamten menschlichen Geschlecht ein Konstruktionsfehler anhaftet, der uns immer wieder zur Gewalt greifen lässt? Und sind wir durch unsere Aggressionen zum Untergang verdammt?*

In Zapffes Augen ist die menschliche Forderung nach Sinn und Gerechtigkeit im Universum fehl am Platze im biologischen Interessenkonflikt zwischen Individuen und Arten. Im Moment ist viel von dem egoistischen Interesse der Gene an weitestmöglicher Verbreitung die Rede (Tønnessen entwickelt diese Gedanken weiter, ausgehend von Richard Dawkins' *selfish gene*). Obwohl unser philosophisches Bewusstsein unser Adelszeichen ist, ist es ein Nachteil für den Kampf der Art um »Lebensraum«. Zapffe vergleicht dieses Bewusstsein mit dem mächtigen Geweih einer Hirschart, die ausstarb, weil ihr Adelszeichen, das majestätische Gehörn, zu schwer zu tragen wurde. Dass die Mehrzahl der Menschen das Dasein offenbar ertragen kann, liegt teilweise an unseren effektiven Schutzmechanismen, an Verdrängung und Idealisierung – oder ganz einfach an der Flucht vor Reflexion und Nachdenken. Zapffe betont immer wieder, wie der Drang, die tragischen Grundbedingungen des Lebens zu verneinen, zu verschönernden Ausdrücken führt. Grobe Ausdrucksweisen brauchen eigentlich nicht unsachlicher zu sein als die akademisch verfeinerten. Im *Logischen Sandkasten* bringt er unterhaltsame Beispiele dafür, dass die Bezeichnungen, mit denen wir irgendein Phänomen belegen, von unserem Soziolekt, unserer gesellschaftlichen Stellung, unserer Stimmung und unserem Engagement abhängen:

Es ist wohl allen schon aufgefallen, dass die Eigenschaften, die in der politischen Debatte als »verstockt«, »verknöchert«, »verkalkt«, »erzreaktionär« bezeichnet werden, in Festreden und Nachrufen zu »unbestechlich«, »fest den Idealen verpflichtet«, »ein Charakter aus einem Guss«, »felsenfest« usw. werden. »Fast schwachsinnig« wird zu »der fast kindliche Charme«.

Wie Albert Engström und Astrid Lindgren eröffnet Zapffe seine Kritik des falschen Wirklichkeitsbildes mit Sprachkritik. Es wäre falsch, »Höflichkeit« und Sachlichkeit gleichzusetzen, »höfliche« Formulierungen und zutreffende Beschreibungen. In Astrid Lindgrens *Madita und Pims* wird diese Vorstellung indirekt illustriert, als die Mutter den Kindern einschärft, dass sie niemals »Armenhaus« sagen dürfen, sie sollen »Altersheim« sagen, denn so heißt es eben. Vor allem das letzte Madita-Buch ist bewusst an Engström angelehnt. Die Hauptperson, Madita genannt, heißt Margareta Engström. Der Vater ist Redakteur (wie Albert Engström), und die schlagfertigen Wortwechsel und die humoristische Form schließen aus, dass die Wahl der Namen ein Zufall ist.

Astrid Lindgren schreibt zwar in einem Kommentar zu *Rasmus und der Landstreicher* Folgendes:

Der Rasmus in diesem Buch ist durchaus nicht derselbe Junge wie in dem Buch über Kalle Blomquist, den Meisterdetektiv, und den kleinen Rasmus. Sie sind nicht einmal verwandt. Dass sie denselben Namen haben, ist einer von den seltsamen Zufällen, an denen das Leben so reich ist.

Aber wir können durchaus belegen, dass die Verbindung zwischen Albert Engström und der Familie Engström in den Madita-Büchern mehr als nur ein Zufall ist.

Galgenhumor

Als vielfach preisgekrönte Autorin hat Astrid Lindgren sich öffentlich zu Lebensanschauungsfragen geäußert. Was wissen wir nun über Astrid Lindgrens Lebensanschauung, das auf ihren eigenen Aussagen beruht? Sie hat mehrmals einer agnostischen Lebenshaltung das Wort geredet. Ihre Märchen über das Glücksland auf der anderen Seite des Todes sind und bleiben Märchen. Aber Märchen trösten, lindern und geben Lebensmut.

Es kann als äußerst infantile und größenwahnsinnige Vorstellung gelten, dass das riesige Universum sich rechtfertigen soll, weil eine kleine Gruppe von Primaten auf einem verschwindend kleinen Planeten in einem unscheinbaren Sonnensystem am Rande einer unter vielen Milliarden von Galaxien sich fürchtet oder Hoffnungen hegt. Aber die tierische Furcht der Menschen, zusammen mit dem aufgeblasenen Glauben dieser Art, das Zentrum des Universums zu sein, liefern unerschöpfliche Nahrung für Humor und Satire. Hier ist ein Beispiel aus den Michel-Büchern:

Die Leute in Lönneberga müssen sich darauf einstellen, dass die Welt untergehen wird, da sich ein Unheil verkündender Komet zeigt. Als Krösa-Maja zum Jahrmarkt in Vimmerby eingeladen wird, wehrt sie ab: Nicht an dem Tag, an dem der große Komet kommt. »Nein, danke, ich will in Lönneberga sterben, wie ich das gewöhnt bin.«

Diese Entscheidung hat eine klare Parallele bei Albert Engström, obwohl Astrid Lindgrens Version alles andere als ein Plagiat ist. Bei ihm heißt es:

»Als die alten Frauen sich auf dem Friedhof begegnen, sagt die eine: ›Hier werden wir uns alle treffen, wenn wir dann noch leben und gesund sind.‹«

Der Blickwinkel ist derselbe: Der Mensch plant sein Leben, als sei er ein unsterblicher und ewig anwesender, allgegenwärtiger Zuschauer – auch, wenn es um seinen eigenen Tod geht. Der Tod als Hintergrund stellt diesen Irrtum erbarmungslos bloß, das geschieht jedoch durch den warmen Humor der Weisheit und der Resignation. Wir könnten sagen, dass diese Art Humor eine religiöse Qualität im besten Sinne des Wortes besitzt. Kierkegaard betrachtet den Humor in doppelter Perspektive – als Vorstadium zur Religiosität und als »Verkleidung«, in der der Religiöse den Trivialitäten der Welt gegenübertritt.

Humor oder schadenfrohes Lachen?

In dem einzigen Leben, das wir haben – soweit wir das unzweifelhaft überhaupt behaupten können –, sind den meisten Menschen Leiden und Ungerechtigkeit beschieden. Trotz dieser düsteren Erkenntnisse kann ein echter Pessimist das Leben durchaus lieben und für eine bessere Welt kämpfen, ohne dass damit seine lebensphilosophischen Grundpositionen ins Wanken geraten müssen.

Unaufmerksamen Lesern entgeht vielleicht die wichtigste philosophische Erkenntnis, die sich in Astrid Lindgrens Erzählungen niederschlägt, nämlich die Lebenshaltung und das Lebensgefühl, die der *große Humor* zum Ausdruck bringt. Nietzsche hatte die Natur des Humors nicht verstanden, weil es ihm wichtiger war, Grausamkeit und Schadenfreude zu rehabilitieren, als die schönste Blüte und die vornehmste Frucht des Leidens und der Einsamkeit zu verstehen. Deshalb reduziert er Humor auf »Schadenfreude mit gutem Gewissen«.

Nietzsche als Person war eher witzig, schlagfertig und geistreich als humoristisch. Wenn wir über seine treffenden Aphorismen lachen, dann freuen wir uns über kühne und treffsichere Provokationen. Aber wenn wir den Humor verstehen wollen, dann müssen wir uns an andere Philosophen wenden, zum Beispiel an den nun schon so oft erwähnten Søren Kierkegaard:

Die Sache ist ziemlich einfach. Das Komische ist in jedem Lebensstadium vorhanden, (nur unterscheidet sich die Position), *denn wo es Leben gibt, gibt es auch Widerspruch, und wo es Widerspruch gibt, ist das Komische vorhanden.*

Es ist zwar nicht ganz einfach, Kierkegaards vielen Definitionen des Humors zu folgen, aber seine grundlegende These ist klar: Der Humorist konzentriert sich auf den Ernst des Daseins – und hebt ihn durch Scherz wieder auf. Er erkennt das Missverhältnis zwischen unserer endlichen Existenz und unserer Hoffnung auf eine ewige Seligkeit und fasst sie in Worte. Dazu braucht er eine elastische Doppelsicht, eine Vereinigung von Reflexion und Naivität:

»Das Humoristische entsteht, wenn wir das Kindliche sich in seinem Totalbewusstsein reflektieren lassen. Geistesbildung in Beziehung zum Absoluten und Kindlichkeit zusammen ergeben Humor.«

Das ist eine Definition in Astrid Lindgrens Geist – wenn auch nicht gerade in ihrer Sprache!

Für Kierkegaard ist die Ironie zwischen dem ästhetischen und dem ethischen Stadium angesiedelt, während der Humor zwischen dem ethischen und dem religiösen Stadium zum Ausdruck kommt. Der Ironiker sieht die Mängel einer ästhetischen Weltanschauung und steht auf dem Sprung zu einer Wahl der ethischen Verankerung. In der Perspektive des Humors wird der Mensch mit etwas Höherem als dem rein Menschlichen in Verbindung gebracht, und es ist nicht der erwachende Übermensch in uns, sondern eine metaphysische Klarsicht, die uns unsere menschlichen Lebensbedingungen von oben und im belustigten Licht der Versöhnung zeigt.

Viele Philosophen, Wissenschaftler und Autoren haben über die Nachbarn des Humors geschrieben, über Lachen und Witze. Zu den meistgelesenen gehören die Bücher *Das Lachen (Le rire)* von Henri Bergson und Sigmund Freuds *Der Witz*. In keinem dieser Bücher jedoch wird der Humor zum eigentlichen Untersuchungsgegenstand. Der dänische Philosoph Harald Høffding dagegen hat dem Humor ein eigenes Werk mit dem Titel *Der große Humor* und dem Untertitel *Eine psychologische Studie* gewidmet.

Høffding betont, der Humorist »bringt das melancholische Element ein, auf das im Humor nicht verzichtet werden kann«. Er hat ein waches Auge für das Verhältnis zwischen Pessimismus und Humor:

Man braucht durchaus kein Optimist zu sein, um Humorist zu sein; im Gegenteil wird Optimismus Humor ausschließen, da er kein gründliches Eindringen in alle Seiten des Lebens gestattet. Der Humorist wird nicht zu denen gehören, die sich darüber freuen, wie weit sie es gebracht haben, eine solche Freude wird sofort seine Ironie erwecken.

Høffding definiert den »großen Humor« als totales Gefühl, das eine Lebensanschauung und eine Lebenshaltung zugleich in sich trägt. Der Humorist sieht das Leben auf doppelte Weise – »als groß und als klein, als wertefreundlich und als wertefeindlich, als tragisch und als komisch«. Der Humor unterscheidet sich durch eine Art teilnehmender Sympathie von Hohn und von Ironie.

Nietzsche versteht die Grundlage des Humors nicht, denn er lehnt Mitleid als legitime Tugend ab. Deshalb entgeht es ihm, dass Mitleid die Grundlage echter Menschlichkeit bildet. Liegt das daran, dass das Leben ihm dermaßen viel Leid beschert hat, dass er seine Seele nicht mehr dafür öffnen konnte? Seine ewigen Klagen über seine psychosomatischen Verdauungsbeschwerden und sein Unwohlsein können darauf hinweisen.

Nietzsche konnte seine primanerhafte Großspurigkeit nicht abschütteln, die ihn, trotz seiner mutigen Ansichten, zu einem heroischen Poseur machte!

Das arme Pferd – über die Verdrängung der Trauer

Zu diesem entscheidenden Zeitpunkt überanstrengte Nietzsche sich bis zur Selbstverleugnung. Als sein psychischer Panzer 1889 in Turin endgültig zusammenbrach und der Philosoph des Willens zur Macht in den »Schutz des Wahnsinns« genommen wurde (wie Heidegger über Hölderlin sagt), zeigte er nicht nur eine große Fähigkeit zum Mitgefühl, sondern auch eine extreme Sensibilität. Die folgende Episode wird von seinen Biografen immer wieder in unterschiedlichem Wortlaut geschildert:

Es geschah am Morgen des 7. Januar 1889. Vor seiner Tür in der Via Alberto sah Nietzsche einen Kutscher, der auf einen alten Arbeitsgaul einschlug. Sofort war alle Verachtung des Mitleids vergessen, und Nietzsche stürzte los, um sich zwischen Pferd und Peiniger zu stellen. Schluchzend fiel er dem Pferd um den Hals, doch dabei wurde ihm schwarz vor Augen und er sank auf der Straße in sich zusammen. Als die Umstehenden ihm wieder auf die Beine geholfen hatten, wehrte er heftig ab, er schien sich von allen Seiten bedroht zu fühlen.

Wer außer Nietzsche greift ein, um ein Pferd vor einem vom Willen zur Macht besessenen Kutscher zu beschützen? (Und was war das für eine schöne praktische Absage an seine eigene Theorie über das verachtenswerte Mitleid!) Und welche eng verwandte literarische Gestalt verhielt sich in einem vergleichbaren Fall eben vergleichbar? Keine Geringere als Pippi Langstrumpf.

Als Pippi eines Tages zusammen mit Annika, Thomas und deren Schulklasse einen Ausflug macht, erleben sie eine ähnliche Szene wie die, deren Zeuge Nietzsche in Turin wurde:

Draußen auf der Straße kam ein Mann auf einem Wagen mit Säcken angefahren. Es waren schwere Säcke und es waren auch viele Säcke. Und das Pferd war alt und müde. Plötzlich rutschte ein Wagenrad in den Graben. Der Mann, der übrigens Blomsterlund hieß, wurde ganz furchtbar wütend. Er meinte, das Pferd sei schuld. Er holte eine Peitsche hervor und einen Augenblick später hagelten harte Schläge auf den Rücken des Pferdes nieder. Das Pferd mühte sich ab und zog und versuchte mit aller Kraft, die Fuhre wieder auf die Straße zu bringen, aber es ging nicht. Der Mann wurde immer wütender und schlug immer härter zu. Gerade da entdeckte ihn die Lehrerin und sie war ganz außer sich vor Mitleid mit dem armen Pferd.

»Wie können Sie ein Tier nur schlagen!«, rief sie. Der Mann ließ die Peitsche einen Augenblick ruhen und spucke aus, ehe er antwortete.

»*Mischen Sie sich nicht in Sachen ein, die Sie nichts angehen*«, sagte er. »*Denn sonst kann es passieren, dass ich euch allen zusammen eins mit der Peitsche überziehe.*«

Hier fällt einem Nietzsches abstoßender und berüchtigter Aphorismus ein: »Du gehst zu Frauen? Vergiss die Peitsche nicht!«
Aber dann kommt Pippi wie ein Blitz angeschossen. »Sie war ganz weiß um die Nase.« Und jetzt bekommt der Machtmensch seine eigene Medusin zu kosten. Pippi packt ihm einen der großen schweren Säcke auf den Rücken:

»*So*«, *sagte sie.* »*Nun wollen wir mal sehen, ob du ebenso tüchtig im Tragen bist wie im Prügeln.*« *Sie nahm die Peitsche.* »*Eigentlich sollte ich dich damit verhauen, da du es so gern hast. Aber die Peitsche ist wohl ein bisschen kaputt*«, *sagte sie und brach ein Stück ab.* »*Vollkommen kaputt, leider.*« *Und sie zerbrach die Peitsche in kleine Stücke.*

Auf diese Weise rechnet Astrid Lindgren mit der Vorstellung ab, der Wille zur Macht und zu immer noch mehr Macht sei das innerste Wesen des Lebens.
Viele Kinder haben im Laufe der Jahre die Peitsche zu schmecken bekommen. Und wir könnten alle von viel weniger in pessimistische Stimmung versetzt werden. Peter Wessel Zapffe musste als Kind Ähnliches erleben. Sein Vater schlug ihn mit der Reitpeitsche. Der kleine Peter konnte den Zusammenhang zwischen der Bestrafung und dem Verbrechen, das er angeblich begangen hatte, einfach nicht begreifen. Als Peter heranwuchs, schlug er zurück, nicht mit der Peitsche des Vaters, sondern mit dem Peitschenhieb des Wortes. Denn als die Familie Zapffe einmal umzog, fand Peter beim Packen die Reitpeitsche, das pädagogische Werkzeug des Vaters. Er hielt sie dem Vater hin und fragte: »Die nehmen wir doch sicher nicht mit in die Storgate?« Der Vater murmelte übellaunig und verlegen vor sich hin, nein, das sei nicht nötig.
Dem Machtmenschen muss eine größere Gegenmacht auf die Finger hauen. Aber Pippi setzt die Peitsche eben nicht gegen den Übeltäter ein. Sie zu zerbrechen wird zu einer rituellen und fast heiligen

Handlung, die zwischen Kutscher und Zugtier Frieden stiftet. Pippi selbst ist stark genug, um ihr Pferd hochzuheben, doch sie behandelt es mit Liebe und Fürsorge.

Für Platon war das Pferdegespann ein Symbol für die Seele. Pferde zu lenken bedeutet, die eigenen Lebenskräfte, Gefühle und Begierden zu lenken. In Platons Dialog *Parmenides* führt Antiphon das Wort, wir erfahren über diesen Mann, dass er Pferdezucht betrieben hat, nachdem er ins philosophische Denken eingeführt worden war. Und damit stehen wir vor einer tief greifenden Thematik, bei der es durchaus nicht nur darum geht, Tiere gut zu behandeln. Wer Pferde misshandelt, misshandelt auch sich selbst, und wer sich selbst misshandelt, glaubt das Recht – und vielleicht sogar die Pflicht – zu haben, andere zu misshandeln. Pippis Auseinandersetzung mit dem Kutscher ist Pippis Auseinandersetzung mit dem Bösen. Sie ist die Friedensstifterin, die neue Leitsätze aufstellt für den Umgang der Menschen untereinander und den Umgang der Menschen mit Tieren.

Nietzsche und Pippi teilen mit anderen Worten ein Geheimnis, das beide vor den Außenstehenden nicht so ganz verbergen können: Obwohl beide sich gern gefühllos und brutal geben, und obwohl sie immer wieder lauthals behaupten, sich nichts zu Herzen zu nehmen, sondern ihr Schicksal zu akzeptieren, verraten sie eine Sensibilität und eine Fähigkeit zum Mitgefühl, die sie verlegen vor anderen zu verstecken versuchen.

Das zeigt sich deutlich, als die Klasse unterwegs einen toten Vogel findet:

> *Das, was tot war, war ein kleiner Vogel, der aus seinem Nest gefallen war.*
> »*Oh, wie schade*«, *sagte Annika. Das Ungeheuer nickte.*
> »*Pippi, du weinst ja*«, *sagte Thomas plötzlich.*
> »*Weinen – ich?*«, *sagte Pippi.* »*Ich wein gar nicht.*«

Thomas weist nun darauf hin, dass Pippi doch ganz rote Augen hat, aber Pippi verleugnet ihr Mitgefühl: »Ich und rote Augen! Nein, glaub ja nicht, dass ich wegen so eines kleinen Vogels weine!«

Das Verleugnen der eigenen Empfänglichkeit für fremdes Leid

wird von der seelischen Abwehr geprägt, die in der freudianischen Tradition *Reaktionsmuster* genannt wird. Aus Widerwille gegenüber Zügen an uns, auf die wir lieber verzichten würden, gehen wir ins andere Extrem und überkompensieren sie, indem wir die entgegengesetzten Eigenschaften pflegen, Härte, Zähigkeit und Gefühllosigkeit.

Das Mitleid mit allen Wesen, die Schmerzen empfinden können, durchzieht Astrid Lindgrens gesamtes Werk. In dieser Hinsicht trifft sie sich mit den *Sentientisten* der modernen Öko-Ethik, aber auch mit dem in Hinduismus und Buddhismus propagierten Prinzip der Gewaltlosigkeit Menschen und Tieren gegenüber *(Ahimsa)*.

Einsame Prinzessin im Paradies

So grün, so grün ist die Taka-Tuka-Insel, dass es vielleicht nur der Garten Eden damit aufnehmen könnte – vor dem Sündenfall, wohlgemerkt. Aber wie schön oder paradiesisch auf lange Sicht ist selbst ein Paradies? In den Pippi-Büchern wird die Stimmung von der Entertainerin Pippi aufrechterhalten, sie vertreibt durch dauernde Clownerien und allerlei Mummenschanz Angst und Langeweile. Aber die Trilogie beginnt mit einem düsteren Klang und endet mit einer naturwidrigen Utopie, die eine negative Einschätzung des menschlichen Daseins verrät. Zuerst erfahren wir vom Verlust der Mutter und dem abwesenden Vater, am Ende steigen die Kinder aus Zeit und Altersprozess aus, indem sie eine Art Ewigkeitspille nehmen, die geheimnisvollen Krummeluspillen, die gelben Erbsen ähneln wie ein Ei dem anderen.

Wenn die Psychoanalyse darin Recht hat, dass erschütternde Erlebnisse in der frühen Kindheit den Menschen für sein ganzes Leben negativ prägen, dann ist Pippi in der entscheidendsten Phase ihrer Kindheit einer Katastrophe ausgesetzt gewesen: »Die Mutter war gestorben, als Pippi noch ein ganz kleines Ding war, das in der Wiege lag und so furchtbar schrie, dass es niemand in ihrer Nähe aushalten konnte.«

Jetzt könnten wir natürlich einwenden, dass die Pippi-Geschichten so weit von jeglichem Realismus entfernt angesiedelt sind, dass psychoanalytische Erkenntnisse keine Rolle spielen. Aber dann übersehen wir, dass die »übernatürlichen« Seiten sich auf Pippis körperliche Kraft beschränken. Die psychologischen Beschreibungen bleiben im Rahmen des Realismus. Gefühlsmäßig ist Pippi ein normales Kind, furchtloser und kühner als die meisten, aber ansonsten so verletzlich wie jede andere Neunjährige.

Das verlassene Kind muss gegen seinen Willen die Rolle der Erwachsenen spielen. Das Fehlen von Fürsorge kann ein Kind auf kesse Weise »optimistisch« erscheinen lassen, es scheut die Thematisierung des eigenen Schmerzes wie die Pest. Ein bewundernswert tapferer Optimismus, der jedoch Depression und Pessimismus verdecken soll, kommt in Pippis aufmunternder Beteuerung für die tote Mutter zum Ausdruck:

»Hab keine Angst um mich! Ich komm schon zurecht!«

Thomas und Annika gegenüber zeigt Pippi sich eher als privilegiertes Schoßkind des Glücks denn als Kind, das unter tragischer Vernachlässigung leidet:

»Meine Mama ist ein Engel und mein Papa ist ein Negerkönig. Es gibt wahrhaftig nicht viele Kinder, die so feine Eltern haben!«

Ein Hinweis auf das Vorhandensein einer selbstverleugnenden Angst finden wir in der Beschreibung von Pippis Schlafgewohnheiten:

»Sie schlief immer mit den Füßen auf dem Kopfkissen und mit dem Kopf tief unter der Decke.«

Mit dem Kopf unter der Decke zu schlafen weist auf Angst und das Bedürfnis nach Schutz vor den Drohungen der offenen Welt hin. Das respektlos Optimistische und Unerhörte an der Gewohnheit, mit den Füßen auf dem Kopfkissen zu schlafen, hat bei Lesern und Kommentatoren sehr viel mehr Aufmerksamkeit erregt. Aber diese Eigenart passt ja auch viel besser zu Pippis Selbstinszenierung.

Pippi ist überall fremd. Die Erwachsenenwelt in der kleinen, kleinen Stadt will sie ins Kinderheim sperren. Für die Kinder ist sie eine Heldin, aber sie können Pippi niemals wirklich verstehen. Am ehesten zu Hause ist sie auf der Hoppetosse bei ihrem Vater, Fridolf und den anderen Matrosen. Aber auch die sind Menschen einer anderen Art, denn sie sind erwachsen und außerdem Männer. Trotzdem haben sie das Abenteuerliche und das Kindliche bewahrt, und das gibt in ihren Herzen viel Platz für Pippi und lässt Pippi warme Gefühle für sie entwickeln.

Die Kinder in der kleinen, kleinen Stadt, einem von kleinlicher Vernunft und kleinbürgerlichen Anschauungen geprägten Ort ohne irgendeinen zauberhaften Glanz, lassen sich gern von Pippis Ideen mitreißen, das jedoch zunächst immer zögernd und ambivalent. Die Kinder wissen nur wenig über die Gefahren der großen Welt, obwohl sie dazu erzogen worden sind, alles zu fürchten, was anders oder fremdartig ist.

Trotz der Rosskur, die Pippi ihnen mit ihrem grotesken und morbiden Humor verpasst, macht sich in ihrem Umgang mit Kindern auch immer ein mütterlicher, beschützender Drang bemerkbar. Margareta Strömstedt hat auf diesen Zug hingewiesen. Pippi hat das Gefühl, die heranwachsende Generation aufs Härteste unterhalten zu müssen. Sie ist Närrin, Clown, Zirkusartistin und Komikerin in einer Person. Doch bei allem Jux muss Pippi sich ungeheuer anstrengen, um die schlimmste aller Gefahren zu verdrängen, die aus den Trivialitäten des Alltags angeschlichen kommt und droht, das kindliche Gemüt mit Langeweile, Kummer und Melancholie zu verdüstern. Sogar die Aussicht, endlich als Negerprinzessin ihren Platz auf der Taka-Tuka-Insel einnehmen zu können, beunruhigt sie, denn die Sonne des Lebens scheint nicht immer, es gibt auch Regenzeiten ...

»*Aber*«, *fuhr Pippi fort,* »*vielleicht kommt mal ein langweiliger Tag in der Regenperiode, und wenn es auch lustig ist, ohne Kleider herumzulaufen, wenn es regnet – mehr als nass kann man jedenfalls nicht werden.*«

Trennungen und Abschiede durchsäuern Pippis Leben. Plötzlich kann sie es nicht ertragen, sich von Thomas und Annika trennen zu müssen. Am schlimmsten ist der Schmerz, den sie ihnen zufügt, wenn sie sie verlässt, auch wenn ihr Ziel die Taka-Tuka-Insel ist, wo sie ein königlicher Empfang erwartet. Als sie dann an Land springt, bringt sie dieses eine Mal eine ehrliche Begründung:
»Ich halte es nicht aus, dass ein Mensch auf Gottes grüner Erde meinetwegen traurig ist.«

Wenn Pippi allein ist, muss sie sich mit Seemannsgarn unterhalten, das offenbar zum aufmunternden Selbstbetrug wird. Sie strahlt Verletzlichkeit aus, wenn sie ihre einsamen Lügen eingesteht. Zugleich macht sie sich über die Absurdität lustig, die darin liegt, an ihre bewusst und willentlich zusammengelogenen Räubergeschichten zu glauben. Und so erzählt sie, dass sie sich eine lange Geschichte über ein Kalb aus den Fingern gesogen hat, das Spitzen klöppeln und auf Bäume klettern konnte, und da hat sie doch wirklich jedes Wort geglaubt. »Das nenne ich gut gelogen!«

Das Tragikomische an Pippi wird als Synthese aus Groteske und überschäumendem Humor dargestellt. Pippis selbstmunternder Humor kreist um das Groteske, Deformierte und Morbide. Auf einer ihrer Reisen besucht sie ein Land, in dem die Menschen drei Arme haben, doch nach Protesten korrigiert sie dieses Seemannsgarn mit einer neuen Lüge – die aus gegebenem Anlass in »Wahrheit« umgetauft worden ist:

»Ja, um die Wahrheit zu sagen, es gab sogar welche, die hatten gar keinen, und wenn sie essen wollten, mussten sie sich über den Teller beugen und wie Tiere weiden. Sich selbst am Ohr kraulen konnten sie natürlich nicht, sie mussten ihre Mama darum bitten.«

Pippi erzählt von einem so entsetzlichen Sturm, dass sogar die Fische seekrank wurden. Und davon, wie sie auf Borneo ein Holzbein fand, an einer Stelle, den keines Menschen Fuß je betreten hatte. Das hatte sie einem Einbeinigen geschenkt, und der behauptete, ein solches Holzbein könne man für kein Geld der Welt kaufen.

Pippi erinnert daran, dass alles immer noch schlimmer werden kann:

»Aber du bist doch wohl nicht krank«, sagte Thomas.

»Was man nicht ist, kann man werden«, sagte Pippi.

Verzweifelt aktive Personen wie Pippi leiden oft insgeheim an Melancholie und Pessimismus. Das galt auch für Nietzsche, Heidegger, Sartre und Beauvoir. »Das Nichts dazwischen«, sagte Heidegger auf seine kryptische Weise. Im Märchen *Im Land der Dämmerung* nimmt ein seltsamer Mann, Herr Lilienstengel, den gelähmten Knaben Göran mit in das Land, »das nicht ist«. Der gute Helfer Lilienstengel ist gekleidet wie ein Bestattungsunternehmer alter Zeiten. Alles, was in der Welt der Wirklichkeit schmerzlich und unbehaglich ist, ist verschwunden. Er bietet Hoffnung und Traum an, doch seine schmerzstillenden Mittel gehören dem Totenreich an.

Wenn Pippi sich über den Gesundheitsterror der Erziehungspersonen lustig macht, dann gern mit dem Tod als Hintergrund. Sie antwortet der wohlmeinenden Lehrerin, die nur eine Jahreszahl hören will, mit einer Erinnerung daran, dass wir alle sterben müssen *(memento mori)*, die aber durch die Ironie in ihr Gegenteil verkehrt wird.

»Wann starb Karl XII.?«
»Ach, ist der auch tot?«, rief Pippi. »Es ist doch zu traurig, wie viele Leute jetzt draufgehen. Und ich glaube bestimmt, dass das niemals passiert wäre, wenn er immer trockene Füße gehabt hätte.«

Auch Pippis abenteuerlichere Formulierungen fühlen sich im Bereich des Morbiden am wohlsten:

»Das hätte gerade gelohnt, vor dem Ertrinken gerettet zu werden, nur um einem Kannibalen zum Mittagessen vorgesetzt zu werden. Oder sie sitzen da und studieren das Kochbuch, um zu sehen, wie sie uns zubereiten sollen. Und das kann ich euch sagen, wenn sie mich zusammen mit Möhren servieren, verzeih ich es ihnen niemals. Ich kann Möhren nicht ausstehen.«

Das tragische Grundmotiv des Lebens ist die Kollision zwischen dem menschlichen Streben und dem unüberwindlichen Widerstand der Wirklichkeit. Erbarmungslos wird der Absturz herbeigeführt, müssen die Menschen in ihrer Verzweiflung die Unvermeidlichkeit der Katastrophe erkennen. Zahllose Kinder erleben die Tragödie und schreien ihre Verzweiflung aus sich heraus, aber wir brauchen normalerweise eine erwachsene Dramaturgie, um der Tragödie einen wirklich literarischen Ausdruck zu geben. Vivi Edström weist nach, wie Astrid Lindgren ihren »doppelten Instinkt« anwendet: Die Erinnerung daran, wie es ist, ein Kind zu sein, wird mit dem Erfahrungsbereich des erwachsenen Menschen kombiniert. Die erwachsene Autorin präsentiert eine neue, taufrische, ersonnene Welt, die das Kind vor sich sieht wie beim ersten Mal, doch diese Welt ist trotzdem durchleuchtet von der Wehmut der weisen Erzählerin, die das Kind zwar ahnt, jedoch nicht in Worte fassen kann.

Als »Schicksalsgöttin« und Schöpferin ihrer eigenen Fiktionswelt sorgt Astrid Lindgren dafür, dass die von ihr ersonnenen Kinder nicht zugrunde gehen. Deshalb bleibt die endgültige Katastrophe aus, auch wenn der Autorin vorgeworfen worden ist, sie fordere Kinder zum Selbstmord auf (in der Diskussion über *Die Brüder Löwenherz*), und auch, wenn wir uns fragen können, ob es sich bei Sonnenau wirklich um ein Traumbild des Todes handelt, ehe die heimatlosen Kinder erfrieren, wie das Mädchen mit den Schwefelhölzern bei H. C. Andersen. Wenn diese letzte Deutung hiermit abgewiesen wird, dann, weil es in Astrid Lindgrens Werk keine sozialrealistische Ontologie gibt. Trotzig gibt sie der mythischen Welt des Kindes einen gleichwertigen, bisweilen höherrangigen ontologischen Status in der Fiktion. Durch die Beschwörung der Autorin kann Mio im Land der Ferne weiterleben, er sitzt nicht ausgehungert oder erfroren auf einer Parkbank, zu Schreck und Warnung für alle bösen Stiefeltern. »Es sitzt kein Bosse auf irgendeiner Bank im Tegnérpark. Denn er ist im Land der Ferne. *Im Land der Ferne ist er, sage ich.*«

Die wirklichen Kinder wissen, dass die fiktiven Kinder in Astrid Lindgrens Welt die Autorin selbst zur Schirmherrin haben. Deshalb können sie sich dem Bedrohlichen, dem Bösen und dem Unheimlichen ohne die Verzweiflung der lähmenden Angst hingeben. Der Humor lässt uns das alles viel besser ertragen, als es sonst der Fall wäre. Deshalb gehört Lindgrens vielseitiger Umgang mit den vielen Fehlschlägen im Leben nicht der reinen Tragödie oder der reinen Komödie, sondern der Tragikomödie an.

Die Texte haben viele Schichten: Im selben Satz trifft das Kind auf die Grenzen der Wirklichkeit und die Möglichkeit, diese mit der Fantasie zu überwinden, auf die Kleinheit des Menschen im Verhältnis zu den Naturgesetzen, auf Freude und Lebensfreude der Spielenden. Als Beispiel dafür, welche fantasievollen Dinge Kindern möglich sind – um sich Langeweile und Tristesse des Lebens vom Leib zu halten –, lässt die Autorin Pippi ein offenbar grandioses und größenwahnsinniges Projekt auf selbstironische Weise vorstellen. Der Bezug auf den, der auf die Welt gekommen ist, um uns vor Angst, Sünde und Tod zu erlösen, liegt auf der Hand – denn Pippi schlägt vor, zum Fluss zu gehen und zu üben, auf dem Wasser zu laufen.

Die Autorin behandelt problematische, religiös-metaphysische Themen und unbekümmertes Kinderspiel zugleich, zum Beispiel in der Szene mit der Spieldose, die für Pippi »Ach, du lieber Augustin« spielt. Für die belesene Astrid Lindgren ist dieses Lied natürlich mehr als nur ein alter Gassenhauer. Für sie, wie für alle Schulkinder, ist dieser Augustin der übermächtige Kirchenvater, der im Übergang zwischen Antike und Mittelalter die westliche Glaubens- und Denkwelt so nachhaltig geprägt hat.

Augustinus ersann die Lehre von der Erbsünde – der Mensch ist sündhaft und verderbt geboren – und bekannte zugleich, dass noch dem größten Sünder unverdiente und unergründliche Gnade zuteil werden kann. Er bezeichnete den Menschen nicht nur als gesprungenes Gefäß, sondern auch als Vernunftswesen, das Wesen, das weiß: Wenn ich mich irre, dann bin ich! In Augustinus' genialem Gehirn schwirrten Vorstellungen vom Menschen als Wesen mit freiem Willen zusammen mit der Überzeugung herum, Gott habe unseren Lebenslauf längst vorherbestimmt. Diese so reich begabte Persönlichkeit war ebenso widersprüchlich und mit sich im Zweifel wie ein anderer eigenwilliger Philosoph, eins von Astrid Lindgrens geliebten Kindern, der kleine Racker Michel aus Lönneberga. Augustinus bekannte Hochmut, Hurerei und Äpfelklau, und zwar in seinen *Confessiones*, der ersten groß angelegten Anklageschrift des Abendlandes. Auch Michel wird zu Gebet und Verzicht getrieben. Vivi Edström kommentiert das so:

Bei einer anderen Gelegenheit beginnt Michel in der Einsamkeit über seine Sünden nachzudenken und das Kapitel endet mit seinem entwaffnenden Gebet, das wirkt, als hätte er es aus einem Briefsteller übernommen:

»Lieber Gott, mach, dass ich mit meinem Unfug aufhöre! Bittet freundlich
Michel Svensson – Katthult-Lönneberga«

Das Sündenbewusstsein ist absolut vorhanden, aber dafür zu sorgen, dass er seine Schurkenstreiche hinfort unterlässt, dafür möge doch bitte Gott Sorge tragen. Sündenbekenntnis und Leugnen von Verantwortung verschmelzen zu einer höheren Einheit. Und dafür ist Humor vonnöten.

※

THEODOR: Das fand ich nun überhaupt nicht amüsant.

AGATON: Nein, man kann sich aber auch nicht immer amüsieren, so ähnlich sagt Pippi das auch. Außerdem muss man unterscheiden zwischen Humor und dem Verständnis dessen, was Humor ist.

THEODOR: Warum muss man das? Eigentlich müsste das doch alles amüsant sein, wenn es schon um Humor geht. Und außerdem, weißt du nicht mehr, in welchem Zusammenhang Pippi das gesagt hat? Als die Polizisten ihr erklären wollen, wie langweilig es ist, zum Beispiel die Hauptstadt von Portugal nicht zu kennen.

AGATON: Sie sagen, es wäre *unangenehm*, aber ich verstehe ja, worauf du hinauswillst.

THEODOR: Ja, Wissen kann wirklich amüsant sein. Sogar für einen Dichter ... Ich kenne nichts Amüsanteres, als wenn ich mich lange mit einem mathematischen Problem abgemüht habe, und dann geht mir plötzlich ein Licht auf!

AGATON: So gesehen sind Humor und Verständnis aus demselben Holz geschnitzt. Humor und Verständnis ähneln einander in der Fähigkeit, die tiefen Trennungen im Leben zu sehen – und sie zu überbrücken, plötzlich und überraschend.

THEODOR: Hast du nicht gerade gesagt, wir müssten zwischen Humor und Verständnis unterscheiden?

AGATON: Ja, aber jetzt habe ich eine überraschende Brücke gebaut.

THEODOR: Wie Ronja über den Höllenschlund?

AGATON: Von mir aus. Der Unterschied – die Trennung – erschafft das Drama des Lebens. Und Schmerz, Bosheit und Tragödie. Wir kennen jetzt die Grundlage für den Humor und damit auch die Grundlage für das Verständnis. Als der Blitz die Mattisburg zerteilte und die Borkaräuber einzogen, war der Krieg zwischen den beiden Räuberbanden bereits in Gang. Aber die Trennung ermöglichte es Ronja, Verständnis und Versöhnung zu suchen. Sie brachte sie dazu, das Treiben der Räuber beim rechten Namen zu nennen, es zu kritisieren und sinnvolle Vorschläge zur Überwindung des Bösen zu machen.

THEODOR: Für mich klingt das vor allem wie Geschwafel ...

AGATON: Tut mir Leid. Wollen wir meine leeren Worte dann mit Verständnis und Bedeutung füllen? Darüber hat Pippi sich ausgiebig informiert – wie viele Philosophinnen und Philosophen vor ihr und nach ihr. Sie geht doch im wahrsten Sinne des Wortes auf die Jagd nach dem Sinn des Wortes – nachdem sie ein nagelneues, leeres und jungfräuliches Wort erfunden hat, *Spunk* ... und ich glaube, dass sie hier mehr denn je stellvertretend für ihre Autorin auftritt. Belletristische Autoren ringen oft mit einem grundlegenden Zweifel an der Kraft des Wortes, und Astrid Lindgren ist da keine Ausnahme. Mit dem Wort als Medium sollen sie doch ihr Bedeutungsuniversum erschaffen. Und dann werden die Wörter sicher oft als brüchige Pfeiler erlebt. *Words, words, words*, wie Shakespeare seufzte.

THEODOR: Shakespeare? Das war doch Hamlet!

AGATON: Das schon, aber in diesen Worten, in diesem *Wörter, Wörter, Wörter,* hören wir das Echo der resignierten Dichterstimme. Nehmen wir ein anderes Beispiel: Lars Gustafsson sah keinen Sinn mehr in den Wörtern und machte sich an eine Abhandlung über sprachphilosophische Skepsis in *Sprache und Lüge*. Jedenfalls deute ich ihn so, wenn er sich anfangs Sartres Meinung anschließt, Dichter seien die Menschen, die ein ursprünglich gestörtes Verhältnis zur Sprache haben. Er ringt mit Nietzsche und zwei weiteren Philosophen des 19. Jahrhunderts, die alle auf ihre eigene Art behaupten, die Sprache sei ein systematisch irreführendes Zeichensystem.

THEODOR: Aber wenn überhaupt jemand lügen kann, dann doch wohl Pippi.

AGATON: Ja, aber wie der vernünftige Thomas zu Annika sagt: »Pippi lügt nicht richtig, sie tut nur, als ob das, was sie sich ausgedacht hat, gelogen ist. Verstehst du das nicht, du Dummchen.« Pippis »Lüge« ist poetische Schöpferkraft.

THEODOR: Das brauchst du mir nicht zu erklären. *Poiesis* bedeutet doch »Schaffen« oder »Schaffenskraft«. Doch wir Alten betrachten das als selbstständigen Bereich, neben Theorie und Praxis.

AGATON: Ich denke voller Wehmut an die Zeit zurück, als die Dichtung hoch angesehen war und wir Dichter mit Lorbeeren und tiefer Achtung gefeiert wurden ... Damals war die schöpferische Kraft der Poesie ein anerkanntes Mysterium. Das Dichterwort erschafft. Es ist mystisch, aber aus dem Wort erwachsen Welten. Pippis Welt zum Beispiel. Das Wort ist die Saat, der *Samen*, aus dem die Welt entsteht. Am Anfang war das Wort.

THEODOR: Fiktive Welten, ja. Aber die Wirklichkeit besteht wohl nicht aus Worten. Am Anfang war *Logos*, heißt es im Johannesevangelium, und *Logos* bedeutet auch *Zahl*.

AGATON: Oder *Sinn* oder *Tat*. Aber was war zuerst da, das Huhn oder das Ei, das Wort oder die Tat? Goethe lässt Faust Letzteres wählen: *Im Anfang war die Tat.* Und Goethe ist da nicht der Einzige. Im Schöpfungsbericht der Bibel erschuf Gott zuerst das Licht, dann trennte er Licht und Finsternis, danach nannte er das Licht Tag und die Finsternis Nacht. Erst nach dem Schöpfungsakt erhielten die Urphänomene ihre Namen. Damit war die erste Begriffsdefinition vorgenommen. Danach delegierte der Herr die namensgebende Autorität an Adam, der jedes Tier nach seiner Art benennen musste.

THEODOR: Das schon. Aber der Text sagt eben, dass der *Logos* zuerst da war, ob wir das nun mit »Wort« oder »Zahl« übersetzen. Vor der Erschaffung der Welt ist er bei Gott ... und jetzt haben wir uns schon weit in die Theologie verirrt.

AGATON: Dann lass uns da doch weitermachen, aber dabei den Blick auf Mensch und Sprache richten. Mitten im Paradies stand ein seltsamer Baum, der Baum des Wissens. Er stand da ganz *distinguiert* – getrennt von den anderen Bäumen –, das aber ohne einen Zaun. Seine Früchte waren verboten. Aber sie hingen dort als einladende Versuchung. Glaubst du, Gott war so dumm, dass er sich nicht denken konnte, dass die Menschen sich eines Tages in Versuchung führen lassen würden?

THEODOR: Gott wollte von Wesen mit freiem Willen verehrt werden. Und daher kommt die freie Entscheidung zwischen Gehorsam und Sünde, das haben Augustinus und Thomas von Aquino schon längst erklärt.

AGATON: Oder war der Sündenfall viel eher vorherbestimmt und ein notwendiger Teil des Erlösungswerkes, wie die Gnostiker und Hegel behaupten?

THEODOR: Das weiß ich nicht. Aber was hat das alles mit Sprache zu tun?

AGATON: Ziemlich viel sogar. Vor dem Sündenfall, vor der Trennung zwischen Leben und Tod, Gut und Böse, und dem beschämenden Bewusstsein über die geschlechtlichen Unterschiede können wir annehmen, dass sich die Sprache der Menschen im Grunde nicht von der der anderen Tiere unterschied. Ohne die Unterschiede im Dasein zu kennen, können wir sie nicht begriffsmäßig definieren. Deshalb hatte der Urmensch auch keinen Humor.

Und kurz darauf wurden wir mit babylonischer Verwirrung geschlagen. Als Strafe für den hochmütigen Versuch der Menschen, einen Turm bis zum Himmel zu bauen und Gott abzusetzen, führte Gott alle Sprachen und Dialekte der Welt ein, damit die Menschen einander nicht mehr verstehen konnten. Und damit haben wir alle ein von Anfang an gestörtes Verhältnis zur Sprache. Irgendein Witzbold hat ja auch gesagt, die Sprache sei erfunden worden, damit die Menschen einander die Wahrheit verheimlichen können …

THEODOR: Das ist dir gelungen. Ich muss zugeben, dass auch ich verwirrt bin. Sag mal – woher stammt das erste philosophische Menschenwort? Hatte es sich in einem Kern der verbotenen Frucht versteckt, von der Eva aß? Und gingen ihr dann die Augen auf und sie sah plötzlich den Unterschied und den Zusammenhang zwischen Wort und Bedeutung?

AGATON: Ja, gute Frage … oder vielleicht ist das Wort das Feigenblatt – hinter dem wir unsere Schande verbergen? Die Sprache ist jedenfalls mit dem Verlust des Unschuldszustandes verbunden.

THEODOR: Aber Agaton, jetzt häuft sich das leere Gerede. Du bist Dichter und sollst dichten, nicht faseln. Dichte also weiter an der Begegnung zwischen Pippi und Sokrates.

AGATON: Wörter, Wörter, Wörter … nein, das hat noch Zeit. Ich finde im Moment das mit den Wörtern sehr schwer. Glaubst du übrigens, Astrid Lindgren wusste, was *spunk* auf Englisch bedeutet? Als normales Wort und als Tabu-Wort?

THEODOR: Was? Gibt es Pippis nagelneues Wort im Englischen bereits?

AGATON: Aber klar doch. Es bedeutet … na ja, das hat noch Zeit. In englischen Übersetzungen heißt es jedenfalls *spink* und nicht *spunk* – und das aus gutem Grund.

THEODOR: Du willst die Überraschung also noch im Ärmel behalten. Aber du hast ja schon angedeutet, dass es sich um ein grobes, anstößiges Wort handelt. Wäre es da vielleicht an der Zeit, Thomas und Annika nach Hause zu schicken? Und sie noch eine Weile im Zustand der Unschuld bleiben zu lassen?

AGATON: Nein, einen kurzen Blick unters Feigenblatt können sie schon vertragen. Und sie vertragen auch einen kleinen Vortrag über *»Spunk« und Sprache.*

Über »Spunk« und Sprache

»Wer hat eigentlich zuerst herausgefunden,
was die Wörter alle bedeuten?«

✳ ✳ ✳

Der Säer säet Worte.
Markus

*Die Seele hat Sinn, der aus sich heraus immer
reicher wird.*
Heraklit

Was ist ein Wort?
 Einige schwarze Flecken auf Papier? Einige Laute aus einem Menschenmund?
 Wir haben alle geschriebene Wörter gesehen, wir haben fremde, ganz unbekannte Sprachen gehört, in denen die Wörter unzugängliche Krähenfüße und geschlossene Klänge bleiben. Sie sprechen nicht zu uns. Sie stoßen uns mit ihrer fremdartigen Schale ab. Die Wörter unserer Muttersprache dagegen oder die von anderen Sprachen, die wir uns vielleicht angeeignet haben, kommen uns ganz offen entgegen. Ihre Bedeutung geht für uns mit Schrift oder Klang einher. Das ist ganz selbstverständlich, ganz natürlich.
 Aber dennoch – was passiert, wenn die schwarzen Flecken uns von den Buchseiten her ansprechen, wenn sie beginnen, in uns zu leben, Bilder zu erschaffen, Erinnerungen zu erwecken, neue Welten zu eröffnen? Welche seltsamen Bänder ziehen sich zwischen dem Körper der Wörter und der Seele der Wörter dahin? Das hat bisher

noch kein Philosoph wirklich erklären können, obwohl viele es versucht haben und allerlei überzeugende Theorien lanciert worden sind. Die magische Sinnbildung hüllt sich in geheimnisvolle Schleier. Ein Wort ist ein Wunder!

Wörter sind kleine Alltagswunder, wie Wiesenblumen und Kinderlachen. Selbstverständliche, natürliche Wunder.

Körper und Seele eines Wortes sind so selbstverständlich, so natürlich verbunden, dass wir zu dem Glauben neigen, das sei von Natur aus so. Und viele Philosophen, von Heraklit bis Heidegger, vertreten denn auch dieses *naturalistische* Sprachbild. Das Wort, *logos*, steht in einem tief verwurzelten Verhältnis zum großen Sinnzusammenhang – *Logos*. Wenn wir uns ins Wort hineinhören, tritt sein Sinn für uns hervor. Aber dann wachsen wir heran, kommen in Kontakt zu anderen Sprachen als unserer Muttersprache, und die natürliche Verbindung zwischen dem Wort Pferd und dem Begriff Pferd löst sich auf, denn dieser Begriff wird ja auch gedeckt von Wörtern wie *horse*, *cavallo* oder *each*. Nein, lernen wir nun, und die meisten modernen Sprachphilosophen geben uns Recht: Das Verhältnis zwischen Wort und Sinn ist zufällig oder *arbiträr*. Wörter sind willkürliche Etiketten, die wir auf die Dinge kleben, und wir könnten genauso gut andere nehmen. Wir haben uns das *nominalistische* Sprachbild angeeignet. Das wird oft mit *Konventionalismus* kombiniert, der Theorie, dass die Bedeutung der Wörter auf einer Übereinkunft, Konvention, zwischen einer Gruppe von Sprache Benutzenden beruht.

Für Nominalisten gibt es keine lächerlichere Frage als diese: Was bedeutet ein Wort *eigentlich*? Als gäbe es hinter willkürlichen, konventionsbestimmten Zuständen einen Sinn! P. W. Zapffe erzählt im *Logischen Sandkasten* eine Anekdote von der Wetterstation Jan Mayen, wo die Überwinternden ein Fuchsjunges aufgezogen hatten. Der Koch nannte den kleinen Fuchs Jonte, die Meteorologen nannten ihn Peter Nick, und wie der Stationsleiter ihn nannte, wissen wir nicht. Jemand, der die Geschichte später hörte, war unzufrieden mit dieser babylonischen Verwirrung und fragte: »Aber wie hieß er denn nun wirklich?« Oder wie Frau Nilsson in Astrid Lindgrens *Madita und Pims* ruft: »Dass sie die Sterne sehen können, ist ja schön und gut. Aber woher man weiß, wie sie heißen, das geht über meinen Verstand!«

Bei genauerem Nachdenken fragt man sich, warum ein so weites Feld wie die menschliche Sprache sich auf eine einzige Formel zurückführen lassen sollte? Warum sollte der Sinn der Wörter in jeder Hinsicht vollständig naturgegeben oder vollständig willkürlich sein? Pippi weiß es besser!

Die Untersuchungen einer Sprachphilosophin

Als Thomas und Annika eines Morgens bei Pippi eintreffen, sitzt Pippi in Gedanken versunken auf dem Küchentisch, »mit dem kleinen Affen im Arm und einem glücklichen Lächeln auf den Lippen«. Verträumt scheint sie mit sich selber zu reden: »Stellt euch bloß mal vor, dass ich es gefunden habe! Gerade ich und niemand anders!« Aber was hat sie gefunden? Ein neues Wort.

Nun sind neue Wörter in einer Sprache nicht gerade eine Sensation. Eine Liste über neue norwegische Wörter für den Zeitraum 1945–75 enthält nicht weniger als 8885 Wörter, und für andere Sprachen können wir ähnliche Zahlen nennen. Und in den folgenden Jahrzehnten hat sich diese Entwicklung nur noch verstärkt. Aber fast alle neuen Wörter sind alte Bekannte in neuem Gewand, erweiterte Verwendung, neue Zusammensetzungen, Lehn- und Fremdwörter aus anderen Sprachen. Bei Pippi ist das anders. Sie hat wirklich ein neues Wort erfunden. »Ein absolut und ganz und gar neues Wort!« Spunk!

Sie weiß zwar nicht so ganz, was *Spunk* bedeutet. »Das Einzige, was ich weiß, ist, dass es nicht Staubsauger bedeutet.« Aber Pippi läuft über vor Begeisterung über die anderen Qualitäten dieses Wortes:

»*Und man kann wirklich sagen, dass die Leute komisch sind. Was für Wörter die sich ausgedacht haben! Wanne und Holzpflock und Schnur und all so was – kein Mensch kann begreifen, wo sie das herhaben. Aber Spunk, was wirklich ein schönes Wort ist, darauf kommen sie nicht. Was für ein Glück, dass ich es gefunden habe. Und ich werde schon noch rauskriegen, was es bedeutet.*«

Pippi macht sich voller Energie an diese Aufgabe und geht methodisch ans Werk. Sie greift nicht, was die meisten von uns getan hätten, zu Wörterbüchern. Es liegt doch auf der Hand: Ein nagelneues Wort kann in keinem Wörterbuch stehen.

Erst versucht sie, wie Heidegger, in den Sinn des Wortes hineinzuhorchen: »Sie dachte eine Weile nach. Spunk! Ob es vielleicht die oberste Spitze von einer blau angestrichenen Fahnenstange sein kann?« Aber Annika wendet ein, dass es doch gar keine blau angestrichenen Fahnenstangen gibt.

Pippi lauscht wieder und glaubt, »das Geräusch« zu hören, »das entsteht, wenn man im Matsch watet und der Matsch quillt einem zwischen den Zehen hoch«. Sie lanciert damit die *onomatopoetische* Theorie über Sinnentstehung (Onomatopoetikon = lautmalerisches Wort, wie zum Beispiel »miauen« oder »peng«, vom griechischen *onoma*, Name, Wort, und *poiein*, erschaffen). Und sie stellt diese Theorie dann sofort auf die Probe:

»Wir wollen mal hören, wie das klingt: Annika watete im Matsch herum und da hörte man den allerherrlichsten Spunk.«
Sie schüttelte den Kopf.
»Nein, das geht nicht. Da hörte man das allerherrlichste Tjipp, müsste es besser heißen.«
Sie raufte sich die Haare.
»Das wird immer geheimnisvoller. Aber was es auch sein mag, herauskriegen werde ich es.«

Pippi beschließt, das Suchgebiet zu erweitern. Sie zieht hinaus in die Welt, unter die Menschen. Sie geht auf Sinnjagd! Wie Wittgenstein erkennt sie die Notwendigkeit, das Wort in seinem Gebrauchszusammenhang zu *erfahren*. »Vielleicht kann man es im Geschäft kaufen? Kommt, wir wollen hingehen und fragen.« Noch immer horcht sie gespannt auf das Wort. »›Spunk‹, sagte sie. ›Das klingt so, als ob es teuer wäre. Es ist wohl am besten, wenn ich ein Goldstück mitnehme.‹« Und als unterwegs ein kleiner Junge hört, dass Pippi Spunk kaufen will, und fragt, ob das denn schmeckt, leckt Pippi sich die Lippen und antwortet: »Es ist herrlich. Wenigstens hört es sich so an!« Und deshalb lässt sie ihr Pferd vor der Konditorei halten.

Die Verkäuferin dort hat nie von Spunk gehört. Aber das will sie als Erwachsene natürlich nicht zugeben, und sie will sich auch nicht nachsagen lassen, »dass ihr Geschäft nicht eine ebenso gute Auswahl hatte wie alle anderen.« Doch als Pippi dann eine genaue Beschreibung des Spunk verlangt (»Ist es rot gestreift?«), errötet die Dame verschämt und gesteht, dass sie keine Ahnung hat.

Wann immer Pippi eine neue Deutung testet, beschreibt sie genau, welche Eigenschaften ihr Spunk haben soll. Im Eisenwarengeschäft stellt sie klar, »es soll die beste Qualität sein, einer, mit dem man Löwen totschlagen kann.« Mit Verkaufstricks lässt sie sich nicht abspeisen. Als der Verkäufer ihr eine Harke andrehen will – »Ist die richtig?« –, sieht Pippi ihn ärgerlich an. »Das ist das, was die Professoren eine Harke nennen. Aber ich will nun mal zufällig einen Spunk haben. Versuch nicht, ein unschuldiges Kind hereinzulegen.« Und den Vorschlag, im Kurzwarengeschäft nachzufragen, weist sie energisch zurück: »Da gibt es das nicht, so viel weiß ich.«

Pippi aber ist keine, die sich von kleinen Misserfolgen entmutigen lässt. »Vielleicht ist Spunk eine Krankheit. Wir wollen den Doktor fragen.« Aber obwohl Pippi die Symptome detailliert beschreiben kann – »Mich juckt es am ganzen Körper. Und die Augen fallen mir vollständig zu, wenn ich schlafe. Manchmal hab ich Schluckauf. Und Sonntag ging es mir gar nicht gut, nachdem ich einen Teller Schuhkrem mit Milch gegessen hatte.« –, muss der Arzt erklären, dass sie mit Sicherheit nicht an Spunk erkrankt ist.

Als nächste Möglichkeit zeigt sich ein offenes Fenster oben in einem Holzhaus. Pippi klettert rasch an der Regenrinne nach oben und überrascht zwei Damen, die entsetzt aufschreien, als sie erfahren, dass sich unter dem Bett möglicherweise ein Spunk versteckt hat. »Beißt er?« – »Ich glaube es beinah. Es klingt, als ob er prächtige Hauzähne hätte.«

Aber nein, Pippi muss traurig feststellen: »Es gibt keinen Spunk in dieser Stadt. Wir reiten wieder nach Hause.«

Und dann geschieht es. In dem Moment, als die Sinnjagd abgeblasen wird, stellt sich die Antwort ein. Es ist wie in der äsopschen Fabel, in der alle Tiere nach dem Diamanten suchen und die ganze Welt umrunden, während die Schnecke ihn bereits am Ausgangspunkt der wilden Jagd gefunden hat.

»Aber komisch ist es schon. Wir sind in der ganzen Stadt herumgejagt, um einen Spunk zu finden, und dann ist er die ganze Zeit direkt vor der Villa Kunterbunt gewesen!«

Pippi findet einen Spunk, der so strahlend schön ist wie nur je ein Diamant. Als ihr Blick darauf fällt, sind alle Zweifel wie weggeblasen:

Über Pippis Gesicht breitete sich ein seliges Lächeln.
»Ich weiß«, sagte sie. »Das ist ein Spunk.«
»Bist du ganz sicher?«, fragte Thomas.
»Glaubst du etwa nicht, dass ich einen Spunk erkenne, wenn ich einen vor mir hab? Hast du jemals in deinem Leben etwas so Spunkartiges gesehen?«

Und was ist dieses spunkartige Wesen? Ein grünlich und metallisch glänzender Käfer, nein, kein normaler Käfer, kein Hirschkäfer, kein Mistkäfer, sondern eben ein – Spunk!

Bei Pippis Sinnsuche handelt es sich um ein bewundernswertes Stück Sprachphilosophie. Es werden allerlei Theorien vorgebracht und auf die Probe gestellt. Diese Vorgehensweise überrascht. Pippi macht sich wissenschaftlich ans Werk, aber sie holt ihre Methode eher aus der Naturwissenschaft als aus den humanistischen Wissenschaften. Sie stellt Hypothesen auf und zieht Schlüsse in Form von überprüfbaren Vorhersagen, die sie dann auf die Probe stellt – und das ist ein vorbildliches Beispiel der hypothetisch-deduktiven Methode.

Die Sinnsuche ist nicht ohne Komik. Und diese Komik entspringt dem umwerfenden Missverhältnis zwischen dem, was Pippi sucht, und der Art, in der sie sucht – sie zieht in die Welt, um den Sinn eines Wortes zu finden, das kein Mensch je gehört hat. Zugleich kommt darin eine sehr moderne sprachphilosophische Haltung zum Ausdruck. Seit Wittgenstein fällt die Behauptung schwer, wir könnten den Sinn von Wörtern durch Spekulation ergründen. Der Sinn wird im praktischen Umgang mit der Sprache konstruiert, in konkreten Situationen mit eigenen »Sprachspielen«.

Pippi und Platon

»Wer hat eigentlich zuerst herausgefunden, was die Wörter alle bedeuten?«, möchte Thomas wissen. Dieselbe Frage wurde schon zweitausend Jahre früher von Platon in seinem sprachphilosophischen Dialog *Kratylos* gestellt. Pippis Antwort, »vermutlich ein Haufen alter Professoren«, stimmt mit Platon überein, der auf einen geheimnisvollen »Namensgeber« verweist, der die Benennung festlegt, die »jedem Ding naturgemäß eigen ist«. Aber welche Garantie gibt es dafür, dass diese Namensgebung die richtige ist? Ist alles naturgegeben oder beruht es auf willkürlicher Übereinkunft?

Diese bereits skizzierten Grundeinstellungen zur Sprache werden in Platons Dialog gegeneinander gestellt, personifiziert in den Personen Kratylos und Hermogenes. Der Erste ist Naturalist, der andere Nominalist und Konventionalist. Sokrates dagegen nimmt die Aufgabe auf sich, die Argumente auf die Probe zu stellen und praktischer Anwendung zuzuführen. Und dann kommt es, wie es so oft kommt, wenn Sokrates ans Werk geht: Keiner dieser Standpunkte hält einer genaueren Überprüfung stand. Im ersten Teil des Dialogs wird der Nominalismus als unzureichend entlarvt, im dritten und letzten Teil wird der Naturalismus einer vernichtenden Kritik unterzogen. Gleichzeitig weisen beide Standpunkte einen wahren Kern auf, der in eine mögliche übergeordnete Sprachphilosophie übernommen werden kann.

Dieselbe zweischneidige Kritik finden wir in Pippis sprachphilosophischer Untersuchung. Ihre vielen Bedeutungsvorschläge für »Spunk« zeigen die Willkürlichkeit der Bezeichnungen. Für Pippi ist das eine weitere fantastische Eigenschaft ihres nagelneuen Wortes: Es kann eigentlich alles bedeuten! Ihre vielen engagierten Versuche belegen nachdrücklich, wie absurd es ist, an eine natürliche und notwendige Verbindung zwischen Wort und Sinn zu glauben. Auf diese Weise zeigt sie einem einseitigen Naturalismus die kalte Schulter. Zugleich ist es ihr unerschütterlicher Glaube an den natürlichen Sinn des Wortes, der ihre Jagd endlich mit dem Sieg krönt. Sie lauscht auf das Wort, versucht, schlägt fehl, und als der Spunk endlich in seiner ganzen *Spunkartigkeit* erstrahlt, kennt sie keine Zweifel. Das Band zwischen Bezeichnung und Begriff ist so stark, dass der Nominalismus es nicht erklären kann.

Welchen Kurs aber segeln Platon und Pippi zwischen der Skylla des Naturalismus und der Charybdis des Nominalismus?

Im mittleren Teil des *Kratylos* arbeitet Platon eine eigenartige Sinntheorie heraus. Der bereits erwähnte geheimnisvolle Namensgeber – die alten Professoren, die Pippi heranzieht – sieht sich mit einem Problem konfrontiert: Wie kann etwas, dessen Sinn nicht klanglich erfasst werden kann, durch einen sinnvollen Klang wiedergegeben werden? Wie Pippi muss auch Platons Sprachrohr Sokrates rein onomatopoetische Erklärungen als oberflächlich zurückweisen. Also ernennt er die einzelnen Sprachlaute, Phoneme, zu Sinnträgern. Der Laut R hat etwas Rollendes, das S etwas Zitterndes. So wie ein Maler mit den Farben seiner Palette ein Bild malt, kann der Namensgeber sinnvolle Wörter »lautmalen«, indem er Primärlaute kombiniert. Das Wort gilt damit als Bild, das an den Gegenstand erinnert, indem es seine typischen Eigenschaften nachahmt. Der Platonkenner Egil A. Wyller fasst es in seinem Buch *Der späte Platon* so zusammen:

Die konstruktive Theorie der Sprache, die durch diese Analysen aufgebaut zu werden scheint, verstehen wir so, dass eine Benennung weder ausschließlich das Wesen der Dinge aussagen soll (Naturalismus) noch nur ein Zeichen für die Dinge ist (Konventionalismus), sondern dass sie ein doppeldeutiges Bild ist, wodurch das ideale Sein der Dinge annäherungsweise zum Vorschein kommt.

Die Bezeichnung ist ein doppeldeutiges Bild – auf Griechisch eine *Amphibolie* –, da sie sich auf eine alltägliche Dingwelt und eine höhere ideale Welt zugleich bezieht. Platon macht sich zum Sprecher für eine *symbolistische* Sprachsicht, die Rücksicht auf die konventionsbestimmte Zeichenfunktion und auch auf die natürliche Sinnfülle nimmt. Die Sprache ist ein symbolisches Sinnuniversum, das Dinge und Tatsachen in der Welt abbildet, indem es ihrem idealen Urbild ähnelt.

Am Ende des *Kratylos* zeigt Sokrates, dass jeder Sprachbenutzer, der sich die Sprache aneignet, im Grunde zum Namensgeber wird. Oder, wie Wyller das ausdrückt: »... dass jeder echte Namensbenutzer auch ein Namensgeber ist. Immer, wenn ich den Wort- oder Zeichenkomplex ›Pferd‹ sinnvoll verwende, dann gebe ich ihn diesem oder jenem Gegenstand als dessen Name!«

Sehen wir uns vor diesem Hintergrund jetzt Pippis Spunk genauer an. Ihr frisch getauftes kleines Wesen besitzt nämlich bereits einen alten Namen: *Skarabäus!*

Ein geflügeltes Wort

Der Skarabäus oder Dungkäfer *(Scarabaeus sacer)* galt im alten Ägypten als eines der wichtigsten religiösen Symbole. Als heiliges Amulett wurde er von Lebenden und Toten getragen. Sein Bild ist das bekannteste und meistverbreitete aller ägyptischen Amulette. Während einer Periode von zwei Jahrtausenden wurden Millionen von glänzenden Käfern hergestellt, die meisten aus glasiertem Speckstein, es wurden aber auch Edelsteine, Metall, Holz und Glas verwendet.

Das Charakteristischste am Dungkäfer ist die Ausdauer, mit der er seine Kugeln aus Schafkot über alle Hindernisse in sein unterirdisches Versteck befördert. Im alten Ägypten galt das als Erklärung dafür, wie sich die Sonnenscheibe jeden Tag über den Himmel bewegte: Sie wurde von einem riesigen schwarzen Käfer geschoben!

Unten in der Erdhöhle ernähren die Larven sich von der Dungkugel, und wenn das neue Leben dann plötzlich aus der Erde hervorbricht, liegt die Vorstellung einer Auferstehung von den Toten nahe. Dass die Puppe im Stadium zwischen Larve und Käfer einer Mumie ähnelt, kann diese Assoziation noch verstärkt haben. Es gibt Theorien, nach denen ägyptische Grabkammern bewusst nach dem Vorbild des von Dungkäfern angelegten Gängesystems ausgeformt wurden. Die Ähnlichkeit ist jedenfalls auffallend.

Der Lebenszyklus des Dungkäfers galt als mikrokosmisches Bild des großen Lebenszyklus in der Natur, vor allem für die tägliche Wiedergeburt der Sonne und die Auferstehung des Menschen zu ewigem Leben. Das ägyptische Wort für den Dungkäfer, *kheper*, bedeutet auch Existenz, Entstehung, Erschaffung. (Die Ähnlichkeit mit dem deutschen Wort »Käfer« scheint jedoch auf einem merkwürdigen Zusammentreffen zu beruhen.) Dass das Wort in der Schrift, als Hieroglyphe, was »heiliges Zeichen« bedeutet, eben durch einen Käfer abgebildet wurde, verstärkt das natürliche Band zwischen Zeichen und Bedeutung. Der Skarabäus war das Mysterium der Entstehung und der Wiedergeburt.

Der Skarabäus sitzt im Herzen der zentralsten Vorstellungen der ägyptischen Kultur und Religion. Deshalb entstand der *Herzensskarabäus*, der im alten Ägypten von den Hinterbliebenen auf das Herz der Toten gelegt wurde, um in der Totenwelt an seiner Stelle gewogen zu werden. Es wurden Skarabäen in der Größe zwischen einem halben Zentimeter und fast anderthalb Metern gefunden. Viele weisen auf der Rückseite Inschriften auf, in Form von Glückwünschen oder Gebeten, oder Abbildungen von Gottheiten oder anderen heiligen Tieren. Einige weisen das Zeichen des Besitzers auf und wurden vermutlich als Siegel benutzt. Manche spreizen ihre Flügel und scheinen losfliegen zu wollen.

Dass Pippi im Heimatland des Skarabäus gründliche Feldstudien betrieben hat, betont sie bereits im ersten Kapitel des ersten Buches:
»Ob ich in Ägypten war? Ja, da kannst du Gift drauf nehmen!«
Dass ihre Kenntnisse sich auch auf altägyptische Religion erstrecken, geht aus der Rede hervor, die sie sich an ihrem Geburtstag hält, in einer Passage der »Ur-Pippi«, die im Buch nicht mehr enthalten ist:

»Schweden ist mein Alles auf der Welt. Die Welt ist ein kleiner Klecks, der sich bei der ersten Gelegenheit um die Sonne dreht. Die Sonne wurde von den komischen alten Ägyptern in Ägypten als Gottheit verehrt. In Ägypten gibt es unheimliche Krokodile ...«

Als der kleine Käfer in seiner ganzen Spunkhaftigkeit vor Pippi aufleuchtet, kann kein Zweifel daran bestehen, dass sie ihn zugleich als Skarabäus erkennt. Der Spunk, der Skarabäus, wird zum Sinnbild für Pippis avanciertes Sprachgefühl. Das Wort Spunk ist, wie der Dungkäfer vor der Villa Kunterbunt, lebend im Hier und Jetzt vorhanden. Und es besitzt ein vieltausendjähriges, »ewiges« Leben als erhöhtes Symbol. Das Wort ist Natur und Kultur. Es ist hochwertig, erhaben – und es ist unscheinbar und trivial. Es ist ein doppeldeutiges Bild, das auf unsere vergängliche Welt und das ideale Jenseits gleichermaßen hinweist.

Wie der grüne Käfer, ob er nun im Dung lebt, auf der Brust der Mumie leuchtet oder die Sonnenscheibe über den Himmel rollt: Das Wort ist geflügelt, Wörter können fliegen. Das lebende Wesen, das Pippi gefunden hat – als Antwort auf die Frage nach der Bedeutung des frisch ersonnenen Wortes –, ist das eigentliche Wesen des Wortes.

Das Wort ist der Same

Warum aber gibt Pippi dem Skarabäus einen neuen Namen? Da drängt sich die Frage auf: Was bedeutet »spunk« – *eigentlich?* Das ist natürlich eine unverschämte Frage. Eine Antwort bekommen wir trotzdem. Das Wort »spunk« ist zwar in keiner skandinavischen Sprache verzeichnet, aber wir brauchen nur im Englischen nachzuschauen, und schon entfaltet es sich in seiner ganzen Bedeutungsfülle:

Im *Oxford*-Wörterbuch Englisch-Norwegisch lesen wir:

spunk [spʌŋk] Mut, Mumm, ein Junge mit sehr viel ...

In *Cappelens großem Englisch-Norwegischen Wörterbuch* finden wir eine ausführlichere Erklärung:

spunk: 1. (Dial) Funke, 2. Zunder, 3. (koll) a) Mut (give her the ... to lead a new life), b) Tempo, Schwung, Tatkraft, Mumm. **spunky**, adj. 1. mutig, 2. lebhaft, schnell, 3. jähzornig.

Pippi ist der Funke. Sie ist entzündbar, wie Zunder. Sie hat Schwung und Mut und Tempo und Mumm. Kann es da noch Zweifel geben, dass Pippi *ihr* Wort gefunden hat?

Seltsamerweise fehlt in diesem Wörterbuch, das sonst mit volkstümlichen und vulgären Ausdrücken nicht gerade zimperlich verfährt, eine wichtige Bedeutung des Wortes. In *The Wordsworth Dictionary of Sex* steht es schwarz auf weiß:

spunk: a slang term for semen (which has subsequently come to mean also ›courage, pluck‹).

Und damit ist die Katze aus dem Sack: *Sperma, Same* (wenn auch als vulgärer Slangausdruck) – das also bedeutet *spunk*. *Eigentlich*. Es ist die Grundbedeutung, wenn wir unserer letzten Quelle glauben wollen, während »Mut« und »Mumm« Ableitungen sind, sekundäre Bedeutungen. Und damit also wirft Pippi um sich.

Logos spermatikos – das Leben spendende, fortpflanzende Wort – war ein Grundbegriff in der Stoa, einer der philosophischen Schulen, die sich im Jahrhundert nach Sokrates in Athen entwickelten und die im Rom der Kaiserzeit eine neue Blüte erlebte, dort unter anderem durch Mark Aurel, den »Philosophen auf dem Kaiserthron«. Das griechische Wort *sperma* bedeutet Samenkorn. »Ein Sämann ging aus, seinen Samen zu säen«, so beginnt bei Lukas das Gleichnis vom Samenkorn.

Das ganze Weltall geht zu bestimmten Zeiten in Feuer auf, um sich dann neu zu bilden. Das Urfeuer ist wie ein Samenkorn, das in sich alle Gründe und Ursachen für alles verbirgt, das entstanden ist, entsteht und entstehen wird, heißt es in einem Fragment. Die eigenartige stoische Lehre über die ewige Wiederkehr und Auflösung aller Dinge im periodischen Weltenbrand hat einen festen Punkt: In diesem gewaltigen Rad der Ewigkeit ist die Nabe eben dieser *logos spermatikos*, das Wort, das alles enthält und aus dem sich alles entfaltet.

Frühe christliche Apologeten verbanden den *logos spermatikos* mit dem Beginn des Johannesevangeliums: »Am Anfang war das Wort, und das Wort war bei Gott, und Gott war das Wort. Am Anfang war das Wort bei Gott, und ohne das Wort ist nichts gemacht, was gemacht worden ist.« Und dieses Wort ist durch Christus Mensch geworden, sagt Lukas. »Aber das ist das Gleichnis: Der Same ist Gottes Wort.«

Der Kirchenvater Justinus schaute sich in den meisten philosophischen Schulen um, ehe er sich zum Christentum bekehrte und sich in Rom niederließ. Hier unterrichtete er Philosophie und Christentum, bis er im Jahre 165 vor Gericht gestellt, verurteilt und im Kolosseum den Löwen vorgeworfen wurde – eben unter dem stoischen Kaiser Mark Aurel. Justinus hielt es für seine Aufgabe, die christliche Lehre über das Wort – Logos – mit der Logos-Lehre Platons und der Stoiker zu verbinden. Der *logos spermatikos* war das Samenkorn, das von Anfang an ins Herz jedes Menschen gesät ist, die eigentliche Quelle der Wahrheit, aus der auch die vorchristlichen Philosophen schöpfen konnten. Ihre Irrtümer lagen darin, dass die Offenbarung noch nicht vollkommen war. Erst durch das in Christus, der »Säer und Saat« zugleich ist, inkarnierte Wort ist uns die volle Wahrheit gegeben. Das Christentum ist, so Justinus, die Vollendung der Philosophie.

Es ist dieses eine, alles umfassende, alles erklärende Wort, das Pippi sucht. Aber anders als Gnostiker und Stoiker und der Kirchenvater Justinus schlägt sie nicht den Weg der Bestätigung ein. Sie sucht das Wort auf dem entkräftenden Weg – der *via negativa*, wodurch sie einer platonisch-inspirierten Strömung innerhalb der Theologie des Mittelalters folgt. Sie findet die Bedeutung des Wortes auf negative Weise – indem sie feststellt, was es nicht bedeutet. Seltsamerweise führt das nicht zu einer Verengung des Bedeutungsbereiches, im Gegenteil, es ermöglicht ein indirektes Verständnis einer unendlichen und unfassbaren Bedeutung. Wenn sie am Ende dem Wort *spunk* eine endliche, abgegrenzte Bedeutung geben kann, dann gelingt ihr das eben nur scheinbar. Sie erkennt das Wesen des Spunk im heiligen Skarabäus, der zugleich der *logos spermatikos* ist, das Leben spendende Wort: das Mysterium der Unendlichkeit und des Urgrundes, enthalten in einem unscheinbaren Käfer.

Die *via negativa* ist eine Konsequenz der Erkenntnis, dass Gott jegliches menschliche Begriffsvermögen überschreitet. Alle Versuche, Gott zu definieren, ihm irgendeine Eigenschaft zuzuschreiben, sind zum Scheitern verdammt. Der Versuch bedeutet, das Einzige misszuverstehen, was wir Menschen begreifen können: dass Gottes Eigenschaften unser Begriffsvermögen überschreiten. Sokrates sammelte seine gesamte Weisheit in der Aussage: »Ich weiß, dass ich nichts weiß.« Deshalb konnte ihn das Orakel zum weisesten aller Menschen ausrufen. *Docta ignorantia,* die gelehrte Unwissenheit, so hat der Kardinal und Philosoph Nikolaus von Kues diese höchste menschliche Erkenntnis genannt.

Wir sehen es hier abermals – in der Jagd nach der Bedeutung des Wortes: Sokrates und Pippi sind eins!

✻

»Dass mein süßer kleiner Spunk so viel bedeuten kann!«, jubelte Pippi und rannte auf die Veranda. »Der Spunk wohnt immer noch bei mir. Wenn er zum Vorschein kommt, könnt ihr ihm guten Tag sagen.«
Sokrates fuhr sich über den Scheitel. Die Aussicht, einem Käfer guten Tag sagen zu dürfen, schien ihn nicht sonderlich zu beglücken.
»Wir haben in der Schule Käfer durchgenommen«, sagte plötzlich Thomas. »Es gibt so viele, so viele verschiedene, dass man es kaum fassen kann. Wenn wirklich alle Tiere in die Arche Noah aufgenommen worden wären, dann wäre jedes vierte ein Käfer gewesen, sagt unsere Lehrerin. Die kleinsten sind kleiner als eine Laus, die größten so groß wie Ratten. Und es gibt sie in allen Formen und Farben. Die Käfer haben die Dinosaurier kommen und gehen sehen, stellt euch das vor. Wir wissen von über 360 000 Arten – das sind viel mehr als alle anderen Tiere, die keine Insekten sind. Und die Forschung meint, dass mehrere Millionen Arten noch gar nicht entdeckt worden sind …«
»Ja, hier sind wirklich Sachensucher und Namensgeber mit Pippis Forschungsdrang und Fantasie gefragt!«, rief Fridolf.
Pippi schrie auf: »Hier ist er! Seht nur!« Dann fügte sie mit liebevoller Stimme hinzu: »Komm, komm, mein süßer kleiner Spunk!«
»Das ist einwandfrei ein Skarabäide«, sagte Thomas altklug. »Aber es ist kein Hirschkäfer.«
»Und auch kein Mistkäfer«, sagte Annika. »Und kein Kartoffelkäfer. Ich wünschte wirklich, ich wüsste, was das für einer ist.«
Pippi schaute ihre Freunde verwundert an. »Da geht ihr Jahr für Jahr in die Schule. Und trotzdem passt ihr in der Stunde nicht richtig auf.«

THEODOR: Das eben war aber ganz schön viel Theologie, Agaton, mit der Schöpfung und dem Sündenfall und Babel und allem. Und das möchte ich mal klar sagen: Diese *negative* Theologie erscheint mir wirklich nicht als Fortschritt.

AGATON: Wie meinst du das?

THEODOR: Ich meine, dass wir vorsichtig vorgehen müssen. Der Weg zwischen Tiefsinnigkeit und Gedankenleere kann sehr kurz sein. Beantworte mir diese eine Frage, wo du doch Dichter und

Mann des Wortes bist: Lässt sich die Menge von allem, »was keine Harke ist«, von anderen Dingen abgrenzen?

AGATON: Na ja, das ist nun nicht gerade mein Spezialgebiet. Aber wir wissen doch immerhin, dass eine Nicht-Harke keinesfalls eine Harke ist. Und das ist immerhin schon etwas. Aber Moment mal ... war nicht *Staubsauger* das, was es auf keinen Fall war?

THEODOR: Ich will versuchen mich nicht so lehrerhaft auszudrücken wie du, aber es muss doch erlaubt sein, daran zu erinnern, dass Kant Aussagen über Nicht-Größen als »unendlich« bezeichnet hat. Und das sollten wir uns zu Herzen nehmen.

AGATON: Das musst du genauer erklären!

THEODOR: In der Philosophiegeschichte wimmelt es leider von unbegreiflichen Tiefsinnigkeiten. Wenn Heidegger das eigentliche Sein – das, was andere Gott oder das Absolute nennen – sucht, dann kommt er unterwegs zu dem Schluss, dass es das Nichts ist, also nichts, und dennoch unendlich bedeutungsvoll. Unbegreiflich! Er verliert die Sache aus dem Griff! Wortmagie!

AGATON: Ganz ruhig. Viele finden in Heideggers Texten tiefen Sinn und Widerhall. Aber ich gebe zu, dass deine Mahnungen nicht aus der Luft gegriffen sind. Und vielleicht hast du in einem wesentlichen Punkt Recht, nämlich, dass die Namensgebung zwei, nein, drei verschiedene Aspekte aufweist: zu verstehen, zu erschaffen und zu beherrschen. Und dass es sich dabei um Theorie, Poesie und Magie zugleich handelt.

THEODOR: Du weißt doch noch, wie wir als Kinder mit magischen Wörtern wie »Abrakadabra« und »Hokuspokus Fidibus« gespielt haben?

AGATON: Als Erwachsene suchen viele dichtende Philosophen dieses eine mächtige Wort, das in allem Ordnung schafft. Wenn sie dieses Wort in den Griff bekommen können, dann wird das Welträtsel sich ihnen eröffnen.

THEODOR: Du hast das Wort nun aber wirklich in deinem Griff, Agaton. Kannst du nicht Fridolf weiter servieren lassen? Ich bin sicher nicht der Einzige, der noch immer diesen *Hunger nach Worten* verspürt.

Hunger nach Worten

»Das Einzige, was ich weiß, ist, dass es nicht Staubsauger bedeutet.«

✳ ✳ ✳

Nichts war mir gut genug für dieses seltene Wort.
Knut Hamsun, *Hunger*

Wenn ich ein Wort benutze, bedeutet es genau das, was ich will, dass es bedeuten soll – nicht mehr und nicht weniger.
Humpty Dumpty

Obwohl aber der Sinn allgemein ist, leben die Vielen, als hätten sie ein Denken für sich.
Heraklit

Pippis *Spunk* ist ein Wort, das alles bedeuten kann. Sie hat das eine, magische Wort gefunden, nach dem Jorge Luis Borges so sehr gesucht hat: »das eine Wort, das das Universum enthält«.

In Hamsuns Roman *Hunger* finden wir eine vergleichbare Szene, in der die namenlose und nervenkranke Hauptperson ein neues Wort erfindet, das eigentliche, erlösende Wort. Unter der Überschrift »Mein Buch« schildert Astrid Lindgren 1974 in der Zeitung *Expressen* Lieblingsautor und Lieblingsroman ihrer Jugend – damals, als sie in Stockholm umherging und hungerte:

Der große Schwarm meiner Jugend war Knut Hamsun. Ich kann mich an einen Frühlingstag in den 20er Jahren erinnern, als ich oben bei der Engelbrektskirche unter einer blühenden Traubenkirsche saß und Hunger *las; ein größeres Leseerlebnis hatte ich nie.*

Sie erzählt außerdem, dass die großartigen Lügengeschichten des heruntergekommenen Helden eine direkte Inspiration für Pippi Langstrumpf waren.

Der Held hat seine Hausschlüssel verloren. Geldlos und verzweifelt sucht er Zuflucht in der Ausnüchterungszelle. Er lügt sich eine Identität (Tangen ... Andreas Tangen) und einen achtbaren Beruf zurecht (Journalist bei *Morgenbladet*). Er ist erfüllt von Minderwertigkeitsgefühlen und Größenwahn (»groß wie ein unbehauster Minister stand ich vor der Schranke«). Die Zelle umschließt ihn mit einer geradezu metaphysischen Dunkelheit, ja einer manichäischen Finsternis von der Art, wie Mio sie im finsteren Wald trifft – »diese dicke Massendunkelheit, die keinen Boden hatte und die ich nicht begreifen konnte.« Dann wird er von einem inneren Licht getroffen:

Plötzlich schnippe ich mehrere Male mit den Fingern und lache. Das müsste doch mit dem Teufel zugehen! Ha! – Ich bildete mir ein, ein neues Wort gefunden zu haben. Er setzt sich auf seiner Pritsche auf und sagt: »*Das gibt es nicht in der Sprache, ich habe es erfunden:* Kuboå. *Dieses neue Wort hat Buchstaben wie ein Wort, beim süßesten Gott, Mensch, du hast ein Wort erfunden ... ein Wort von höchster grammatikalischer Bedeutung.«*

Das Wort besiegt die Macht der Finsternis. Der Held sieht es im Dunkeln deutlich vor sich. Aber was mag es heißen? Wie Pippi stürzt er sich in die wilde Sinnsuche. Kann es vielleicht ganz einfach »Gott« bedeuten? Oder »Tivoli«? Er testet und verwirft einen Vorschlag nach dem anderen. Tierschau, Vorhängeschloss, Sonnenaufgang, Emigration, Tabakfabrik? Nein, es muss etwas Seelisches ein, ein Gefühl, ein Zustand. Oder bedeutet es ganz einfach Strickgarn? Keineswegs! Wer hat hier behauptet, es bedeute Strickgarn?

Er ist überspannt, gespannt zwischen seiner falschen Ministerwürde und der totalen Selbstauslöschung, der Auflösung im Nichts der Finsternis. Er ist unendlich reich an Möglichkeiten und unsagbar arm. So, wie Eros bei Platon als Abkömmling von *poros* (der Möglichkeit) und *penia* (der Armut) beschrieben wird. Er lebt im »frohen Wahnsinn des Hungers« und kann seine Gedanken nicht mehr zügeln. Es handelt sich um einen physischen und einen metaphysischen Hunger. Einen Hunger nach Sinn und Macht.

So ist es auch mit dem Wort. Das Wort besitzt alle Möglichkeiten. »Ich hatte dieses Wort erfunden und es war mein gutes Recht, ihm jegliche Bedeutung zu geben.« Und das Wort drückt einen Mangel aus, ein Fehlen von Sinn, angesichts dessen alle Versuche scheitern müssen – »nichts war mir gut genug für dieses seltene Wort«. Es kam wie ein Lichtstreifen in der Finsternis der Angst, aber der Mangel an Sinn macht ihm zu schaffen: »Dieses neue Wort quält mich ohne Unterlass.«

Pippi ist absolut nicht überspannt, sie ist begeistert und will wissen, was ihr neues Wort bedeutet. Wie Hamsuns Held testet und verwirft sie eine Reihe von Möglichkeiten, wie wir ja schon gesehen haben. Es kann sich nicht um die Spitze einer blau angestrichenen Fahnenstange handeln, nicht um das Geräusch, das wir hören, wenn wir durch Matsch stapfen und der Matsch uns durch die Zehen quillt, nicht um etwas, das im Laden verkauft wird – ein Stück Gebäck, ein eisernes Gerät oder etwas zum Nähen. Nein, Letzteres jedenfalls nicht. Wie wäre es aber mit einer Krankheit oder einem wilden Tier mit prächtigen Hauzähnen? Als sie zurück auf Los geht, findet sie den Dung rollenden Käfer, den heiligen Skarabäus.

Entscheidend bei Pippis Sinnsuche ist, dass sie dem entkräftenden Weg folgt, der *via negativa*. Die Methode scheint bei Hamsun entlehnt:

Ich hatte schon beschlossen, was es nicht bedeuten sollte, aber was es bedeuten sollte, hatte ich noch nicht entschieden. Das ist eine zweitrangige Folge, sagte ich laut zu mir selber ... Gott sei Dank war das Wort gefunden, und das war die Hauptsache.

Der Pseudo-Journalist mit dem Apostelnamen Andreas, der damit zum Diener des Wortes und des *Wortes* wird, ist bis zuletzt konsequent: Er findet einfach keine endgültige Bedeutung. Er verwirft alle *möglichen* Bedeutungen, um Platz für das Unmögliche, das Unwidersprüchliche zu schaffen. Die Voraussetzung dafür, dass es alles bedeuten kann, ist eben, dass es nichts bedeutet. »Nichts war mir gut genug für dieses seltene Wort.« Das lässt sich auch umgekehrt lesen: Nur eins ist gut genug: nichts.

Aber Pippi und Andreas hinterlassen auf ihrem negativen Weg der Suche Spuren. Sie streifen eine breite Skala von Lebenssphären, und ihre Spuren ähneln einander auf auffällige Weise. Die Jagd nach dem Sinn führt sie zu Gebrauchsgegenständen, Werkzeug, Nahrungs- und Genussmitteln, Naturphänomenen, Tieren (Nutztiere/Wildtiere), dem Heiligen, dem Seelischen ... Und nicht zuletzt – zu der Deutung, die beide am heftigsten ablehnen – Nähzubehör und Strickgarn, also die Textilsphäre, was mit Freud bedeutet, dass die Lunte brennt.

An die Freude

Die negative Theologie, die die Sinnjägerin Pippi und ihr schreibender Kollege betreiben, ist Ausdruck einer Verdrängung. Die unterschiedlichen Bedeutungsvorschläge sind auch ein Versuch, das Verdrängte bewusst zu machen. Und hier ist Freud gefragt! »Eine Vorstellung, die sich nicht in Worten ausdrücken lässt ... bleibt im Ungewissen«, behauptet er, und genau dafür sorgt die Verdrängung, die seiner Ansicht nach die »Übersetzung ins Wort« verweigert.

Im ersten Kapitel seiner *Psychopathologie des Alltags* aus dem Jahre 1901 analysiert Freud ein persönliches Beispiel einer Fehlreaktion. Es geht um einen Namen, der ihm einfach nicht einfallen will, was uns ja allen ab und zu passiert, eine ganz alltägliche Sache, wie Karlsson zu Recht sagen würde, wenn diese Verdrängung nicht tagelang anhielte und Freud Angst und »innere Qual« beschere, und wenn dieses scheinbar unwichtige Erlebnis nicht den Anstoß zu »einer von Freuds bedeutendsten Analysen überhaupt« gegeben hätte, die, so der Freud-Kenner Anthony Wilden, für die Humanwissenschaften, unter anderem die Linguistik, Literatur und Philosophie, weit reichende Folgen hatte.

Es geht um den Namen eines florentinischen Malers – nein, nicht Botticelli, nein, durchaus nicht Botticelli, der ihm immer wieder als »Ersatzname« angeboten wird. Der verdrängte Name produziert eine Reihe von Assoziationen, die allesamt mit schmerzhaften persönlichen Erfahrungen verbunden sind, unter anderem dem Tod seines Vaters, und die im Grunde in den beiden Grundtrieben und Grundtabus des menschlichen Lebens wurzeln, Sexualität und Tod, Eros und Thanatos. Die Analyse ergibt, dass die Ersatznamen durchaus kein Zufall sind, sondern dass sie eine Art Rebus bilden, das in Silben und Sinnbruchstücken die verdrängten Gedanken mit dem verdrängten Namen verbindet. Erst nachdem er nach Tagen der Qual von jemand anderem den Namen des Malers hört, Signorelli, kommt Ordnung in das Chaos.

Bei Lindgren, Hamsun und Freud – und wir können auch noch Platon und Hegel hinzuziehen – finden wir die Produktivität der Vergesslichkeit: Bei den Versuchen, die verdrängte Bedeutung zu finden, werden nämlich viele Schichten von nicht zufälliger Bedeutung abgelagert. Sie erscheinen als Negation, als Beispiel dafür, was das Wort eben nicht bedeutet, aber in diesem Muster ist die Bedeutung doch enthalten – nur eben negativ. Wir brauchen bloß ein besonderes Licht, um das Positiv zu entwickeln. *Anamnesis* nannte Freud – übereinstimmend mit Platon – diesen Prozess: eine schrittweise *Wiedererinnerung* an das, was wir einst gewusst und später verdrängt haben. Mit Hilfe des Wortes kehrt das Ich heim zu sich selber.

Eine freudianische Analyse der negativen Bedeutungen von »Spunk« und »Kuboå« würde zweifellos Muster von literarischer, philosophischer und psychologischer – und natürlich, wie es bei Hamsun heißt –, auch von großer grammatikalischer Bedeutung ergeben. Es besteht aber auch die Gefahr, dass ein solcher Umgang mit Wörtern am Ende aus der Psychopathologie des *Alltags* herausfällt, denn: In der Schizophrenie, meint Freud, sind Wörter Gegenstände desselben Prozesses, der auch aus latenten Traumgedanken Traumbilder entstehen lässt. Dieser Prozess kann so weit führen, dass jedes Wort, das aufgrund der zahlreichen möglichen Assoziationen besonders geeignet erscheint, die Repräsentation einer ganzen Gedankenreihe übernehmen muss.

Die Macht über den Sinn

Humpty Dumpty lässt ohne mit der Wimper zu zucken irgendein hergelaufenes Wort alles Mögliche bedeuten – und gerne auch eine ganze Gedankenreihe. Dieser selbstzufriedene Tyrann aus Lewis Carrolls Alice-Büchern verhält sich in seinem Umgang mit Wörtern ebenso psychotisch wie in seinem Umgang mit anderen Lebewesen. Nachdem er Alice davon überzeugt hat, dass es albern ist, Geburtstag zu feiern, wenn man doch auch 364-mal Nicht-Geburtstag feiern könnte, endet er triumphierend mit:

»Siehst du, jetzt hast du Ehre!«
»Ich weiß nicht, was du unter Ehre verstehst«, sagte Alice.
»Natürlich weißt du das nicht, solange ich es dir nicht erzählt habe«, sagte Humpty Dumpty. »Ich will sagen: Da hast du ein richtig schlagendes Argument.«
»Aber ›Ehre‹ bedeutet nicht ›ein richtig schlagendes Argument‹«, wandte Alice ein.
»Wenn ich ein Wort verwende«, sagte Humpty Dumpty in eher verächtlichem Tonfall, »bedeutet das, dass ich entscheide, was es bedeutet – nicht mehr und nicht weniger.«
»Die Frage ist«, sagte Alice, »ob du Wörter dazu bringen kannst, so viele unterschiedliche Dinge zu bedeuten.«
»Die Frage ist«, sagte Humpty Dumpty, »wer hier bestimmt – das ist alles.«

Wir haben das Gefühl, hier Karlsson vom Dach bei einem seiner vielen sprachlichen Übergriffe gegen Lillebror zu hören. Die Parallelen zwischen diesen beiden infantilen Eierköpfen sind auffallend. Beide sind runde, selbstzufriedene Burschen, die mit Hilfe sprachlicher Herrschertechniken andere tyrannisieren.

Das erste Buch über Karlsson vom Dach erschien 1955. Im selben Jahr startete Lindgrens Verlag, Rabén & Sjögren, eine Kinderzeitschrift, als Gegengewicht zu den nach landläufiger Ansicht schlechten und schädlichen Comics. Diese Zeitschrift trug den Namen *Klumpe Dumpe* (wie Humpty Dumpty auf Schwedisch heißt).

In seinem Essay *Vom Buch zur Serie. Die Transmedisation von Pippi Langstrumpf* schreibt Thomas Storn:

> *Auf dem Titelblatt des ersten* Klumpe Dumpe-*Heftes aus dem Jahre 1957 begegnet uns Pippi Langstrumpf, die auf ihren ausgestreckten Armen Humpty Dumpty hochhebt: ein Bild, das symbolisch dahin gehend gedeutet werden kann, dass der Verlag hofft durch die Serienversion von* Pippi Langstrumpf *die Auflage von* Klumpe Dumpe *zu heben.*

In unserem Zusammenhang liegt eine andere Deutung näher, nämlich, dass die Sprachphilosophin Pippi mit ihrem überlegenen Sprachverständnis die primitive Auffassung überwindet, die man als *Humpty-Dumpty-Theorie der Bedeutung* bezeichnen könnte.

Lewis Carroll war Mathematiker und Logiker, und seine mit Sprachspielen angereicherten Kinderbücher sind das pure Füllhorn für die angelsächsische Sprachphilosophie. Man kann in diesem Bereich kaum ein Buch öffnen, ohne auf das oben angeführte Zitat zu stoßen, in dem Humpty Dumpty sein wenig galantes Urteil über die Beziehung zwischen Wort und Wortbedeutung fällt (»wenig ehrenvoll«, sollten wir vielleicht sagen, im Sinn von »ein äußerst schlagschwaches Argument«). Sein vorbildlicher Irrtum wird auch als *intentionaler Fehlschluss* bezeichnet: Ein Wort bedeutet das, was es nach dem Willen seines Benutzers bedeuten soll.

Wer sich eines intentionalen Fehlschlusses schuldig macht, muss wohl kaum damit rechnen, bei der Polizei angezeigt zu werden – und auch nicht bei irgendeiner Akademie der Wissenschaften. Die Strafe besteht darin, dass der Tunichtgut sich aus der etablierten Bedeutungsgemeinschaft ausschließt, in der die sprachlichen Sitten beachtet werden, weshalb er mit Missverständnissen rechnen muss. Tage Danielsson, der Regisseur von *Ronja Räubertochter*, der zu einem guten Freund Astrid Lindgrens wurde, greift in seinem Buch *Grallimmatik* diesen Punkt auf:

> *Es liegt auf der Hand, dass es praktischer ist, Wörter in dem Sinn zu benutzen, auf den wir uns geeinigt haben. Alles andere macht nur Ärger und kann leicht zu Missverständnissen führen.*

Andererseits ist natürlich niemand dazu gezwungen, alle Wörter in ihrer althergebrachten Bedeutung zu verwenden – vor allem, da weder Sie noch ich von Anfang an mit entscheiden konnten, dass Graubrot Graubrot und Kresse Kresse heißen soll. Sie und ich könnten zum Beispiel beschließen, eine Rückfahrkarte Stockholm–Malmö lieber ›eng sitzendes Abendkleid mit schwarzen Fransen‹ zu nennen, aber ich kann Ihnen versprechen, dass wir am Fahrkartenschalter im Hauptbahnhof unser blaues Wunder erleben würden.

Über solche banalen Probleme fühlen Humpty Dumpty und Karlsson sich erhaben. Die Frage nach der Bedeutung der Wörter ist für sie die Frage nach der Macht. Sie haben übersehen, dass die Frage der Wortbedeutung ein gesellschaftliches Anliegen ist, dessen Wurzeln im sprachlichen Brauch liegen. Wörter sind keine leeren Dosen, die die Benutzer nach Lust und Laune mit Bedeutung füllen können.

Karlsson verfügt über bedeutende sprachliche Fantasie und führt neue Begriffe wie »tirritieren, filurieren und figurieren« ein. Wobei »figurieren« durchaus ein eingeführter Begriff ist, aber bei Karlsson bekommt er einen neuen Inhalt und bedeutet anderen Ärger machen, also etwas, das Humpty Dumpty auch ähnlich sieht. Karlsson sieht sich als selbstverständlichen Bedeutungsexperten und Meister der Definition. Er definiert pure Katastrophen zu ganz alltäglichen Angelegenheiten um, doch als Lillebror Karlssons Frikadellenturm umstößt, findet er das alles andere als alltäglich.

Wenn von Karlsson eine klare Antwort verlangt wird, antwortet er mit »ungefähr«. »Ich komme *ungefähr*«, sagt er, und egal, wann er auftaucht, er behält Recht. »Ungefähr« ist ein gutes Karlsson-Wort, denn es kann ungefähr alles bedeuten.

Karlsson weigert sich, sein Alter in Zahlen zu nennen, und bringt nur eine qualitative Bestimmung in Form von »im besten Alter«. Auch diesen sprachlichen Ausdruck will er mit keinem messbaren oder überprüfbaren Kriterium verbinden, denn als Lillebror fragt: »Welches Alter ist denn das beste?«, bekommt er eine Humpty-Dumpty-Antwort: »Alle«, sagte Karlsson. »Jedenfalls, was mich betrifft.« Karlsson gibt dem verbreiteten Ausdruck »im besten Alter« einen neuen Bedeutungsinhalt, nämlich: sein Alter im jeweiligen

Moment. Das kann als Karikatur einer operationalen Definition aufgefasst werden (Beispiel: »Temperatur ist das, was mit einem Thermometer gemessen wird«). Karlson begeht einen intentionalen Fehlschluss nach dem anderen.

Und Pippi – macht sie nicht genau dasselbe? Sie benutzt die Wörter auf ihre Weise, sie verdreht und verzerrt die Bedeutung, erfindet und juxt. Es gibt jedoch einen wesentlichen Unterschied ... doch zuerst kommen noch andere Beispiele.

Mach es mit Worten!

Die Personen der Geschichten und die Stimme der Erzählerin in Astrid Lindgrens Büchern verorten sich in einem sprachphilosophischen Raum, wo die Sprache über sich reflektiert, über ihre Beziehung zur Wirklichkeit und über ihren Status.

Die unbezahlbare Bemerkung von Frau Nilsson in *Madita und Pims* hat es verdient, noch einmal wiederholt zu werden. Ihr Mann ist Amateurastronom und möchte der heranwachsenden Generation seine Erkenntnisse vermitteln:

»Das ist die Venus«, erklärt Onkel Nilsson. »So heißt nämlich der Abendstern. Hast du das gewusst, Madittchen?«
Hier schaltet sich die Gattin ein, gereizt wie Xanthippe angesichts der Weltflucht ihres Mannes.

> »Dass man die Sterne sehen kann, ist ja schön und gut«, sagte Tante Nilsson. »Aber woher man weiß, wie sie heißen, das geht über meinen Verstand.«
> Da schaut Onkel Nilsson sie lange und liebevoll an und sagt: »Lieblich bist du in deiner Einfalt, Schusselsuse!«

Witziger kann sie kaum aufs Korn genommen werden, diese sprachphilosophische Naivität, die in dem Glauben liegt, die Dinge hätten »objektive« Namen, die eng mit ihrem Wesen verbunden sind. Astrid Lindgrens Text scheint wie geschaffen, um ein Beispiel aus einem Buch des Logikers Gottlob Frege zu illustrieren. Wie Onkel

Nilsson nimmt sich Frege in seinem berühmten Beispiel aus dem Artikel *Sinn und Bedeutung* den Abendstern zum Ausgangspunkt. Stellen wir uns vor, Onkel Nilsson und Madita treffen sich eines Morgens und sehen am Himmel den Morgenstern. Wie vor ihm Frege kann Herr Nilsson Madita erzählen, dass es sich bei Abendstern und Morgenstern um denselben Planeten handelt, nämlich die Venus, auch wenn die Wörter Abendstern, Morgenstern und Venus auf unterschiedlichen Seiten des Wörterbuches stehen. Frau Nilsson verdeutlicht, worum es geht, indem sie das Wort »Abendstern« mit dem Stern am Himmel verwechselt.

Damit sehen wir uns vor einem geheimnisvollen Unterschied, dem zwischen dem Sinn des Wortes und seiner Bedeutung. Dieser Unterschied bildet die Grundlage aller logischen Philosophie in der Nachfolge Freges. Wir können jederzeit das Wort »Abendstern« durch das Wort »Morgenstern« ersetzen und immer noch auf denselben Himmelskörper hinweisen. Aber wir nehmen eine tief greifende Verschiebung vor. Wir könnten dabei folgende halbpoetische Ungeheuerlichkeit erhalten: »Das liebende Paar ging eng umschlungen unter dem Morgenstern in den Sonnenuntergang.« Und damit haben wir uns aus dem Kitschroman in die surrealistische experimentelle Literatur bewegt.

Weniger witzig als bei Lindgren, aber äußerst einleuchtend finden wir diesen Punkt im *semiologischen Dreieck* des englischen Sprachphilosophen C. K. Ogden, der zwischen Bezeichnung, Begriff und Ding unterscheidet. Die Bezeichnung ist der reine Sprachklang oder die Buchstabenkombination, wie zum Beispiel »Spunk«. Der Begriff ist das, woran wir denken oder was wir uns vorstellen, wenn wir die Bezeichnung hören, vorausgesetzt, die Bedeutung ist uns bekannt, nämlich »Spunk«. Das Ding ist der Spunk draußen in der Welt – wenn wir das Glück haben, ihn zu finden!

Dass es einen Unterschied gibt zwischen dem Namen und dem, was der Name bezeichnet, wissen wir auch vom Anfang des zweiten Buches über Michel:

Erinnerst du dich noch, wer alles in Katthult wohnte? Es waren Michels Papa, der Anton hieß, Michels Mama, die Alma hieß, Michels Schwester, die Ida hieß, der Knecht, der Alfred hieß, die Magd, die Lina hieß, und dann Michel, der Michel hieß.

Zugleich ist Lindgren sich der magischen, beschwörenden Seite der Wörter zutiefst bewusst. Naiv oder nicht, für ein mythisches und kindliches Bewusstsein gibt es eine Verbindung zwischen Wörtern und Dingen, die kein semiologisches Dreieck erklären kann. Es braucht nur der Name *Ritter Kato* erwähnt zu werden, und schon zittern alle lebenden Wesen vor Angst und kleine Vögel fallen tot zu Boden.

Der Name gibt Macht – positive und negative:

»›Hört jetzt zu, ihr wilden Pferde‹, rief Birk. ›Jetzt habt ihr Namen bekommen. Racker und Wildfang heißt ihr, und jetzt gehört ihr uns, ob ihr das wollt oder nicht.‹«

Der Name bindet, der Name eignet an, der Name gibt Herrschaft. Schon durch die Namensgebung sind die wilden Pferde im Grunde gezähmt.

Zu glauben, der Name, das Wort, sei nur ein Etikett, das auf eine fertige Wirklichkeit geklebt wird, ist ebenso naiv wie die fehlende Fähigkeit, den Unterschied zwischen Wort, Ding und Sinn zu erkennen. Die neuere Sprachphilosophie beschäftigt sich immer mehr mit der Frage, inwieweit Sprache Wirklichkeit ergibt, das heißt, ob unsere sprachlichen Kategorien entscheiden, was wir als Wirklichkeit begreifen. Mutter Lovis demonstriert die Macht der Namensgebung nachdrücklich:

»*Wie soll sie denn heißen?*«, *fragte Glatzen-Per.*
»*Ronja*«, *antwortete Lovis.* »*So, wie ich es schon seit langem beschlossen habe.*«
»*Aber wenn's nun ein Junge geworden wär*«, *meinte Glatzen-Per.*
Lovis sah ihn ruhig und streng an.
»*Wenn ich beschlossen habe, dass mein Kind Ronja heißt, dann wird es auch eine Ronja.*«

Dass Pippi eine gewiefte Wortmagierin ist, beweist sie nicht nur bei der Jagd nach dem Spunk. Sie hat auch bereits vorhandene Wörter vorbildlich im Griff und definiert sie ganz nach Bedarf um: »Wenn ich ein Wort benutze, bedeutet es genau, was ich will«, könnte sie mit Humpty Dumpty sagen. Obwohl sie dabei nicht zur totalen

Willkür greift. Sie geht von der Bedeutung »im wahrsten Sinne des Wortes« aus und löst das Wort aus seinem konventionellen Sinn und Zusammenhang. *Streuzucker* – ja, was das ist, wissen wir wohl. Pippi weiß es auf jeden Fall, sie nimmt einen Löffel nach dem anderen und streut Zucker auf den Boden, und es fällt ihr auch nicht schwer zu erklären, warum. *Scheuerferien* ist ein Wort, das heutige Kinder wohl kaum noch verstehen, es bedeutet: »schulfrei, weil die Schule gescheuert werden muss«. Aber Pippi versteht es ganz wortwörtlich und nimmt sich die Freiheit, auch ohne offizielle Scheuerferien zu scheuern. Und *Kinderheim*? Pippi erklärt den Polizisten, dass sie schon einen Platz in einem Kinderheim hat, die Villa Kunterbunt ist ihr Heim, sie ist ein Kind, und Platz hat sie dort wirklich genug.

Durch die Macht über die Sprache entmachtet sie die Ordnungsmacht.

Durch Sprachmacht gewinnt sie auch Macht über die Zeit. Am Ende des letzten Buches beschließt sie ganz einfach, nicht groß zu werden. Es ist nämlich nicht gerade erstrebenswert, groß und erwachsen zu sein, Erwachsene haben keinen Spaß und können nicht spielen. Sie besitzt magische Krummeluspillen, die für sie und Thomas und Annika ewige Kindheit herbeiführen können – und sie kennt die dafür notwendigen magischen Worte:
»Liebe kleine Krummelus,
niemals will ich werden gruß.«
Nicht groß, sondern gruß. Pippis Beispiel zeigt, dass die Hölle schon losbrechen kann, wenn wir nur einen einzigen Vokal falsch aussprechen. Sprachliche Bedeutung baut auf solchen kleinen Unterschieden wie zwischen »groß« und »gruß« auf. Die beiden Wörter bilden das, was in der Linguistik als *minimales Paar* bezeichnet wird. Wenn wir solche minimalen Paare aufstellen – Wörter, die nur durch einen einzigen Sprachlaut unterschieden sind –, können wir die kleinsten Phoneme, also die bedeutungtragenden Laute, in einer Sprache ermitteln. Und eine Verwechslung dieser Nuancen kann fatale Folgen haben. Der Unterschied zwischen U und O ist in Wahrheit »a difference that makes a difference«, um mit Gregory Bateson zu sprechen. Dieser ebenso treffende wie unübersetzbare Spruch wird in der Linguistik benutzt, um ein Phonem, und in der Informa-

tik, um Information zu definieren: »Information is the difference that makes a difference.«

Lindgren zieht den kleinen Unterschied – den phonetischen kleinen Unterschied – mehrmals mit großer komischer Wirkung heran. In *Ferien auf Saltkrokan* erklärt Pelle:

> »*Es wäre schön, wenn man ein warmes Kaninchen im Bett hätte*«, sagte er.
> *Johann hob den Kopf hoch.*
> »*Ein Kaninchen, bist du nicht bei Trost. Meinst du einen Petroleumkamin?*«
> »*Ein Kaninchen, hab ich gesagt.*«
> »*Ein Kaninchen ... ja, das sieht dir mal ähnlich*«, sagte Johann.

Ähnliche Beispiele finden wir in einem anderen Kinderklassiker – einem von Lindgrens erklärten Lieblingsbüchern –, *Pu der Bär*: »Wohin müssen wir, um auf diese Expotition zu kommen?«

»Expedition, dummer alter Bär. Da ist ein ›x‹ drin.« Christopher Robin stellt das Paar Expotition-Expedition auf. Er ernennt zwar das X zum entscheidenden lautlichen Unterschied, eine überraschende Wende, die den Interpreten die Frage auferlegt hat, ob hier nur auf Christopher Robins begrenzte sprachwissenschaftliche Kenntnisse angespielt werden soll oder ob das Ganze noch einen tieferen Sinn hat.

Pippi nutzt in ihrer neu schaffenden Wortbildung oftmals minimale Unterschiede aus. Sie scheint eine Vorliebe für den Buchstaben U zu haben, wie in »gruß«, denn sie nennt den Zirkus konsequent »Surkus« und die Medizin »Medusin«. In ihrer Verkleidung als kindliche Naivität müssen solche »Missverständnisse« aufmerksam gedeutet werden – vor allem, wenn wir es mit einer hyperwachsamen Sprachbenutzerin wie Pippi zu tun haben. Plutimikation ist, wie wir gehört haben, etwas anderes und mehr als schnöde Multiplikation. Und Medusin ist nicht dasselbe wie Medizin. Medusin ist ein magisches Elixier, ein Universalmittel mit der Kraft eines Medusenhauptes, und außerdem kann man damit noch Möbel polieren. Die *selbstverständliche* Bedeutung, »etwas, was gut gegen Krankheiten ist«, ist für Pippi nur eine unter vielen.

»Streuzucker ist Zucker, der verstreut wird«, »Scheuerferien sind Ferien zum Scheuern«, »ein Kinderheim ist ein Heim mit einem Kind«. Das sind in ihrer erstaunlichen Mischung aus Logik und Nonsens typisch pippische Aussagen. Haben wir so etwas schon einmal gehört? »Ein Körper ist etwas, das Ausdehnung hat«, fand Kant. Wollte er damit etwas Sensationelles verkünden? Im Gegenteil. Dieser Satz erklärt einfach einen Begriff. Er hat nur für Menschen, die nicht wissen, was »Körper« bedeutet, irgendeinen Informationswert.

Kant nannte solche Aussagen »analytisch«. Wenn wir den Begriff »Körper« zerlegen, finden wir »Ausdehnung« als Teil dieses Begriffes, als so genanntes Begriffskennzeichen. Wenn ich etwas über einen bestimmten Körper aussagen will, einen Stein zum Beispiel, und erkläre: »Dieser Stein wiegt über zehn Kilo«, dann sage ich mehr als nur das, was im Begriff »Stein« liegt. Kant nennt das eine synthetische Aussage. Wir erfahren etwas Neues über diesen bestimmten Stein. Die Trennung zwischen Synthese und Analyse bildet eine Grundlage für Kants kritische Philosophie und seine Lehre über die Grenzen der Erfahrung.

Analytische Sätze sind uninformativ und logisch unwiderlegbar zugleich. Der Wiener Philosoph Rudolf Carnap fasste sie als logische Wahrheiten auf. Und Pippi spielt auf diese Art von Sätzen an, wenn sie sich von Unterdrückern befreien oder ihre Umgebung terrorisieren will. Sie greift zu ihrer Vorstellung von analytischen Sätzen, wenn sie auf dem Klassenausflug schaudernd entsetzliche logische Ungeheuer wie »einen Ungeheuerwald ohne Ungeheuer« und »einen Bonbonladen ohne Bonbons« heraufbeschwört. Die ganze Weltordnung scheint dabei ins Wanken zu geraten. Diese Art von Widersprüchen in sich wird von der Osloer Schule als »negative analytische Sätze« bezeichnet.

Der Philosoph W. van Orman Quine aus den USA jedoch, ein Carnap-Schüler, hat nachgewiesen, dass die Trennung analytisch/ synthetisch nur schwer aufrechtzuerhalten ist, denn Wörter werden auf vielerlei Weise benutzt und die Verwendung ändert sich. Manche benutzen das Wort »Junggeselle« für »verheiratete Männer, die sich aufführen, als wären sie Junggesellen«. Und dann ist es keine »logische Wahrheit« mehr, dass ein Junggeselle unverheiratet sein muss.

Gerade Pippi zeigt Verständnis für die fließende Bedeutung der Wörter und für die Unstetigkeit analytischer Sätze, eine Erkenntnis, die Quine zum weltberühmten Sprachphilosophen gemacht hat. Und dann kann sie genauso gut zugreifen und die Wörter zu ihrem eigenen Vorteil verdrehen. Macht wird mit Gegenmacht begegnet. Nach Pippi muss das Wort »Kinderheim« in einer neuen Bedeutung verwendet werden, als »Heim, in dem nur Kinder wohnen«.

Beim Kaffeeklatsch bringt Pippi die Spießbürgerinnen buchstäblich aus dem Konzept, indem sie den Begriff ›schälen‹ ad absurdum führt: »Aber so ist es endlich mal richtig gemacht worden. Sie schälte so gut, dass überhaupt keine Kartoffeln mehr da waren, als sie fertig war. Nur Schalen.« Schälen setzt voraus, dass etwas, das Geschälte, vorhanden ist, wenn die Schale weggeschält worden ist – jedenfalls nach der gebräuchlichen (analytischen) Bedeutung des Wortes. Die Schälaktion der Großmutter hebt sich selber auf. Dieses vernichtende Schälen wird zugleich eine Metapher dafür, dass nichts übrig bleibt, wenn pompösen Machtwörtern und Machtmenschen ihre respektable Oberfläche abgeschält wird.

Aber gerade hier, in der metaphorischen Auffassung konkreter Wörter, zeigt Pippi ihre seltsame Doppelheit – als intuitives Genie und hilfloses Kind zugleich. Wie Sokrates und Nietzsches Zarathustra ist sie tödlich kritisch und natürlich treuherzig. Und sie ist durchaus keine als Kind verkleidete Erwachsene, wie einzelne Kritiker behauptet haben. Das Auffällige an Pippi ist ja, dass sie, wie andere Kinder, Metaphern nicht als Metaphern begreift. Sie fasst sie als naiv konkret auf. Dieser Umstand ist immer wieder von Kinderbuchautoren und Literaturforschern aufgegriffen worden. Der dänische Autor Benny Andersen schreibt über einen Jungen, der heldenmütig in die Welt zieht, um die Katze im Sack zu retten!

Das waren nun einige Beispiele dafür, was sich alles mit Wörtern machen lässt – und was Pippi mit Wörtern macht. *How to do things with words* heißt der posthum erschienene Klassiker des Oxforder Philosophen John Austin, der damit die Sprachhandlungstheorie begründete. Wenn der Geistliche tauft und der Richter urteilt, sind Wörter Handlungen, die entscheidend in ein menschliches Schicksal eingreifen – in Leben und Tod. »Ich taufe dich Liv (Leben).« Oder: »Ich verurteile dich zum Tode.« Aber auch im Alltag können Wörter mehr sein als nur Zeichen für Dinge. Sie greifen in die Handlung ein und bringen sie zum Ausdruck, zum Beispiel, wenn wir grüßen oder etwas versprechen. Wenn ich verspreche, etwas über Pippi zu erzählen, dann stelle ich ein Versprechen her.

Austin analysiert, was wir tun, wenn wir die Sprache benutzen: Fragen wir? Beschreiben wir? Befehlen wir? Drohen wir? Oft können wir andere Sprachhandlungen ausführen, als die grammatikalische Form erwarten lässt, wenn wir Sätze oder Wörter ausdrücken. Wenn zum Beispiel ein wütender Mensch zu einem anderen sagt: »Würdest du bitte verschwinden?«, dann können wir das mit gutem Gewissen als Drohung auffassen, nicht als Frage.

Die naivste aller Einstellungen zur Sprache muss darin liegen, sich strikt an Ogdens Dreieck zu halten: zu glauben, das Wort sei eine Bezeichnung für einen Begriff, der sich auf ein Ding bezieht. Große Literatur hilft uns, unser Sprachverständnis zu erweitern:

Wir leben in den Wörtern und durch die Wörter. Wir handeln mit Wörtern. Wir verstehen und missverstehen mit Wörtern. Wörter wirken. Wörter erklären, erstaunen, verärgern. Wörter bewegen, behagen, betrügen. Wörter beschleunigen, entschuldigen, verführen, verändern, verpflichten, überraschen, belehren, bewilligen, beruhigen, verzeichnen, eröffnen, erhitzen, vergeben, beschreiben, beleben, verurteilen, segnen, besiegeln, schmeicheln, erklären, unterhalten, versichern, zerstreuen, verkörpern, entlarven, verschleiern, erleuchten, verwirren, beleidigen, missfallen, blenden, inspirieren. Wörter verhexen, verdammen, vergiften, verschweigen, verfälschen, verpflanzen, verordnen, besprechen, belustigen, bedrücken, beschwören, verwünschen, erlösen, verlosen, beleuchten, bezeichnen, erwähnen, erhöhen, begeistern, befehlen, erniedrigen, entgeistern, überreden, kränken, verblüffen. Wörter töten. Wörter heilen. Wörter verwandeln.

Durch die Wörter haben wir uns über die Tiere erhoben, und durch die Wörter sinken wir so tief wie die Dämonen, sagt Aldous Huxley.

Nur wenige wissen das besser als – Astrid Lindgren.

✳

THEODOR: Bei dem mit den Dämonen kann ich dir ja zustimmen, aber bei dem mit den Tieren möchte ich doch Einspruch erheben, in meinem und im Namen Astrid Lindgrens.

AGATON: Du hältst den Menschen also nicht für das Maß aller Dinge?

THEODOR: In Astrid Lindgrens Welt sind Tiere genauso wichtig. Denk an die vielen Pferde in ihren Büchern. Denk an die Hunde. Denk an den Mattiswald mit seinen kleinen und großen Wesen. Denk an Herrn Nilsson und den Spunk ... und die Tiere sind ja auch nicht sprachlos. In *Rasmus, Pontus und der Schwertschlucker* hatte Toker zum Beispiel ein lautes »Fragegebell«. Astrid Lindgren hat die Sprachhandlungstheorie so sehr erweitert, dass sie auch Tiere umfasst!

AGATON: Ich finde, jetzt übertreibst du ...

THEODOR: Absolut nicht. Das Fragegebell weist alle Kennzeichen einer Sprechhandlung auf, inklusive Situation und Mimik. Um ein Fragegebell zum Ausdruck bringen zu können, muss ein Hund zuerst wissen, was er *meint*, und das Gebell dann als *ausgeformten Satz* von sich geben. Und er muss die *benutzte Sprache* in sicherem Griff haben, wenn er so bellt, dass Rasmus es sofort als Frage auffasst. Dieser Hund besitzt also eine sprachliche Kompetenz von hoher Qualität, und zwar *semantisch, syntaktisch* und *pragmatisch* ...

AGATON: Schluss jetzt! Das finde ich jetzt langsam an den Hundehaaren herbeigezogen. Weshalb ich stehenden Fußes zur Villa Kunterbunt zurückkehre.

»Klar doch, Herr Nilsson«, rief Pippi. »Ist ja klar, dass du nach Worten hungrig bist, aber mehr von diesem Buch darfst du jetzt nicht essen. Du hättest gern Pfannkuchen, sagst du? Mit Käferfüllung? Gut zu hören, dass du nicht vom Wort allein lebst. Möchte sonst noch jemand Pfannkuchen?«

Herr Nilsson hatte an dem Buch gerissen und herumgekaut und es als pures Chaos hinterlassen. Einige Seiten fehlten, andere waren nicht mehr zu lesen, viele waren verschwunden. Fridolf durchwühlte den Haufen und versuchte eine elementare Ordnung herzustellen.

»Da hast du's, Phaidros«, lachte Sokrates. »Du darfst dich nicht auf das geschriebene Wort verlassen, wenn du in deinen Begriffen Ordnung schaffen willst. Wie ich dir schon häufiger gesagt habe: Die Schrift ist eher ein Mittel zum Vergessen als zum Erinnern. Denk nur an unsere Pippi! Sie weiß, dass lebende Sprache Gold ist, tote Buchstaben dagegen ... na ja ...«

Fridolf sah ein wenig beschämt aus, dann aber strahlte er und schwenkte eine Hand voll loser Blätter: »Hier habe ich ein Kapitel, das jetzt passen könnte. Es handelt von ... mal sehen ...«

Pippi stellte eine große Schüssel Pfannkuchen und eine Schale mit braunem, undefinierbarem Inhalt auf den Tisch.

»Hier gibt's 'ne Feier, langt zu wie die Geier«, sang sie und trug ihr Pferd zu den Leckerbissen hinüber.

»Vielen Dank«, sagte Sokrates. »Aber ich habe immer schon gern auf Fleisch verzichtet. Das behauptet jedenfalls Xenophon, und dann muss es doch stimmen, nicht wahr, Phaidros?«

»Und du, Fridolf? Du hast doch bei Fleisch immer gern zugegriffen.«

»Durchaus nicht, Pippi, aber esst ihr nur ruhig, während ich vorlese. Dann sparen wir auch Zeit. Es gehört sich natürlich überhaupt nicht, beim Essen vorzulesen – mit vollem Mund zu reden, sozusagen. Und noch unpassender ist es bei dem Thema, das jetzt zur Sprache kommen soll. Ich werde über Schweinerei vorlesen. Über Dreck und Schmutz und Dung und Kot.«

»Du bist doch wohl nicht wieder krank geworden?«, fragte Pippi ängstlich. »Wie damals, als du eines Morgens nur sieben Teller Grütze essen konntest und Papa vor Entsetzen über diesen jämmerlichen Appetit absolut außer sich war ...«

»Kurz gesagt«, sagte Fridolf ungerührt, »einen passenderen Rahmen hätte ich nicht finden können, denn hier geht es um das *Unpassende* – um falsche Dinge am falschen Ort, um Kühe in der Aula und Haare in der Suppe und Dreck auf dem Teller. Und wenn jemand glaubt, Dreck habe nichts mit Philosophie zu tun ...«

Pippi servierte, dass es in den Tellern nur so schwappte.

»Nein, danke, Pippi. Wir haben schon gegessen«, wehrte Annika ab.

THEODOR: Entschuldige, Agaton, aber was ist das für eine widerwärtige Schmiererei?

AGATON: Die Pippi serviert?

THEODOR: Nein, die *du* servierst.

AGATON: Was das ist? Das ist *Holy Shit*! Das ist die Kombination des Erniedrigenden und des Erhabenen, des Schlüpfrigen und des Göttlichen, des Schmutzigen und des Heiligen. Pippis Spunk ist der Käfer, der den Dung rollt, und der Gott, der die Sonnenscheibe bewegt. Und du kannst dich doch wohl an das Bild erinnern, das Pippi an die Wand gemalt hat? Eine feine Dame mit einer Blume in der einen und einer Ratte in der anderen Hand!

THEODOR: Ich kann nicht hinnehmen, dass man das Gesicht in den Misthaufen stecken soll, um den Gang der Sonne zu verstehen.

AGATON: Wohlgemerkt, wer das serviert, das bin nicht ich. Wir finden es in Mythen und Vorstellungen in aller Welt, dass Hoch und Niedrig sich im Zentrum des Daseins begegnen. Aber für deinen mathematischen Verstand ist das natürlich unbegreiflich.

THEODOR: Na, ich habe schon längst begriffen, dass alles das Gegenteil von dem bedeutet, was es wirklich bedeutet. Kant hat einmal erhaben über zwei Dinge gesprochen, die sein Gemüt mit Ehrfurcht und Staunen erfüllten, den gestirnten Himmel über uns und das moralische Gesetz in uns. Aber jetzt sollen wir den Sonnenhimmel über uns und die Exkremente unter uns bewundern. Diese Art Philosophie ist von einem französischen Autor »Exkrementalismus« genannt worden.

AGATON: Von mir aus, aber denk an das Doppeldeutige in Eiden und Beschwörungen, da kommen sich heilige Treuegelöbnisse und gotteslästerliche Verwünschungen oft sehr nahe.

THEODOR: Hegel hat den Geschlechtsorganen philosophische Aufmerksamkeit zukommen lassen. Er hat auf ihre doppelte Funktion hingewiesen, als Ablauf beim Urinieren und als Lebenserneuerung bei der Fortpflanzung. Aber nichts ist gleichzeitig und auf dieselbe Weise schmutzig und nicht-schmutzig.

AGATON: Du hast ein großes Bedürfnis nach Ordnung, das ist mir schon klar. Und dann ist es sicher an der Zeit, radikal ans Werk zu gehen, an die *Wurzel des Chaos*.

Zur Wurzel des Chaos

»Es gibt überhaupt keine Ordnung,
und man findet nicht immer alles.«

✳ ✳ ✳

Dirt is matter out of place.
William James

Alles fließt.
Heraklit

Wir wollen nun eine provozierende These aufstellen und überprüfen: *Astrid Lindgren ist in erster Linie eine Tabu-Dichterin.* Sie bricht Tabus, sie thematisiert Tabus und sie deutet Tabus. Wer diese Aussage seltsam findet, soll sich eine damit verbundene These zu Gemüte führen: Tabus sind – viel mehr, als uns klar ist und als wir zugeben mögen – das, was die Gesellschaft zusammen- und die Dinge auseinander hält. Sie sind die Längsfäden im sozialen Gewebe.

Das, was schmutzig und heilig zugleich ist, ist *tabu*. Der Völkerkundler Edmund Leach formuliert es umgekehrt: »Was tabu ist, ist heilig, wertvoll, wichtig, kraftvoll, gefährlich, unberührbar, schmutzig, unaussprechlich.« Leach hat eine scharfsinnige Theorie aufgestellt, nach der Tabus sogar eine Voraussetzung für unser sprachliches Erfassen der Welt sind! Darauf werden wir noch zurückkommen.

Das Wort »Tabu« wurde aus Tonga in Polynesien in viele Sprachen in aller Welt exportiert. Es bedeutet das Verbot, ausdrücklich oder nicht, gewisse Dinge oder Personen zu berühren, die *mana* besitzen, heilige Kraft. Ein Tabubruch führt zu Gefühlen von Sünde und Schuld und zieht unvermeidlich eine göttliche Strafe nach sich. Tabuvorstellungen gibt es in allen Kulturen, oft verbunden mit religiösem Glauben und Kult, aber auch mehr oder weniger einzeln stehend. Manchmal sagen wir: »Nein, das kann ich nicht sagen«, eben weil das zu Nennende tabu ist. Lindgrens Erzählerinnenstimme beißt sich bisweilen ebenfalls auf die Zunge, wie hier im *Michel* ...

Hinter dem Schweinestall lag der Lokus, ja, so sagte man damals. Du findest vielleicht, dass es kein besonders feines Wort ist, aber da hättest du mal hören sollen, was für ein Wort Alfred gebrauchte, er nannte es geradeheraus ... na ja, das brauche ich dir ja nicht beizubringen.

Tabus sind wirkungsvoll. Ein Tabubruch bedeutet, wie gesagt, Sünde und Schuld. Bestimmte Handlungen, bestimmte Dinge und bestimmte Wörter sind tabu. Sie sind – natürlich mit großer Variationsbreite zwischen den unterschiedlichen Kulturen – durchgängig mit Körperfunktionen, Sex und Tod verbunden. Und mit einzelnen Tieren. Im Folgenden werden wir uns an die Tabuvorstellungen unserer westlichen Kultur halten. Es ist nicht immer nötig, zu allerlei Sitte und Brauch aus aller Herren Länder zu greifen, wie Pippi das tut. Bei uns gibt es wirklich genug zu holen.

Kinder sind von Tabus fasziniert – was für Erwachsene oft peinlich ist. Dass eine Kinderbuchautorin Tabus aufgreift, ist deshalb kein Wunder. Aber die Art, in der das geschieht, ist hier entscheidender als bei irgendeinem anderen Thema. Das liegt in der Natur der Sache: Das Unaussprechliche zu erwähnen erfordert einen *haarfeinen* Balanceakt.

Es ist ein Balanceakt, den Astrid Lindgren virtuos beherrscht. Wenn Glatzen-Per einen lauten Furz loslässt, in seiner Freude darüber, dass Ronja Räubertochter in die Mattisburg zurückgekehrt ist, dann geschieht das in einer so befreienden und lockeren Atmosphäre, dass das Tabu aufgelöst wird, und verstärkt zugleich die Festtagsstimmung. Aber Lindgrens Texte können durchaus auch provozieren: Das empörte Geschrei, das nach der Veröffentlichung von *Pippi Langstrumpf* laut wurde, zeigt die Alarmbereitschaft der Gesellschaft für den Fall, dass Tabus gebrochen und die soziale Ordnung bedroht werden. Pippi war ein Schandfleck im sauberen, adretten Nachkriegsschweden, ein Schmutzfleck, der getilgt werden sollte. Wie Professor und Kritiker John Landquist diesen entsetzlichen Zustand so hervorragend charakterisierte: »Die Erinnerung an dieses unnatürliche Mädchen und seine geschmacklosen Abenteuer in Lindgrens Buch kann nur ... ein unbehagliches Gefühl eingeben, das an der Seele nagt.«

O Scheiße!

Denn was ist Unreinheit? Was ist Schmutz?

Der Philosoph William James aus den USA liefert eine oft benutzte Definition: *Dirt is matter out of place* – Schmutz ist etwas, das sich an der falschen Stelle befindet. Teure Blumenerde wird zu Schmutz, wenn sie auf dem Esstisch verstreut wird – und wird deshalb sofort entfernt. In ihrem modernen Klassiker *Purity and Danger* (1966) verwendet die Völkerkundlerin Mary Douglas diese Perspektive, wenn sie Reinlichkeitsrituale in so genannten primitiven wie in modernen Kulturen untersucht:

> *Schmutz ist relativ. Essen ist an sich nicht schmutzig, aber es ist schmutzig, Küchengeräte im Schlafzimmer abzulegen oder Essensflecken auf der Kleidung zu haben. Dasselbe gilt für Toilettenartikel im Wohnzimmer, über Gartengeräte im Haus, über Kleidungsstücke auf Stühlen, Unterwäsche im Garderobenschrank und so weiter. Unser Reinlichkeitsverhalten ist kurz gesagt eine Reaktion, die jeglichen Gegenstand und jede Idee verdammt, die unsere geliebten Klassifikationen verwirren oder ins Wanken bringen können.*

Die folgenden Beispiele für »matter out of place« stammen aus *Pippi Langstrumpf* – wo das Ganze jedoch absolut auf die Spitze getrieben wird. Pippi rührt den Kochtopf mit dem Regenschirm um, während der Kugelschreiber im Ofen liegt. Sie sucht ihren Hut – zuerst im Brennholzkasten, dann im Brotkasten in der Speisekammer (wo sie nur ein Strumpfband, einen unbrauchbaren Wecker und eine Brotkruste findet) und schließlich im Hutregal (und dort liegen eine Bratpfanne, ein Schraubenschlüssel und ein Stück Käse). Pippi beklagt denn auch, dass es keine Ordnung gebe und sie alles Mögliche nicht finden könne. »Aber das Stück Käse habe ich schon lange gesucht ...«

Wie erschütternd Pippis Unordnung auf andere wirken und welche moralische Empörung sie auslösen kann, zeigt ein Leserbrief in der schwedischen Zeitung *Aftonbladet*. Ein empörter Leser schreibt, nachdem das Buch im November 1946 im Radio vorgelesen worden war:

Was soll das denn, dass man erfährt, dass in ihrem Brotkasten, wo sie ihren Hut sucht, ein Strumpfband und eine alte Brotkruste liegen, und dass sie im Hutregal ein Stück Käse findet, das sie schon vermisst hatte. Und auf diese blödsinnige Weise geht es dann noch weiter. Angeblich ist diese ›Pippi Langstrumpf‹ mit einem Preis ausgezeichnet worden. Kann denn niemand dieser demoralisierenden Sendereihe ein Ende setzen?

Der empörte Leser tröstet sich damit, dass es unmöglich zu verstehen ist, wie »dieses wirklich widerwärtige Drecksgör ... ein gesundes und wohl erzogenes Kind unterhalten oder interessieren kann.« Trotzdem aber muss diesem Unwesen ein Riegel vorgeschoben werden, was nun wieder paradox wirkt.

Das sind Ziel und Zweck der herkömmlichen Erziehung: Durch Verbote soll das Schmutzige, das, was fehl am Platze ist, tabuisiert werden. *Das gesunde und wohl erzogene Kind* wird dazu programmiert, den Schmutz zu scheuen, sich nicht dafür zu interessieren. Aber da haben die Erziehungspersonen sich leider verrechnet. Das Tabu erregt immer Interesse. Das Verbot muss verstärkt werden. Was das Interesse noch weiter steigert ...

Dirt is matter out of place. Dieses Verständnis des Schmutzigen klingt nach in Woody Allens Ausspruch: *Is sex dirty? Only if it's done right!* Dieses Bonmot verdankt seine komische Kraft dem Überraschenden, ja, Widersprüchlichen der Behauptung, dass das

Schmutzige, das per definitionem fehl am Platze ist, ebendeshalb angebracht sei.

Schmutz kann also verstanden werden als Unordnung, als *beunruhigende* Unordnung – und als Unordnung notwendigerweise in Bezug auf etwas, nämlich auf eine etablierte Ordnung. Oder, wie Mary Douglas das sieht:

> *Wo es Schmutz gibt, gibt es auch ein System. Schmutz ist ein Nebenprodukt unseres Verfahrens, die Dinge systematisch zu ordnen und zu klassifizieren, in der Hinsicht, dass die Ordnung Dinge abweist, die dort nicht hingehören. Diese Vorstellung von Schmutz führt uns direkt in die Welt der Symbole ...*

Ganz zu schweigen von der Welt der Ideen ...

Darüber hat nämlich kein Geringerer als Platon geschrieben. In seinem Dialog *Parmenides* stellt er die überraschende Frage, ob es auch für Haare und Schmutz eine Idee geben kann. Er macht den jungen Sokrates zum Befürworter der Ideenlehre – nach der die Phänomene Schatten der dahinter liegenden Ideen sind. Gibt es eine Idee der Schönheit, eine Idee der Gerechtigkeit? Aber klar doch. Und eine der mathematischen Verhältnisse? Selbstverständlich. Und was ist mit der Idee des Menschen und der des Pferdes? Auch die gibt es, wenn auch nur unter Vorbehalt. Aber dann fragt der alte Fuchs Parmenides, ob das alles denn auch für Haare und Lehm und Dreck und andere widerliche, verachtenswerte Dinge gelten solle. Sokrates sieht sich vor einem Dilemma. Einerseits ist ihm klar, dass eine universale Ideenlehre für alle Phänomene gelten muss, für geistige wie physische, aber er möchte mit dem Widerlichen, Verachtenswerten, mit Haaren und Dreck, lieber nichts zu tun haben und findet es deshalb »unerhört«, ihnen eine Idee zuzuschreiben. Er hat Angst, wenn er diesen Gedanken weiter folgt, in eine Schlammgrube zu stürzen und zugrunde zu gehen.

Hier fällt der junge, idealistische Sokrates offenbar einem starken Tabu zum Opfer. Der alte Parmenides redet ihm deshalb väterlich ins Gewissen: »Der Tag wird kommen, an dem du das alles nicht mehr verachtest. Jetzt nimmst du, aufgrund deines Alters, Rücksicht darauf, was die Menschen glauben und meinen.«

Wir können uns hier nicht näher mit Platons Verteidigung einer universalen Ideenlehre befassen, die auch für Haare und Dreck gilt. Dazu wären, wie sich im *Parmenides* zeigt, halsbrecherische dialektische Übungen mannigfacher Art vonnöten. Interessant in unserem Zusammenhang ist, mit welcher Energie er Sokrates dieses »Unerhörte« abweisen lässt. Haare und Dreck sind eine beunruhigende Bedrohung unserer *reinen* Begriffsordnung. Sie sind Haare in der Suppe und Dreck am Stecken. Sie bedrohen die Persönlichkeit mit Auflösung und existenziellem Chaos. Sokrates fürchtet, in eine Schlammgrube zu stürzen und zugrunde zu gehen.

Entsprechend können wir behaupten, dass es sich bei unseren teilweise übertriebenen Reinlichkeitsritualen weniger um körperliche als um mentale Hygiene handelt. Moderne Menschen waschen sich in einem Grad, der in vielen Fällen direkt gesundheitsschädlich sein kann. Gesteigerte Kenntnisse der Immunabwehr haben unsere fest verwurzelte Vorstellung, dass sauber auch gesund bedeutet, buchstäblich mit dem Bade ausgeschüttet. Ein symbolisches Verständnis drängt sich auf – unsere Abscheu vor Dreck ist dasselbe wie unser Drang zur Ordnung.

Purus bedeutet rein: Puritaner jeglicher Art mahnen zu moralischer, Puristen jeglicher Art zu sprachlicher Reinheit. Und der Weg zur Rassenhygiene ist nicht weit. Lang ist aber die Liste der politischen Übergriffe und der grotesken Verbrechen, die dem Reinheitsfanatismus entsprungen sind – von Diskriminierung unterschiedlicher Stärke über Pogrome zu ethnischer Säuberung. »Merzt die Schädlinge aus«, donnerte Lenin. »Das Judenschwein ist schuld«, heulte Hitler.

Die Logik der Reinheit ist einfach: Sie sind nicht wie wir. Sie sind fehl am Platze. Sie sind schmutzig. Also weg mit ihnen!

Es ist unmöglich, das Ausmerzen von Menschen zu legitimieren, ob es sich nun um Massendeportation oder Völkermord oder beides handelt. Wer ethnische Reinigungen vornimmt, hat ein starkes Bedürfnis danach, sein Objekt von Menschen in Schmutz oder Schädlinge umzudefinieren. Nehmen wir Ronjas Vater, den Räuber Mattis, einen einäugigen Häuptling, auf dessen Programm eine ethnische Säuberung steht. Nach mehreren misslungenen Versuchen, die Borkaräuber aus der Mattisburg zu vertreiben, nimmt er Birk Borkasohn als Geisel und greift dann zu Brachialmethoden: »Jetzt fliegt Borka zum Donnerdrummel, schneller als er seinen ersten Morgenfurz fahren lässt.« Aber Ronja schreit ihn an:

>»Rauben kannst du meinetwegen, Geld und Waren und alles mögliche Zeug, aber Menschen darfst du nicht rauben, denn dann will ich nicht länger deine Tochter sein.«
>»Wer spricht denn hier von Menschen?«, fragte Mattis und seine Stimme war nicht wieder zu erkennen. »Ein Otterngezücht hab ich mir gefangen, eine Laus, einen kleinen Hundsfott, und jetzt mache ich endlich reinen Tisch in der Burg meiner Väter. Dann kannst du meine Tochter sein oder es bleiben lassen, ganz wie du willst.«

Stärker und präziser lässt sie sich wohl kaum in Worte kleiden – die Umdefinierung von unerwünschten Menschen zu Schmutz und Dreck und verachtenswerten Schädlingen, um die *Endlösung* zu legitimieren.

Die gute Mutter Lovis vertritt eine andere, um nicht zu sagen die entgegengesetzte Meinung darüber, was sich gehört und wer die Mattisburg verschmutzt: »›Raus, ihr Mannsleute‹, schrie Lovis. ›Schert euch zum Donnerdrummel, denn hier treibt ihr ja doch nichts anderes als Unfug.‹« Sie vertritt die humane und hausmütterliche Verträglichkeit in der Burg – und das macht sie mit unwiderstehlicher Autorität. Wie bereits früher, als sie die Räuber nackt in den Schnee jagt, wo sie sich alten Schmutz abwaschen und sich danach Haare und Bart scheren müssen. Das ist eine Machtdemonstration, bei der die Räuber ohnmächtig sind: »Murrend und maulend hockte die ganze Schar an der langen Tafel, sauber geschrubbt und frisch gestutzt und kaum wieder zu erkennen.«

Der edle Jonathan Löwenherz unterliegt derselben Logik – aber im Zeichen der Selbstläuterung –, als sein Gewissen ihm befiehlt, einen Feind aus Lebensgefahr zu retten. Denn was wäre, wenn er wissentlich und willentlich einen Mitmenschen, Freund oder Feind, sterben ließe, nur um seine eigene Haut zu retten? »Weil man sonst kein Mensch ist, sondern nur ein Häuflein Dreck.«

Die Zweideutigkeit einer Reihe von Synonymen, wie »Schiss«,

»Dreck«, »Kot« – die alle Unreinheit und Exkremente bezeichnen –, ist ein Kennzeichen des Tabus. Sogar das stärkere »Scheiße« lässt sich in gemilderter Bedeutung über Unreinheit und Unordnung (»ungeheuer viel Scheiß gebaut«) oder in übertragenem Sinn (»über jemanden Scheiß reden«) verwenden. Diese Zweideutigkeit lässt sich humoristisch ausbeuten, indem die konkrete Bedeutung, das Tabu, in der bildlichen Sprache gefährlich nahe gebracht wird – wie dann, wenn der Komiker Harald Heide Steen lässig bemerkt: »Durchfall ist ein ziemlicher Scheiß!«

Es gibt also offenbar Ideen für Haare und Dreck und Kot. Und zwar die Idee des Tabus, eng verbunden mit dem Menschen, eben als das Nicht-Menschliche am Menschen. Oder, wie Leach schreibt:

Aussonderungen und Abspaltungen des menschlichen Körpers sind in aller Welt Gegenstände intensiver Tabus – in erster Linie Exkremente, Urin, Sperma, Menstruationsblut, abgeschnittene Haare, abgeschnittene Nägel, Körperschmutz, Speichel, Muttermilch.

Aber Tränen nicht – aus Gründen, auf die wir noch zu sprechen kommen werden. Mary Douglas erweitert die Perspektive in eine Richtung, die wir bereits erwähnt haben, die Beziehung zwischen der Reinigung des Körpers und der Reinigung der Gesellschaft:

Wir können unmöglich die Rituale deuten, die mit Exkrementen, Muttermilch, Speichel und so weiter verbunden sind, wenn wir nicht bereit sind, den Körper als Symbol für die Gesellschaft zu betrachten und die Kräfte und Gefahren, die wir aus gesellschaftlichen Strukturen kennen, im Kleinen im menschlichen Körper reproduziert zu sehen.

Die grundlegende Zweideutigkeit, die solchen Substanzen anhaftet, stammt Leach zufolge aus der kindlichen Erfahrung. »Das erste und andauernde Problem des Kindes ist es, die ursprünglichen Grenzen des Körpers zu definieren – was bin ich in Beziehung zu meiner Umwelt, wo verläuft für mich die äußerste Grenze?« Exkremente, Urin und so weiter sind »ich und doch nicht ich«. Sie sind zweideutig, vage. Sie sind eine Gefahr für das System. Deshalb sind sie schmutzig, und deshalb sind sie mächtig. Es sind diese verachtenswerten Dinge, die auf der ganzen Welt als wirksame Zutaten in Zaubertränken und Hexensud verwendet werden.

Die Tabu-Theorie über die Bedeutung

In der problematischen Beziehung zu den Zweideutigkeiten findet Leach Belege für seine Theorie über die Rolle des Tabus in der Bedeutungsbildung: Die Welt des Kindes ist zuvörderst ein »Kontinuum«, also ein zusammenhängendes Feld, in dem die »Dinge« nicht voneinander getrennt sind. Das Kind muss lernen, ein Netzwerk von Begriffen über diese formlose Masse zu werfen, um danach die Welt als zusammengesetzt aus einer Reihe von Einzeldingen auffassen zu können, von denen jedes einen eigenen Namen hat. Die Welt wird zu einem Bild der Sprache, nicht umgekehrt.

Das Bedürfnis nach klaren Kategorien entsteht, nach festen Grenzen zwischen *ich* und *das*, zwischen *uns* und *denen*, zwischen *diesem* und *jenem*. Wir müssen lernen, die Unterschiede in der Welt zu erfassen. Und das geschieht dadurch, dass wir die unreinen Grenzfälle verdrängen, das, was in den Kategorien für Unordnung sorgt, was nicht eindeutig dem einen oder dem anderen gehört. Das Unreine wird verachtet, verleugnet, verdrängt – kurz gesagt, es ist dem Tabu unterstellt.

Mattis ist in diesem Punkt von vorbildlicher Klarheit. Als der Blitz eingeschlagen und die Mattisburg geteilt hat, ist er zuerst wütend, dann aber erkennt er das Glück im Unglück: »Na ja, dann sind wir wenigstens die vielen Irrgänge und Kellerhöhlen und all das Gerümpel los.« Aber der Preis dafür, dass Ordnung ins Wirrwarr gebracht wird, ist eben, dass der *Scheiß* verdrängt wird – und deshalb ärgert Mattis sich dann doch über den Verlust der Klokammer.

Leach ist ungefähr ebenso klar, wenn auch nicht ebenso direkt:

> *Wir erreichen dieses zweitrangige, angelernte Erleben der Welt dadurch, dass wir Sprache und Tabu gleichzeitig anwenden. Die Sprache gibt uns Namen, mit denen wir die Dinge unter-*

scheiden können, das Tabu unterdrückt das Wiedererkennen der Teile des Kontinuums, das zwischen den Dingen liegt.

Ein einfaches Bild kann diesen Gedankengang verdeutlichen. Wir können uns das undifferenzierte »Kontinuum« der Wirklichkeit wie ein Farbspektrum vorstellen, einen Fächer, in dem es alle möglichen Farben gibt, ein Licht aus allen Wellenlängen. Aber wie viel davon nehmen wir wirklich wahr? Wir nehmen die *reinen* Farben wahr, die *Regenbogenfarben* Rot, Orange, Gelb, Grün, Blau, Indigo, Violett. Die Sprache gibt uns Namen. Aber die trüben, vagen Zwischenfarben werden ausgeschaltet, ausgestoßen. Wir *sehen* nur die sieben reinen Farben. Die Zwischentöne sind vorhanden, aber wir vermeiden es geschickt, sie zu erfassen.

Wir brauchen nicht viel Freud verdaut zu haben, um einzusehen, dass dieser kulturelle Verdrängungsmechanismus mit Gefahr verbunden ist. Der undefinierbare Dreck, der mit unseren reinen Kategorien bricht, wird durch die Kraft des Tabus verdrängt, damit die Welt in lauterster Ordnung mit klar gezeichneten Unterschieden erscheinen kann. Aber das Verdrängte droht durch die Ritzen zu quellen. Siedende Lava blubbert unter der dünnen Kruste aus symbolischer Ordnung und droht mit Auflösung und Chaos. Es sind gewaltige Kräfte, die nur magische Reinigungsrituale und strenge Einhaltung der Tabus bezwingen können.

Das zeigt sich nicht zuletzt dann, wenn wir uns einem anderen unklaren Gebiet nähern: dem Grenzland zwischen Leben und Tod, zwischen unserer Welt und der nächsten. Wieder sehen wir das Bedürfnis nach einer klaren Trennung. Hier wohnen wir sterblichen Menschen, dort die unsterblichen Götter. Aber zugleich – was haben wir schon von einem unerreichbaren Gott in einer anderen Welt? Wir brauchen Vermittler, und wir greifen zu übernatürlichen Wesen von höchst zweideutigem Charakter, wie Leach schreibt, als Mensch geborenen Halbgöttern, jungfräulichen Müttern, übernatürlichen Ungeheuern, die halb Mensch, halb Tier sind. Diese Wesen sind Gegenstand der strengsten Tabus und heiliger als die Gottheiten selbst. Freud weist darauf hin, dass das lateinische Wort *sacer* »heilig« und »verderbt« zugleich bedeutet.

Mehrere von Lindgrens Gestalten weisen diese vagen, unbestimmbaren Züge auf – dieses Heilige und Verderbte. Sie sind übernatürliche Wesen von höchst zweideutigem Charakter. Nehmen wir nur Pippi: ein neunjähriges Mädchen, das ein Pferd und eine Schiffsmannschaft in die Luft stemmt, das den stärksten Mann der Welt zusammenschlägt und Polizei und Einbrecher in ihre Schranken weist. Ein soziales Katastrophengebiet, das beim Kaffeeklatsch und im Schulzimmer die soziale Ordnung dem Erdboden gleichmacht, das aber auch Kinder vor Schikanen und Feuersbrunst rettet. Abschaum und Übermensch. Sie fällt aus allen Kategorien heraus.

Oder Karlsson vom Dach: ein fantastischer Überflieger, für Lillebror ein Lebensretter und der beste Hausmeister aller Zeiten – dazu aber der größte Egoist der Welt, ein Schelm und ein Psychopath, und durch sein plötzliches Auftauchen und Verschwinden eine dämonische Gestalt. Irgendwo bezeichnet er sich als »mechanisierten Spuk, wild, aber schön«.

Auch die einigermaßen »Normalen« unter Lindgrens Hauptpersonen entziehen sich der Kategorisierung. Michel: Tunichtgut und braver Bube. Mio: armselig und verlassen – und der Held, der die Welt rettet. Ronja: Räubertochter und Anti-Räuberin.

Aber vor allem und immer wieder Pippi! Sie ist bei allem, was sie tut, kristallklar und konsequent zweideutig. Die ganze Person ist ein wandelnder Widerspruch. Wir haben gesehen, dass ihr Verhalten, nicht nur in einzelnen Episoden und Bemerkungen, sondern in ihrem ganzen Auftreten, als konsequente Ironie ausgelegt werden kann. Im Licht unserer neuen Perspektive erscheint sie dazu noch anders: Pippi ist das personifizierte Tabu. Sie ist unerhört!

Und die Gesellschaft nimmt Anstoß – im Buch und am Buch. Im Buch, innerhalb der Fiktion, reagieren die unterschiedlichen Autoritätspersonen mit nutzlosen Disziplinierungsmaßnahmen erwartungsgemäß auf die unerzogene, unerhörte, *unreine* Pippi. Während der Pippi-Fehde des Jahres 1946, die von Professor Landquists Breitseite ausgelöst wurde, gingen immer mehr verantwortungsbewussten Erwachsenen die »Augen für die Gefahren auf, die in diesem Unsinn lauern«, wie in einem Leserbrief in *Aftonbladet* zu lesen war.

Vor allem lastet die Verantwortung auf professionellen Kindererziehenden – wie Lehrerinnen und Kinderbuchautoren. In seiner Rezension von *Pippi Langstrumpf geht an Bord* für die Zeitschrift des schwedischen Grundschullehrerverbandes führt Charles Lans die Verbindung zwischen sprachlicher und körperlicher Hygiene vor:

Welche Ansprüche sollten an ein gutes Kinderbuch gestellt werden? Sollten einerseits gute Sprache, guter Stil und korrekte Rechtschreibung und andererseits Schlampereien und übertrieben wörtliche Sprache gleichermaßen zugelassen sein ...»Plutimikation« ist nicht das einzige Beispiel in diesem Buch. Glaubt die Autorin vielleicht, Kinder ließen sich von solchen »volkstümlichen« Schreibweisen nicht beeindrucken? Dass Pippi sich in ihr Kleid schnäuzt, bringt wohl nur die modernen Ansichten der Autorin über Kinderhygiene zum Ausdruck, die im Übrigen zum Buch perfekt passen. Es ist ganz einfach durchtränkt von ungesunder und unnatürlicher Kindischkeit und ein Beispiel dafür, wie ein Kinderbuch nicht *sein sollte.*

Eine Kinderbuchautorin muss um jeden Preis den Unterschied zwischen Schnurrbart und Rotz kennen! Alles andere wäre *ungesund* und *unnatürlich* – oder, wie andere Autoritätsstimmen den Unsinn genannt haben: geschmacklos, unnormal, unvernünftig, verantwortungslos, sinnlos, unerhört, empörend, krankhaft, ja, geisteskrank!

Zu den Sachen selbst

Lindgrens Umgang mit Tabu-Themen geht also weit über einen lustigen Furz ab und zu hinaus. Sie hat eine Reihe von Gestalten geschaffen, die durch ihre mächtige und zweideutige Zwischenposition das Tabu verursachen. Während sie das Tabu aber versinnbildlichen, beleuchten sie zugleich die Reaktionen auf das Tabu und die Funktion des Tabus.

Pippi, Karlsson vom Dach, Michel und Ronja sind solche grenzüberschreitenden, heroischen Gestalten, die sofort die natürliche (sprich: *kultürliche*) Ordnung der Dinge durcheinander bringen. Entsprechend reagiert die Umwelt – mit Abscheu und Verstoßung, mit Tadel, Einsperren und Unsichtbarmachung. Aber die Mission dieser Gestalten besteht darin, die Streitigkeiten auf unterem Niveau zu schlichten und auf höherem Niveau ein tieferes Verständnis für »unordentliche« Phänomene zu liefern. Wie die Halbgötter der Mythen und der Religion sollen sie zwischen getrennten Welten Brücken schlagen. Die Umwelt bekommt mehr, als sie verdient hat, nämlich ein höheres Verständnis von der Ordnung der Dinge.

Pippi ist tabu. Sie wird von der Schule verwiesen und soll in ein Kinderheim gesteckt werden. Sie widersteht allen Disziplinierungsversuchen, die aus ihr eine »feine Dame« machen sollen. Pippi ist überlebensgroß, über alles erhaben. Und in ihrer beunruhigenden Souveränität versöhnt sie Gegensätze und erhöht das Bildungsniveau der kleinen, kleinen Stadt.

Karlsson ist tabu. Er wird als unsichtbar und unwirklich ausgestoßen. »›Man muss für das, was man getan hat, einstehen, Lillebror‹«, sagte Papa, ›und es nicht jemandem in die Schuhe schieben, der Karlsson vom Dach heißt und den es nicht gibt.‹« Aber aus seiner wirklich-unwirklichen Position heraus kann Karlsson dann schließlich zwischen Lillebrors Fantasiewelt und der trivialen Alltäglichkeit der Umwelt vermitteln.

Michel ist tabu. Die Leute aus der Gegend sammeln Geld, um den ungebärdigen Tunichtgut nach Amerika zu schicken. Aber immer wieder zeigt Michel sich als sozialer Brückenbauer, und die Erzählerin weiß etwas, das seine Zeitgenossen in der Erzählung unmöglich voraussehen können – dass Michel aus Lönneberga es als Erwachsener zum Bürgermeister von Vimmerby bringen wird. Eine lustige Verdeutlichung bringt uns die Geschichte des Ferkels, das von Michel vor dem Schlachtermesser gerettet und als Schmuseschwein aufgezogen wird, das dann zum Suffschwein herunterkommt und als Enthaltsamkeitsschwein erhoben wird. Das Schwein ist das Tabutier, das Schmutzige und Heilige, das mit Michels Hilfe die moralischen Kategorien der Bauerngesellschaft über Nutzen und Lebensverweigerung durcheinander bringt und einer neuen Moral eine Gasse freisprengt.

Ronja ist tabu. Sie bricht die Grenzen, geht zum Feind über und wird als Überläuferin ausgestoßen. »Ich habe kein Kind mehr!«, klagt Mattis. Doch gerade aufgrund ihrer Zwischenstellung kann sie eine Brücke über den Höllenschlund bauen, der die Mattisburg durchzieht und das Zerwürfnis zwischen Mattisräubern und Borkaräubern sichtbar zum Ausdruck bringt. Und später, so müssen wir den Schluss des Buches einfach deuten, wird sie den unhaltbaren Räuberzustand aufheben und eine Brücke zur gesetzestreuen Gesellschaft dort draußen bauen.

Ein kleines Detail in *Pippi Langstrumpf* zeigt auf leicht parodistische Weise die Beziehung zwischen störendem Dreck und der »Ordnung zweiten Ranges«. Pippi umgibt sich mit provozierender Unordnung. Aber sie schafft auch Ordnung, eine neue Ordnung. Wie die typischen Märchenhelden findet sie Verwendung für Dinge, die von anderen verworfen worden sind; sie sieht den Nutzen des Unnützen. Pippi ist ein *Sachensucher*, ein Wort übrigens, das sie der schwedischen Sprache geschenkt hat. Und was ist ein Sachensucher? Pippi versucht sich zweimal an Definitionen, zuerst findet sie eine einleuchtende: »Jemand, der Sachen findet, wisst ihr. Was soll es anderes sein?«, dann eine weiter greifende: »Die ganze Welt ist voll von Sachen, und es ist wirklich nötig, dass jemand sie findet. Und das gerade, das tun die Sachensucher.«

»Zu den Sachen selbst«, so lautet das Motto Edmund Husserls, des Begründers der Phänomenologie. Pippi ist Phänomenologin: Sie geht mit offenem Sinn an die Dinge heran, ohne vorgefasste Meinungen über Nutzwert und Gebrauchszusammenhang.

Und was findet Pippi nun eigentlich? »Ach, alles Mögliche. Goldklumpen und Straußenfedern und tote Ratten und Knallbonbons und kleine Schraubenmuttern und all so was.« Krimskrams also, um nicht zu sagen: Dreck und Scheiß. Oder gibt es ein Muster, eine versteckte Ordnung in diesem scheinbar willkürlich zusammengerafften Kram? Wenn wir Pippi beim Wort nehmen, die ja Ordnung schaffen will in all den Sachen, von denen die Welt voll ist, dann sehen wir auch das Muster: Die von ihr erwähnten Dinge sind Beispiele, die eine ziemlich umfassende Inventarliste der Welt ergeben. Und damit nicht genug, diese leblosen Dinge haben doch ein Leben, sie weisen hin auf Handlungen und Haltungen und Grundbedingungen des Lebens. Sie geben eine geordnete Übersicht über unsere menschliche *Lebenswelt* – ein weiterer Grundbegriff der Phänomenologie – mit folgenden Lebenssphären: Ökonomie/Schaffung von

Werten (Goldklumpen), Jahrmarkt der Eitelkeiten (Straußenfedern), die tragischen – und tabuisierten – Realitäten des Lebens (tote Ratten), Fest und Jux (Knallbonbons) – und die praktischen Handgriffe im Leben (kleine Muttern). Gerade in den von anderen verworfenen Dingen findet Pippi ein Spiegelbild der gesellschaftlichen Ordnung. Die rothaarige Langstrumpf ist radikal und geht bis zur Wurzel des Chaos vor. Indem sie »matter out of place« bringt, setzt Pippi alles an seinen Platz.

✴

THEODOR: Agaton ...

AGATON: Ja.

THEODOR: Darf ich dir eine ... eine zudringliche Frage stellen?

AGATON: Ja, sicher.

THEODOR: Kommst du dir nicht vor wie ein Angehöriger einer unreinen Art, wo du doch nur einen Zahn mitten im Mund hast?

AGATON: Doch. Und da ist es doch gut, dass wir zwei sind. Geteiltes Leid, du weißt schon ... und es ist auch gut, dass wir beide unnormal groß sind, zwei Meter fünfzig über dem Meeresspiegel; deshalb kann uns auch niemand ins Maul schauen, ohne Leiter oder Hubschrauber zur Hand zu haben.

THEODOR: Wir verstoßen gegen die Natur, Agaton. Wir passen nicht hinein. Ungefähr wie die bärtige Dame im Zirkus, die, die Michel aus Lönneberga kennen lernt und sogar vor dem Überfall rettet.

AGATON: Es macht die Sache nicht besser, dass wir beide raubeinige Matrosen auf einem schwedischen Seeräuberschiff und gleichzeitig verfeinerte alte Griechen aus der geistigen Elite sind.

THEODOR: Aber was sollen wir über Pippi sagen? Normalerweise trugen feine Damen damals Seidenstrümpfe oder waren Blaustrümpfe, zornige Gouvernanten und Erzieherinnen. Aber Pippi Langstrumpf mit ihrem braunen und ihrem schwarzen Strumpf ist etwas so Grenzensprengendes wie ein seemannsfreundlicher Rotstrumpf, der es faustdick hinter den Ohren hat.

AGATON: Ja, Pippi ist alles andere als eine Xanthippe.

THEODOR: Dabei fällt mir ein ... wenn Pippi und Sokrates einander so ähnlich sind ... wer ist dann Pippis Xanthippe?

AGATON: Die wollte ich eigentlich schweigend übergehen.

THEODOR: Was? Eine der ersten Feministinnen der Weltgeschichte schweigend übergehen? Und weil sie das war, wurde sie zum Reibeisen umdefiniert ...

AGATON: Natürlich war ein tatkräftiges Frauenzimmer vonnöten, um dem unmöglichen Sokrates ab und zu die Ohren lang zu ziehen!

THEODOR: Er soll ja gesagt haben, er habe den Umgang mit allen anderen Menschen dadurch gelernt, dass er es lernte, sich mit der jähzornigen Xanthippe zu vertragen.

AGATON: Ziemlich herablassend, ja. Aber um deine Frage zu beantworten ... ich fürchte, Pippi muss sich damit begnügen, ihre eigene Xanthippe zu sein. Du erinnerst dich doch sicher an die Szene, wo sie ihren Freunden erklärt, wie sie sich selbst ins Bett schicken muss, da sie ja nun einmal keine Eltern hat: »Erst sag ich es ganz freundlich, und wenn ich nicht gehorche, dann sag ich es noch mal streng, und wenn ich dann immer noch nicht hören will, dann gibt es Haue.«

THEODOR: Ich freue mich darauf, zu hören, was Pippi und Sokrates selber zu diesen Fragen zu sagen haben.

AGATON: Tut mir Leid. An dieser Stelle muss ein schlichter Tragödienschreiber passen. Dazu wäre ein Johan Herman Wessel vonnöten – denn Liebe ohne Strümpfe endet gern in einer Tragikomödie. Ganz zu schweigen von einem schwarzen und einem braunen ...

THEODOR: Ich stelle mir Pippi als die lebendige Galionsfigur der Hoppetosse vor. Sie ging in Kuba an Land und tanzte mit einem Möbelschreiner, der auf dem Wasser gehen konnte! Und sie passte in Havanna auf Fridolf auf, damit er nicht an zweifelhaften Orten mit unwiderstehlichen Versuchungen und danach im Gefängnis landete.

AGATON: Das war Fridtjof, nicht Fridolf! Du denkst an Fridtjof Anderssons Missgeschick im Paseo de Colón in Havanna.

THEODOR: Was ich meinte, war, dass Pippi hinaus aufs Meer will, wo die Freiheit ist, und da muss sie Fridolf bei sich haben. Und er braucht sie.

AGATON: Es war Fridolf, ich meine Phaidros, der seinerzeit in meinem berühmten Symposion die Liebe aufs Tapet brachte. Er schlug vor, dass jeder eine Lobrede auf Eros halten sollte. Der Schlaukopf hatte sich natürlich auf dieses Thema vorbereitet – mit einem etwas schülerhaften Beitrag allerdings nur. Die meisten Redner kamen überein, dass Eros eine Doppelnatur besitze. Er wurde als »himmlisch« und »vulgär« zugleich beschrieben – und das passt doch zu dem heiligen Schmutz, von dem wir gehört haben. Sokrates bezeichnete ihn als *Daimon* und als »Zwischenmacht«, also als eine dieser zweideutigen Vermittlergestalten, die alle Trennlinien kreuzen. Er steht mitten zwischen Sterblichen und Unsterblichen, zwischen Reichtum und Armut, zwischen Weisheit und Unwissenheit. Und dieses eine Mal weiß Sokrates, wovon er spricht. Er behauptete, die Liebe sei das Einzige, von dem er überhaupt Ahnung habe.

THEODOR: Der Eros an sich, die Liebe, gehört mit anderen Worten zu einer unreinen Art, ebenso wie wir ...

AGATON: Ja, und wie! Sokrates hat ihn auch als heimatlosen Penner, entsetzlichen Zauberer, Hexenmeister und Sophisten bezeichnet. Überleg doch nur, für was für Verwicklungen er gesorgt hat. Und was für abenteuerliche Paare er zusammengeführt hat! Sokrates und Xanthippe, Fridtjof und das Mädchen aus Havanna, Onkel Julius und Fräulein Buck ...

THEODOR: Diese letzte Tat hat aber Karlsson vom Dach vollbracht ...

AGATON: Und wer ist der wohl – wenn nicht Eros? Das kühne, fliegende Geschöpf ... übrigens gibt es mehrere Kapitel im Buch, in denen es um Liebe geht, in philosophischem und lindgrenschem Licht. Vielleicht sollten wir ...

THEODOR: Nein, das überspringen wir lieber. Die Liebe ist so anstrengend. Überleg doch mal, wie viel einfacher alles ohne Liebe wäre.

AGATON: Das kannst du wohl sagen. Ohne die Verwicklungen der Liebe hätten die Rotstrümpfe leichtes Spiel gehabt. Aber überleg auch, wie viel langweiliger ...

THEODOR: Mir fällt noch ein abenteuerliches Paar ein – Jean-Paul Sartre und Simone de Beauvoir. Könnten wir Pippi Langstrumpf vielleicht als die Simone de Beauvoir des Ozeans bezeichnen?

AGATON: Aber natürlich. Und wie das Mädchen von Havanna wird sie niemals enden. Denn dann wäre sie doch Simone de Boulevard oder Simone de Boudoir. Also Bahn frei für – *Pippi Rotstrumpf!*

Pippi Rotstrumpf

»*Mann*, ja, aber ich bin das stärkste *Mädchen* auf der Welt!«

✳ ✳ ✳

Hast du die ernsten Männer gesehen,
die unablässig kommen und gehen.
Gunnar Reiss-Andersen

... des Wider-Spännstigen Fügung wie bei Bogen und Leier.
Heraklit

Die verstocktesten patriarchalischen Gockel betrachteten schließlich die Veröffentlichung von *Pippi Langstrumpf* als schlimmere Bedrohung für die Menschheit als den eben zu Ende gegangenen Zweiten Weltkrieg. Vier Jahre darauf – 1949 – löste eine französische Buchveröffentlichung eine vergleichbare moralische Panik aus. Es ging um Simone de Beauvoirs *Das andere Geschlecht* (»Le deuxième Sexe«) oder, wörtlicher übersetzt, *Geschlecht Nummer 2*, das die Dinge zurechtrückte, indem es sie in Bewegung setzte. Die Schockreaktionen in aller Welt fielen überraschend ähnlich aus. Angeblich wurden Mütter jetzt von einer bärtigen Amazone mit Doppelaxt aus der trauten Küche verjagt, während Ehemann und Kinder hungrig dasaßen und die ewig weibliche Fürsorge – in Form von Brust und Geschlechtsöffnung – eingebüßt hatten.

Alle sind sich einig darin, dass auch die menschliche Spezies ihre Weibchen hat, sie bilden heute wie immer etwa die Hälfte der Menschheit, und dennoch sagt man uns, die Weiblichkeit sei »in Gefahr«, und man redet uns zu: »Seid Frauen, bleibt Frauen, werdet Frauen.« Nicht jedes Menschenweibchen ist also notwendigerweise eine Frau; es muss erst an jener geheimnisvollen und gefährdeten Wirklichkeit teilhaben, die man Weiblichkeit nennt.

Die Rute hinter dem Spiegel ist die Drohung: Wenn du dich nicht unseren Vorstellungen von Weiblichkeit entsprechend verhältst, dann bist du keine echte Frau, sondern eher ein geschlechtsbiologischer Bastard!

Wir alle sind Hohn gegenüber verletzlich. Du bist keine *richtige* Frau, du bist kein *wirklicher* Mann! Kleine Mädchen werden durch eine widerliche Grütze aus Drohungen und Versprechungen sozialisiert. Zurück ins Feudalwesen und ins Mittelalter, in die Zeit, wo alle ihren natürlichen Platz in einem sinnvollen Zusammenhang einnahmen, ehe Industrie, Atheismus und Genusssucht Familie, Kirche und Küche ruiniert hatten.

Solange der Mann gleichsam der Lehnsherr ist, wird er für die Frau als seine Lehnsmännin in materieller Hinsicht sorgen, und gleichzeitig übernimmt er, ihr Existenzberechtigung zu geben; so entgeht sie zugleich dem wirtschaftlichen Risiko und dem metaphysischen einer Freiheit, die ihre Zwecke selbstständig finden müsste. Tatsächlich lebt in ihr neben dem Anspruch jedes Individuums, sich selber als Subjekt zu setzen, der ein rein ethischer Anspruch ist, auch die Versuchung, vor ihrer Freiheit zu fliehen und sich als Sache zu fühlen; das ist ein verhängnisvoller Weg, da er Passivität, Verzicht, Verlorenheit, Unterordnung unter einen fremden Willen, Mangel an Selbsterfüllung und Drangabe der Würde bedeutet. Aber es ist ein bequemer Weg; man geht auf diese Weise der Angst und der Spannung der wirklich bejahten Existenz aus dem Wege.

Pippi übernimmt die volle Verantwortung für ihre Existenz. Und sie ist durchaus nett zu den Jungs, macht vor ihnen jedoch keinen Kniefall:

An einem schönen Sommerabend hatte sie allen Matrosen auf dem Schiff ihres Vaters Lebewohl gesagt. Sie hatten Pippi sehr gern und Pippi hatte auch sie gern.
»Lebt wohl, Jungs«, sagte Pippi und gab allen der Reihe nach einen Kuss auf die Stirn. »Habt keine Angst um mich. Ich komm schon zurecht.«

Und das tat sie auch – als mythische Heldin und Vorbild. Margareta Strömstedt beschreibt Pippis Epoche machende Bedeutung für das Selbstbild heranwachsender Mädchen: »Pippi Langstrumpf war genau die symbolische Gestalt, auf die Mädchen in aller Welt gewartet hatten.« Astrid Lindgrens Biografin traf Pippi später am Broadway, in einem von einer schwarzen Feministin geschriebenen Stück: »I am Pippi Longstocking ... I have the guts to change the world.«

Aufklärung und Frauenbefreiung

Pippi und Simone de Beauvoir können auf eine reiche Ahninnengalerie zurückblicken. Xanthippe, die Gattin des Sokrates, hatte das Machotum in Sokrates' Knabenverein ebenso gründlich satt wie Pippi die Bande, die auf Befehl des Bandenführers Bengt eines ihrer eigenen Mitglieder zusammenschlägt. Die sagenumwobene Diotima, die Sokrates über Weisheit und Taten der Liebesgöttin belehrte, ist ebenfalls mit Pippi und Simone verwandt.

Aber vor allem ist die emanzipatorische Erzählerinnenperspektive der Autorin Astrid Lindgren ein Kind der Aufklärung. Eine zentrale Figur in der Anfangsphase dieser Tradition ist Mary Wollstonecraft, die mit dem radikalen Anarchisten William Godwin verheiratet war, und deren Tochter Mary Wollstonecraft Shelley den berühmten Roman *Frankenstein* schrieb. Eine andere bedeutende Vorkämpferin der Aufklärung war die Revolutionärin Olympe de Gouge, die erfahren musste, wie tödlich scharf und launenhaft die patriarchalische Vernunft schlimmstenfalls sein kann. Sie wollte die Parole von Freiheit, Gleichheit, Brüderlichkeit auch auf die Schwestern ausdehnen, und das wussten ihre Mitrevolutionäre nun gar nicht zu schätzen. Weshalb die Guillotine sie einen Kopf kürzer machte. Eine militante Frauenrechtlerin riskiert bisweilen Kopf und Kragen.

Auch Mary Wollstonecraft war keine untertänige Magd des Herrn, wie der Name (wie der von Olympe) andeuten könnte, und eine Männerfeindin war sie ebenso wenig. Sie appellierte an die Vernunft beider Geschlechter und sprach mit dialektischer Meisterschaft Anstand und Eigeninteresse zugleich an: Welcher Mann hat schon einen Vorteil vom Zusammenleben mit einer unterwürfigen Sklavin voller listiger Rachsucht oder einer nutzlosen Zierpuppe ohne Kontakt zum Arbeitsleben und der öffentlichen Sphäre? Kann ein tyrannischer Ehemann von seiner Frau Liebe und Respekt erwarten? Kann er damit rechnen, dass er im Spiegel ein anständiges Gesicht sieht? Ist die patriarchalische Ehe nicht eher Prostitution, wo die Frau im Austausch für materielle Güter und gesellschaftliche Stellung sexuelle Dienste leistet? Leben wir nicht in Zeiten, in denen Freiheit, Gleichheit, Brüderlichkeit und Revolution auf der Tagesordnung stehen?

Mary Wollstonecraft schreibt 1792 in ihrem Buch *Eine Verteidigung der Rechte der Frau*:

Solange Frauen ganz und gar von ihren Männern abhängig sind, werden sie listig, kleinlich und eigensüchtig sein. Männer dagegen, denen unterwürfige, servile Hingabe Freude macht, besitzen kein großes Feingefühl, denn Liebe lässt sich nicht kaufen. Ihre seidenen Fittiche werden sofort zerstört, wenn man etwas anderes sucht als echte Gegenseitigkeit.

Wie Sozialisten und Linksanarchisten nach ihr zeigte Wollstonecraft den Zusammenhang zwischen Klassengesellschaft und Frauenunterdrückung auf, der die Welt »in gierige Tyrannen und listige, misstrauische Untertaninnen« aufteilt. Wollstonecraft verlangt Gleichwertigkeit, gleiche Rechte und gegenseitigen Respekt, keine herablassende Wohltätigkeit eines mächtigen Patriarchen. »Denn wie kann ein Mensch freigebig sein, der selbst nicht besitzt, wie soll moralisch hochstehend sein, wer nicht frei ist?«

Die geistige und seelische Armut feiner Damen wird von Astrid Lindgren durch zahlreiche Gestalten geschildert: Frau Petrell in den Michel-Büchern, Frau Bürgermeister Dahlin in den Madita-Büchern, Fräulein Rosenblom in einem Pippi-Buch. In *Rasmus und der*

Landstreicher begegnet uns die reiche Frau mit dem Sonnenschirm. Sie ist nicht direkt unsympathisch, aber sie ist blind für die Verletzlichkeit des vernachlässigten Kindes, wie bei dem ersehnten Adoptivkind mit blonden Locken, das nach einem teuren Sommerkleid schreit und sich ansonsten zu Hause auf dem Gut nützlich und angenehm machen soll.

Die nicht berufstätige Oberklassenfrau fungiert als kostbarstes Juwel und Statussymbol ihres mächtigen Ehemannes, darauf weist der norwegisch-amerikanische Soziologe Thorstein Veblen in seinem Buch *The Theory of the Leisure Class* hin. Wollstonecraft empfiehlt den feinen Damen, die mit ihren »bleichen Gesichtern auf der Flucht vor sich selbst« durch die Großstadt wogen, Werkstätten aufzusuchen, in denen Kinder arbeiten, denn Kinder besitzen »eine verborgene Kraft, die ihren Augen neue Frische und neuen Glanz geben würde«.

Astrid Lindgren ist eine wahre Erbin ihrer aufrührerischen Schwester aus dem 18. Jahrhundert. Erwachsene brauchen Kinder, um wiedergeboren und neu belebt zu werden, so wie das Kind Erwachsene braucht, die ihm Fürsorge geben. Wer die Kinder nicht sieht, vergisst auch die eigene innere Quelle der Erneuerung: das Kind im erwachsenen Menschen.

Rousseau setzte sich zwar für Kinder ein, nicht aber für Mädchen. Nur Émile sollte zu einem mündigen Menschen erzogen werden, Sophie, Émiles weibliches Gegenstück, dagegen nicht. Die Reformpädagogin Macauley schrieb ein Gegenmanifest zu Rousseaus frauenfeindlicher Ansicht, nämlich *On Education* (1790). Dort setzt sie sich gegen Rousseaus Vorstellung der Ungleichheit zur Wehr – wobei Rousseaus Ansichten über das zarte, ästhetische und nicht intellektuelle weibliche Gemüt in der Männerwelt weit verbreitet waren – und ersetzt sie durch eine an der Gleichstellung orientierte Befreiungstheorie. Macauley propagierte für Mädchen und Jungen körperliche Entfaltung in der Bewegung als Ersatz für das lebensfeindliche und ewige Stillsitzen an den Schultischen.

Rousseau seinerseits befand sich mit seinen Ansichten in Gesellschaft anderer großer Philosophen. Auch Kant und Hegel ästhetisierten die Frau als das schöne, behagende Wesen, das nicht mit den schweren Aufgaben der Vernunft belastet werden dürfte.

Durch Marx und Engels wurde Wollstonecrafts provozierendste Anklage ein weiteres Mal erhoben – die gegen die patriarchalische Ehe als gesetzlich legitimierte Prostitution. Auch aus dem sozialliberalen Lager kritisierten manche Männer das Verhalten ihrer Geschlechtsgenossen. Der einflussreiche Philosoph John Stuart Mill, der Henrik Ibsen inspirierte und Friedrich Nietzsche schockierte, hielt Achtung und Freundschaft für die Tragbalken einer guten Beziehung, so wie er es in seiner Ehe mit der Frauenrechtlerin Harriet Taylor erlebt hatte.

Aber es sollte noch über hundert Jahre dauern, bis die rein formalen Forderungen aus der Französischen Revolution endlich Gehör fanden. Erst im 20. Jahrhundert wurde das allgemeine Stimmrecht eingeführt, zumeist zwischen 1910 und 1920, in Frankreich jedoch erst nach dem Zweiten Weltkrieg. Noch immer bestanden grelle Unterschiede in Einkommen, Arbeitsteilung, Rollenverhalten und Geschlechterideologie.

Als junge ledige Mutter musste Astrid Lindgren die Unterschiede zwischen gesellschaftlicher Ideologie und Praxis am eigenen Leib erfahren. Das führte in ihrem Werk jedoch nicht zu Verbitterung, sondern zu üppiger Kreativität und beißender Satire.

Die frauenrechtlerische Philosophiegeschichte der vergangenen fünfzig Jahre nimmt bereits große Ausmaße an. Innerhalb dieser Jahre hat die Bezeichnung »Feminismus« ihre Bedeutung enorm erweitert. Manche Frauenrechtlerinnen wollten sich nicht als Feministinnen bezeichnen lassen, weil dieses Wort ihrer Ansicht nach Männer als Kampfgefährten ausschloss. Erst kurz vor ihrem Tod akzeptierte Simone de Beauvoir es für sich selbst. Astrid Lindgren dagegen hat sich niemals Feministin genannt.

Hier sollen nun einige Spannungselemente in der Philosophie der Frauenbefreiung gestreift werden. Diese Philosophie verortet sich innerhalb ungleicher Pole wie Gleichheit – Ungleichheit, Ausschluss – Gegenseitigkeit, Selbstständigkeit – Unterwerfung. Zwischen diesen Polen hat die männliche Philosophie seit den Zeiten der alten Griechen Männer und Frauen angesiedelt. Anders als die Tiere sind alle Menschen gleich, in der Fortpflanzung jedoch müssen Frau und Mann einander ergänzen. Bei der Scheidung fehlt dieser ergänzende Aspekt, Mann und Frau stoßen einander ab wie zwei negativ geladene Partikel.

Im Kampf um gleiche Rechte wird die gemeinsame Vernunft zur Brechstange gegen die Bollwerke der Unterdrückung durch die Männer. Der Gleichberechtigungsfeminismus bekämpft den männlichen Chauvinismus mit dessen schärfster Waffe, der Logik. Gleiches muss gleich behandelt werden. Unterschiedliche Behandlung erfordert einen greifbaren Unterschied, doch so einen Unterschied gibt es zwischen Frauen und Männern nicht, beide sind Vernunftswesen. Um seine Privilegien zu behalten, hat mancher scharfsinnige Mann seltsame logische Bocksprünge gemacht – ebenso halsbrecherisch, aber durchaus nicht so erfolgreich wie Pippis akrobatische Zirkusnummern.

Aber sollen denn Frauen werden wie Männer, riefen die konservativen Skeptiker. In den 1970er Jahren waren auch von feministischer Seite solche Warnungen zu hören, das jedoch aus anderen Gründen und mit anderen Schlussfolgerungen. Jetzt galt das weibliche Denken als höherwertiger als das männliche. Dem Mann fehlte etwas Wesentliches, das Frauen besitzen – das Verständnis für die Werte der Fürsorge. Aber die These einer besonderen weiblichen Vernunft ist ein zweischneidiges Schwert. Wenn es keine gemeinsame Vernunft gibt, dann bleibt nur der Kampf um die Macht. Den Unterdrücker überzeugen zu wollen, hilft dann nichts, er kann nur durch eine größere Gegenmacht bezwungen werden.

Nach dieser Denkrichtung ist die tiefere Vernunft der Frauen durch das männliche Herrendenken korrumpiert worden. Das männliche Denken teilt alles nach Rang und Hierarchie ein. Das Denken von Frauen fungiert mit einer flachen Machtstruktur und geht mit allen Geschöpfen schwesterlich um. Ökofeministinnen haben die archaische griechische Göttin Gaia – Mutter Erde – zu ihrem Symbol erhoben. Die männliche Vernunft wurde mit der Lupe der Kritik untersucht, zusammen mit dem herrschenden Sprachgebrauch. Der Bedeutungsinhalt der Sprache ist voll gestopft mit patriarchalischer Ideologie, aber damit nicht genug, auch die Denkweise an sich ist männlich! Denken ist geschlechtsspezifisch. Wenn der Mann Geschlechtsorgane zeichnet, reichen ihm ein Strich und eine Rundung aus. Ein besonders guter Beobachter zeichnet einen Pfeil und ein Dreieck. Die Herrlichkeit der Frau – auf weibliche Weise verstanden – ist sehr viel reicher und weniger zentralisiert, versichert die feministische Psychoanalytikerin Luce Irigaray.

Die männliche Welt muss auseinander genommen werden (dekonstruiert), das typische Männerverhalten wird von einer spielerischen, experimentierenden Lebensform abgelöst.

Ein Großteil der Kritik, die später unter Bezeichnungen wie »Dekonstruktivismus« und »Postmodernismus« zusammengefasst wurde, war bereits von Dadaisten, Surrealisten und engagierten Menschen in den 1940er Jahren aufgegriffen worden – eben auch von Astrid Lindgren mit ihrer Frontfigur Pippi Langstrumpf. Aber hier finden wir keine Verneinung von Welt, Freiheit und Wahrheit, wie es die selbstdestruktivsten Dekonstruktivisten versucht haben. Pippi ist absolut keine Männerfeindin, wie sie unter den militantesten Bekämpferinnen der männlichen Tyrannei, der so genannten »Phallokratie«, anzutreffen sind. Sie sieht das Kind in jedem, sogar in Erwachsenen. Im tiefsten Herzen sind wir alle Spielkameradinnen und -kameraden auf unserer fruchtbaren grünen Erde.

Vagabund und Musterkind

Die Erzählerinnenstimme in den Pippi-Büchern deutet an, dass die brave Annika durchaus kein nachahmenswertes Beispiel ist, im Gegenteil, denn Annika schlägt nie Krach, wenn sie ihren Willen nicht durchsetzen kann, sie sieht in ihren frisch gebügelten Kleidchen immer adrett aus und gibt sich alle Mühe, sich nicht schmutzig zu machen.

Der Unterschied zwischen Pippis Wahnsinn und Annikas ungenießbarer Tugendhaftigkeit wird bei Simone de Beauvoir mustergültig beschrieben:

Jedes Subjekt setzt sich konkret durch Entwürfe hindurch als eine Transzendenz; es erfüllt seine Freiheit nur in einem unaufhörlichen Übersteigen zu anderen Freiheiten, es gibt keine andere Rechtfertigung der gegenwärtigen Existenz als ihre Ausweitung in eine unendlich geöffnete Zukunft.

Hinaus aus der Enge des Schiffes, hinaus aus den Konventionen der Lokalgesellschaft. Der Rotschopf lodert vor Freiheitswillen. Pippi wird durch allerlei unerhörte Tollheiten zum Gegenbeispiel und ist für Annika die allerletzte Hoffnung auf Rettung:

Jedes Mal, wenn die Transzendenz in Immanenz verfällt, findet ein Absturz der Existenz in ein Ansichsein statt, der Freiheit in Faktizität; dieser Absturz ist ein moralisches Vergehen, wenn er vom Subjekt bejaht wird; ist er ihm auferlegt, so nimmt er die Gestalt einer Entziehung und eines Druckes an; in beiden Fällen ist er ein absolutes Übel.

Der Verteidigungskrieg des Patriarchats: Sterben für die Weltordnung!

Die Männer des Stammes aus der kleinen Stadt fühlen sich bedroht. Pippi soll ins Kinderheim! Aber wir wissen, wie sie mit den Sendboten des maskulinen Bevormundungsstaates umspringt, mit den Polizisten. Sie macht sie fertig, verbal und körperlich.

Das ist existenzialistische Ethik! Welcher Abgrund trennt Pippis freiheitliche Ethik doch von Thomas' und Annikas untertäniger Autoritätsmoral, wenn sie indoktriniert und ohne einen Hauch von Eigenwillen auf dem Rückweg vom Picknick die eingebimsten ideologischen Lieder singen:

*An dem schönen Sommertag
wandern wir durch Wald und Hag
und singen froh auf allen Wegen
halli und hallo.*

Pippi dichtet ihre eigene Version. Wieder sehen wir hier eine *difference that makes a difference*:

*In dem schönen Sonnenschein
gehe ich durch Wald und Hain.
Ich tue das, was mir gefällt,
und wenn ich geh, dann schwappt es,
und wenn ich lauf, dann klappt es.*

Thomas und Annika verstecken sich hinter einem anonymen, kollektiven »wir«. Pippi ist authentisch: Es ist ihr eigenes *ich*, das durch »Wald und Hain« geht. Souverän definiert sie ihre Entscheidungen (»ich tue das, was mir gefällt«). Wenn sie von frechen Machos angepöbelt wird, sei es in einer Schänke, in ihrem eigenen Garten oder im Zirkus, dann semmelt sie den Mistkerlen eine volle rechte Transzendenz mitten in die Immanenz.

Simone de Beauvoirs Lebensgefährte, Jean-Paul Sartre, hielt es für günstig für seine Selbstständigkeit, dass er schon als Kind seinen Vater verloren hatte. Diese Situation erinnert an Pippis, auch wenn beides sich nicht ganz vergleichen lässt. Pippis Vater überlebte, nachdem er bei einem wilden Sturm ins Meer geweht worden war, und ab und zu taucht er auf, jedoch niemals, um Pippi zu »erziehen«. Er ist ein Kamerad, der seine Tochter auf eine inkludierende Weise in eine raubeinige Männerwelt einführt, und das finden Gewohnheitsdenker unpassend und unnatürlich. Vor allem muss es provozierend wirken, dass Pippi bei diesem Prozess durchaus nicht die guten »weiblichen« Tugenden wie Mitgefühl, Fürsorge und soziales Gespür verliert, trotz dieser »unnatürlichen« Geschlechtsrollenanarchie.

Repressive Toleranz

Kein Aufruhr kann wiederholt werden. Er kommt nur ein einziges Mal vor – beim *ersten* Mal. Oder liegt etwa irgendein Aufruhr in den seelenlosen Pippi-Puppen aus Plastik und Schaumgummi, die wir in den Spielwarenläden in aller Welt vorfinden?

Fünfzig Jahre später ist Simone de Beauvoirs Botschaft schon längst unschädlich gemacht und kommerzialisiert worden. Nichts ahnende – und natürlich auch schrecklich oberflächliche – Leserinnen und Leser von heute könnten denken, das Buch sei von irgendeiner Arbeitgeberorganisation verfasst, um mehr weibliche Spitzenkräfte in die Wirtschaft zu holen. Und warum auch nicht?

Trotzdem besitzt das Werk noch immer Sprengkraft. Und seine Hauptaussage ist weiterhin so provozierend, dass sie in den Nebel der repressiven Toleranz gehüllt werden muss. Simone de Beauvoir ist kanonisiert und damit unwirklich gemacht worden, wie die ledige Mutter Maria, die zu unserer ewigen Jungfrau wurde. Diese Ambivalenz wird in allen offiziellen Lehrbüchern der Philosophiegeschichte hygienisch verhüllt. Aber damit quillt das Tabu nur umso schamloser und ahnungsloser aus den Antworten hervor, die Studierende der Universität Oslo beim Examen nach dem Einführungskurs in Philosophie geben. Hier steht das Unaussprechliche schwarz auf weiß. Simone de Beauvoir ist zu *Simone de Boulevard* und *Simone de Boudoir* geworden. Hoffentlich können die unsicheren Studis doch irgendwann einen klaren Blick auf die Ikone de Beauvoir werfen, wie sie grenzüberschreitend zwischen der Eliteuniversität École Normale Supérieure und dem anrüchigen Pariser Bordell einherschwankt. Eine, die vertraute Grenzen kreuzt, hat es nur verdient, wenn sie am Ende in der Gosse der Fantasie landet!

Die interne Justiz des Matriarchats – das Schwesternkollektiv

Unter Frauen gibt es keine Solidarität, das wird oft behauptet – als Reflex auf patriarchale Vorurteile, aber vielleicht liegt in diesem Ausspruch ja doch ein Körnchen Wahrheit. Es gehört zu den Funktionen des traditionellen Schwesternkollektivs, zu verhindern, dass die nächste Generation sich Freiheiten nimmt, die ihr selbst verwehrt waren. Das Matriarchat sperrt seine Töchter in die Immanenz. Das kann schreckliche Folgen für Bewegungsfreiheit und körperliche Freuden nach sich ziehen. In China wurden bis ins 20. Jahrhundert hinein die Füße der Mädchen aus vornehmen Familien eingeschnürt, in vielen afrikanischen Ländern werden Mädchen noch heute genital verstümmelt. Und oft sind es die älteren Frauen, die selbst unter diesen Torturen zu leiden hatten, die dieses Erbe eifrig weiterreichen.

Obwohl die Selbstunterdrückung des Schwesternkollektivs in unserer Kultur mildere Formen annimmt, ist sie nicht weniger spürbar. Mädchen haben nur selten eine problemlose Beziehung zu ihrer Mutter. Die enge Vertrautheit und Intimität zwischen Mutter und Tochter kann plötzlich in gegenseitige Vorwürfe umschlagen. Töchter, die sich der Schwesternschaft des Frauenkollektivs nicht unterordnen wollen, werden zunächst von ihrer Mutter zur Ordnung gerufen, dann von den Schwestern, die nicht immer über den Gebrauch indirekter Mittel erhaben sind. Die brave Tochter wird plötzlich und grundlos – in den Augen der Mutter, wohlgemerkt – zu einer ungebärdigen Amazone. Sie zeigt plötzlich einen vollständigen Mangel an Dankbarkeit der Mutter gegenüber, die »alles geopfert« hat und schnieft: »Das soll nun der Dank sein!« – »Das hat man nun davon!« oder auch gleich: »Das ist nun der Dank, den man davon hat!« Historisch gesehen war diese Art von Erziehung vielleicht ein notwendiges Übel, jedenfalls in Zeiten und Kulturen, in denen es einen Brautpreis gab, der die Frau ökonomisch sichern sollte. Aber das sind trotz allem nur vage Vermutungen.

Die Autorin Åsa Moberg schildert in ihrem Buch *Simone und ich*, zu welchen Machtmitteln ihre Mutter ihr gegenüber gegriffen hat:

Sie war so eine Mutter, wie Simone de Beauvoir sie im Anderen Geschlecht *beschreibt. Jeder Einfluss außer ihrem war von Übel. … Je mehr ich über Simone de Beauvoirs Mutter Françoise gelesen habe, umso mehr fühle ich mich an meine Mutter erinnert, nicht nur, was das Streben beider nach vollständiger Kontrolle angeht. Sie wollten nach oben, sie passten sich den Forderungen ihrer Umgebung an, und sie wollten ihre Töchter in festem Griff behalten.*

Vielleicht denkt Astrid Lindgren wie Sartre, wenn sie Pippis Mutter hoch oben in einen unerreichbaren Himmel setzt und den Vater auf die sieben Meere schickt, von denen er nur zu kurzen Besuchen zurückkehren kann. Könnte Pippi ein freies, Grenzen überschreitendes Subjekt werden, wenn beide Eltern ihr am Rockzipfel hingen?

In Astrid Lindgrens Werk finden wir nicht viele Hausfrauen, die eine wichtige Funktion bekleiden. Die interessantesten Mütter in den Büchern sind Michels Mutter Alma, eine *alma mater* in der småländischen Bauerngesellschaft, und Ronjas Mutter, die Räubergattin Lovis.

Michels Mutter wirkt ambivalent in Bezug auf den Machtkampf zwischen den Geschlechtern einerseits und dem in ihrer Ehe andererseits. Nach außen hin muss sie sich dem Patriarchen und Gatten Anton Svensson fügen – vor allem verbal. Sie repräsentiert die

Agrarvariante der Immanenz, da sie nicht wie der Bauer auf den Markt und zur Versteigerung fahren darf. Aber die Trennung Immanenz/Transzendenz verläuft in der alten Bauerngesellschaft, wo der Hof für beide Geschlechter die gemeinsame Produktionseinheit war, weniger deutlich als in der herkömmlichen städtischen Familie, wo der Vater zur Arbeit geht und die Mutter zu Hause waltet.

Die Bäuerin ist weit gehend an der Produktion beteiligt und verfügt damit über eine ganz andere Machtbasis als ihre Schwester in der Stadt, zum Beispiel die Mutter von Lillebror in *Karlsson vom Dach*. Diese ist auf eine ganz andere Weise an die Intimsphäre gekettet, und es ist typisch, dass sie krank wird und ins Krankenhaus muss. Ihre Krankheit ist aller Wahrscheinlichkeit nach psychosomatisch.

Die betrübliche Magie der Ausdauer

Da Michels Vater im Gemeinderat sitzt, wird Katthult in Lönneberga zum religiösen Zentrum. Am Sonntag, dem 14. November, wird der Pastor in Katthult erwartet, wo er alle auf ihr Wissen hin befragen wird, und alle, von wohlhabenden Bauern bis zu den Armenhäuslern, sind willkommen. Der Geizhals Anton Svensson versucht diesmal, seinen Sparmaßnahmen den passenden religiösen Überbau zu verleihen:

> *Michels Mama hatte reichliches und gutes Essen zubereitet, wie immer zu ihren Festessen, obwohl Michels Papa versucht hatte, sie davon abzuhalten.*
> *»Es sind doch wohl die Bibel und der Katechismus, die wichtig sind. Aber du verlagerst es auf Fleischklöße und Käsekuchen.«*
> *»Alles zu seiner Zeit«, sagte Michels Mama. »Katechismus zu seiner Zeit und Käsekuchen zu seiner Zeit!«*

Als die Intellektuellere in diesem Ehepaar reagiert Alma elegant mit einer versteckten Anspielung auf das Buch des Predigers im Alten Testament, wo es eben heißt: »Ein jeglich Ding hat seine Zeit ...« Ihre Großzügigkeit besitzt eine ganz andere biblische Rückendeckung als die engstirnige, egoistische Nutzethik ihres Ehemannes.

Alma wird durch ihre Schreiberei auch zur Chronistin der Sippe, so hilflos ihre Orthografie auch sein mag. Sie hat sich das Schreiben schließlich selbst beigebracht, ist Autodidaktin. Aber sie schreibt Michels Streiche auf, nicht, um sich am Jüngsten Tag zu seiner Richterin aufzuwerfen, sondern um im scheinbar Sinnlosen einen Sinn zu finden. Und das ist eine zutiefst philosophische Motivation für ein schriftstellerisches Werk!

Als Bäuerin und Mutter ist sie dann mündig, wenn es nötig wird – und sie ist furchtlos. Als Michel mit seinen Streichen zu weit gegangen ist, sammeln die Einwohner von Lönneberga überall fünfzig Öre ein und schicken eine Delegation nach Katthult, die das Geld überreichen soll – und das wird hoffentlich genug sein, um Michel für immer nach Amerika zu schicken. »Aber Michels Mama wurde furchtbar wütend und schleuderte das Geld aus dem Fenster, sodass es über ganz Lönneberga flog. ›Michel ist ein netter kleiner Junge‹, sagte sie. ›Wir haben ihn lieb, so wie er ist!‹«

Lasset die Kindlein zu mir kommen und hindert es ihnen nicht! Denn ihrer ist der Bürgermeistersessel. Auf Björn Bergs Illustration zu dieser Episode wandern unsere Gedanken von der erzürnten Alma zum ebenso erzürnten Jesus, der die Geldwechsler aus dem Tempel jagte, sodass die Münzen durch ganz Jerusalem flogen. Almas mütterliche Proteste haben eine prophetische Wucht, die die gesamte Delegation in Furcht und Beben zurückweichen lässt.

Aber Almas weiblicher Aufruhr entfaltet sich trotz allem innerhalb des Rahmens einer traditionsgebundenen bäuerlichen Gesellschaft. Anders ist es bei Ronja Räubertochter, die die ganze räuberliche Gesellschaft auf den Kopf stellt.

Transzendenz – hinaus aus dem »Paradies« der Läuseburg!

Ronja Räubertochter teilt die überschreitende Dimension mit Pippi. Aber Ronja lebt mit Mutter und Vater in einer Großfamilie, als einziges Kind in der Räuberburg. Das Übergewicht der Erwachsenen ist überwältigend. Der Vater Mattis ist der Häuptling und die Mutter Lovis die Matriarchin der Räuberbande. Sie springt mit den Räubern und auch mit ihrem Mann, dem Häuptling, auf eine Weise um, die der Pippis würdig ist. Das jedoch nach den Prämissen des Matriarchats. Bei Ronjas Geburt demonstriert Lovis ihre Autorität bei der Namenswahl. Nach patriarchalischer Tradition heißen Kinder zumeist nach Vätern, Großvätern oder nach den Frauen in der väterlichen Familie. Aber diesmal ist alles anders.

»Wenn ich beschlossen habe, dass mein Kind Ronja heißt, dann wird es auch eine Ronja.«

Wir haben das schon einmal zitiert – als prachtvolles Beispiel für die Magie des Wortes und die Macht der Namensgebung. Die Namensgebung besitzt eine beschwörerische Seite, die weit über die triviale Entscheidung für einen praktischen Namen mit leicht benutzbarem phonetischem Ausdruck hinausgeht. Es geht hier um nichts weniger als die späteren Lebensausdrücke des Kindes definitorisch zu lenken, dem kindlichen Wesen den eigenen Willen aufzudrücken.

Lovis hat die Räuberburg nie verlassen. Physisch repräsentiert sie die absolute Immanenz – das Sesshafte, Eingeschlossene. Und so beginnt auch Ronjas Leben. Sie wächst unter dem langen Tisch der Räuber auf und hält deshalb lange diesen riesigen steinernen Saal für die ganze Welt. Aber sie fühlt sich wohl, sie spielt und lernt. Bald singt Ronja Räuberlieder und tanzt nach Räuberart Räubersprünge. Trotz ihres »schwachen« Geschlechts ist sie das Kind des Häuptlings. Mattis hat keine Wahl: Ronja ist die Räuberprinzessin, die Einzige in ihrer Generation, die die Häuptlingswürde übernehmen kann. Sie muss hinaus in die Welt, sagt Mattis zu Lovis, in den Mattiswald.

»›Schau an, hast du das endlich auch begriffen‹, sagte Lovis. ›Wenn es nach mir gegangen wäre, dann wäre sie schon längst draußen.‹«

Die Immanenz wirkt verdummend. Denn Ronja sah bald ein, wie dumm es von ihr gewesen war, den Steinsaal für die ganze Welt zu halten.

Natürlich hatte Ronja gehört, wie Mattis und Lovis über das sprachen, was es außerhalb der Mattisburg gab. Vom Fluss hatten sie gesprochen. Aber erst als sie ihn mit seinen wilden Strudeln tief unter dem Mattisberg hervorschäumen sah, begriff sie, was Flüsse waren.

Wer zu Hause bleibt, ist auf die Deutung der Welt angewiesen, die der Patriarch liefert. Die Machtsprache des Patriarchen wird zur Struktur der Welt. Ronja dagegen erlebt Phänomene, deren Namen sie noch nie gehört hat. Eine ungedeutete Welt! Sie erfährt alles ungestört, ohne dass ihre Eltern ihr ins Ohr flüstern, was sie da wahrnimmt.

Eigene Erfahrung macht den Meister und die Meisterin. Und die Voraussetzung für unsere eigene Erfahrung der Welt ist die Überschreitung, die Transzendenz. Aber das befreite Subjekt erhält als Zugabe Angst, Ohnmacht und Wehmut.

»Aber es betrübte sie, dass man die Sterne nicht erreichen konnte, wie sehr man sich auch danach streckte.«

Astrid Lindgren hütet sich vor einer Idealisierung des weiblichen Geschlechts durch die Verherrlichung aller seiner Ausdrucksformen. Erwachsen und mündig zu werden bedeutet, einen rituellen Elternmord vorzunehmen. Außer den wirklichen Eltern gibt es im Leben Mengen von selbst ernannten Reserveeltern und Reservegeschwistern, die sich bald als Herrscher, bald als Verführer anbieten. Dass Ronja Wesen begegnen, die große Ähnlichkeit mit den Sirenen und Harpyien – großen Raubvögeln mit Frauengesicht – der griechischen Mythologie besitzen, ist von starker symbolischer Bedeutung. »Schön waren die Druden und toll und grausam. Mit ihren steinharten Augen spähten sie über den Wald nach jemand aus, dem sie mit ihren scharfen Krallen das Blut aus dem Leibe kratzen konnten.«

Der Weg der Transzendenz ist mit Versuchungen und Gefahren gepflastert. Was die Sirenen dem Odysseus mit ihrem Gesang raten wollten, war: Gib deine Denkfähigkeit auf, deine Mündigkeit, deine Transzendenz! Ronja lernt, einen Bogen um die bösen Helfer zu machen. Die, die sie in ihrer eigenen Feigheit und Fantasielosigkeit schikanieren wollten wie eine bärtige Dame. Vorurteile könnten durchaus dazu führen, das als Feindin betrachtete Wesen zu verehren wie die keusche mannlose Jagdgöttin Artemis (römisch: Diana) und damit den Mythos von der selbstständigen Frau als unfruchtbar und in Bezug zu Männern unerotisch zu verfestigen.

Birks Liebe zu Ronja ist groß genug, um solche törichten Anklagen zurückzuweisen. Die Beziehung zu Birk besitzt die besten Seiten der Beziehung zwischen Simone de Beauvoir und Jean-Paul Sartre.

Neben der erotischen Anziehungskraft weisen beide Beziehungen etwas von der Gleichwertigkeit auf, die Freundschafts- und Geschwisterbeziehungen kennzeichnet. Ronja und Birk nennen sich gegenseitig Bruder und Schwester, ohne dass darin etwas Inzestuöses läge, so wie Sartre und de Beauvoir einander Kastor und Pollux nannten (nach dem Helden- und Zwillingspaar der griechischen Mythologie).

Obwohl Sartre doch allerlei patriarchalische Macken hatte, beruhte die Beziehung der beiden weit gehend auf dem Respekt vor der gegenseitigen Freiheit. Es gehört mit zu dieser Geschichte, dass die »Schwiegermutter«, in diesem Fall die Mutter von Jean-Paul, dessen Beziehung zu der ihrer Ansicht nach manipulierenden und zu starken, selbstständigen Simone stark missbilligte.

Der Weg der Befreiung

Michels Mutter Alma ist eine Matriarchin, die zwar den cholerischen Launen ihres Mannes unterworfen ist, die aber insgeheim nach Belieben schaltet und waltet. Die Befreiung in der nächsten Generation geschieht jedoch nicht, wie in Ronjas Fall, durch Almas Tochter Ida. Es scheint so, als habe Astrid Lindgren *Ronja Räubertochter* schreiben müssen, um die mangelnde Emanzipation in den Michel-Büchern auszugleichen. Dort monopolisiert das älteste Kind, Michel, alle Transzendenz, wie das in Gesellschaften mit Anerbenrecht eben so ist, wo das erste Kind Haus und Hof bekommt, ohne mit den Geschwistern teilen zu müssen.

Von Pippi zu Ronja lässt sich außerdem eine konstruktive Entwicklung beobachten: Pippis Funktion als solidarische Mit-Existenzialistin liegt darin, unterdrückte Kinder aus ihrer erstickenden Immanenz herauszuprovozieren. Aber angesichts der Aussicht, erwachsen zu werden und die Welt als Gesellschaftsbauerin zu erobern, tritt Pippi zusammen mit Thomas und Annika aus der Wirklichkeit aus. Ihr Paradies ist die ewige Kindheit.

Ronja dagegen ist eine zivilisierende Gestalt. Die Transzendenz, die Fähigkeit, gegebene Rahmen zu sprengen, ist eine zivilisatorische Kraft. Bisher haben zumeist Männer in dieser Arena vorgeherrscht. Aber Frauen sind vielleicht eher als Männer dazu fähig, die Ganzheit in einer sozialen Welt zu sehen und außerdem mehrere Gedanken auf einmal zu denken. Ronja begreift zu einem gewissen Zeitpunkt, dass es sich bei der Räuberbande ihres Vaters um eine Art männliches Pubertätskollektiv handelt. Die Borkaräuber haben die Wahl, entweder degenerieren sie als Räuber und gehen auf hilflose, pathetische Weise unter, oder sie geben das Räuberhandwerk auf und widmen sich durch Arbeit der reichen Natur, die sie umgibt.

So sympathisch die Räuberhauptmänner Mattis und Borka auch sein mögen, so sind sie doch Räuber, also Schmarotzer und Gewaltverbrecher. Wenn wir das Begriffspaar Immanenz/Transzendenz hinzuziehen, dann enthält Astrid Lindgrens Schilderung der beiden Patriarchen eine feine Ironie. Diese mächtigen Vertreter der kraftvollen Transzendenz sind selbst in einer hilflosen Immanenz gefangen – in der Gefangenschaft der verschlossenen Räuberhöhle, die das Räuberhandwerk nun einmal ist. Nur Glatzen-Per kann weiter blicken als bis zum nächsten Überfall. Und noch ironischer – es ist Mattis' Tochter Ronja, die zusammen mit Birk für die entscheidende Transzendenz hinaus aus der Räuberei steht!

Wenn Mattis und Borka am Ende wie militante Reaktionäre auftreten und ihren moralischen Zorn noch dazu auf den Vogt und dessen Knechte richten – die sie daran hindern, ehrliche Räuberarbeit zu verrichten, um ihre Großfamilie zu versorgen –, dann versinken sie im *bösen Glauben*. Wir dagegen freuen uns beim Lesen über den unfreiwilligen Humor:

»Diese Bluthunde gönnen einem armen Räuber nicht mal sein tägliches Brot«, sagte Borka bitter.
Mattis runzelte die Brauen.
»Nein, jetzt langt's aber. Wir müssen ihnen endlich einen Denkzettel verpassen. So geht das nicht weiter!«

Ronja hat den Selbstbetrug der Räuber durchschaut, sie weiß auch, dass deren Zeit zu Ende geht. Sie setzt am Ende ihren Willen durch, denn die historischen Möglichkeiten sind auf ihrer Seite.

In gewisser Hinsicht ist Ronja noch »erwachsener« als Simone de Beauvoir und Jean-Paul Sartre, denn deren Aufruhr war einseitig negativ – immer *gegen* einen Missstand gerichtet. Die Welt in Besitz zu nehmen wurde dabei fast zu einer Art existenzialistischer Prostitution. Trotz ihres Versuchs, den Marxismus zu erneuern und existenzialistischer werden zu lassen, kamen sie der Wirklichkeit nicht näher als durch Proteste und Demonstrationen. Sie wohnten auch lieber im Hotel. Was ihr gutes Recht war, aber auf jeden Fall hatten sie sich damit einwandfrei aus dem proletarischen Arbeiterstamm abgemeldet.

Ronja Räubertochter dagegen eignet sich die Welt ohne Pariser Chic an. Der Räuber ist und bleibt ein Parasit. Das ist der Hotelgast unter Umständen auch. Aber es ist lustig, solche Parasiten durch teilnehmende Beobachtung zu studieren, das geben wir gern zu.

»Und dann freue ich mich auch darüber, dass du, Birk, kein Räuber werden willst«, sagte Ronja.
Birk lachte.
»Nein, das habe ich ja geschworen. Aber ich wüsste schon gern, wovon wir in unserem Leben leben sollen, du und ich?«
»Das weiß ich«, sagte Ronja. »Wir werden Bergleute, was sagst du dazu?«
Und dann erzählte sie Birk das Märchen von Glatzen-Pers Silberberg, den ihm der kleine Graugnom einst vor langer Zeit gezeigt hatte, als Dank für sein Leben.

Hier hätten der Kaffeehauslöwe Sartre und der Möchtegern-Bauer Martin Heidegger so einiges lernen können, von Ronja eben, die im wahrsten Sinne des Wortes in der Tiefe gräbt, dass das Erz nur so tönt.

»Hurra für Ronja und Prost«, rief Pippi und haute Sokrates auf den Rücken, sodass der fast umfiel.

»Warum hast du Simone nie eine Krummeluspille gegeben, Pippi?« Sokrates runzelte die Stirn, aber in seinem Augenwinkel lag ein neckisches Lächeln auf der Lauer.

»Sie hat mich ja nie gefragt«, wehrte Pippi ab. »Und wie kommst du überhaupt auf die Idee, sie hätte eine haben wollen?«

»Hast du vergessen, dass ich aus dem Totenreich komme?«, fragte Sokrates. »Ich habe fast alle gefragt. Simone fand es schrecklich, alt zu werden.«
Pippi lachte. »Blöd, dass sie mir dann nichts gesagt hat, solange ich noch welche hatte.«
»Vielleicht war sie mit ihrem Aussehen so unzufrieden, dass sie nicht zu fragen gewagt hat? Sie litt doch arg unter dem Mangel an Sommersprossen.« Sokrates zwinkerte Pippi vielsagend zu.
»Und was ist mit Jean-Paul, Herr Sokrates?«, fragte Pippi. »Du stehst ja wohl mit allen auf Du und Du.«
»Der hätte auch eine Pille brauchen können«, seufzte Sokrates. »Er litt nämlich darunter, als altkluges Kind auf die Welt gekommen zu sein. Und spielen konnte er genauso wenig wie …«
Er warf einen Blick zu Thomas und Annika hinüber, die verzweifelt versuchten, sich wach zu halten. »Na ja, wie Phaidros.«
Fridolf hörte nicht, dass Sokrates sich über ihn lustig machte. Er war tief in sein Buch oder in dessen Überreste versunken und las leise weiter.
»Aber ich war mir selber voraus«, triumphierte Pippi. »Ich sah, dass es geradewegs auf Tod und Verderben hinauslief. Und deshalb …«
»Genau wie ein gewisser Herr Heidegger«, warf Sokrates ein. »Er hat von dem schwarzen Märchenwald seiner Kindheit und von der Angst vor dem Tod und dem Nichts erzählt: Zu sein bedeutet, sich auf der Welt voraus zu sein … bis zum Tod zu sein, so ungefähr hat er das beschrieben. Aber den Tod zu fürchten, das ist doch nichts anderes, als weise zu wirken, ohne es zu sein. Wer weiß denn, ob das Leben nicht der Tod ist und der Tod das wahre Leben?«
»… sprang ich aus der Zeit heraus«, sagte Pippi weiter, ohne auf diese Unterbrechung zu achten. »So leicht, wie ich von der Hoppetosse sprang, in die See, um dann wieder an Land zu gelangen. Ja, und Thomas und Annika auch. Du würdest ja wohl nicht glauben, wenn du sie so ansiehst, dass sie schon das Rentenalter erreicht haben! Deshalb dürfen sie auch so spät noch auf sein.«
»Was du nicht sagst!« Sokrates verdrehte die Augen. »Nein, darüber müssen wir mehr hören.«
»Darüber werdet ihr auch mehr hören«, sagte Fridolf beruhigend und blätterte ein wenig in den Überresten des Buches. »Wir haben darüber schon einige Male gehört, dass Pippi nicht groß werden will, meine ich. Das letzte Kapitel bringt uns deshalb ins *ewige Reich der Kindheit.*«

Das ewige Reich der Kindheit

»Liebe kleine Krummelus,
niemals will ich werden gruß.«

✳ ✳ ✳

*Was die Zeit dir gab,
musst du zurückgeben,
nur das Ewige wohnt
weiterhin in deinem Herzen.*
Elias Tegnér

*Die Zeit ein Kind – ein Kind beim Brettspiel;
ein Kind sitzt auf dem Thron.*
Heraklit

Das letzte Kapitel im dritten und letzten Buch über Pippi heißt »Pippi Langstrumpf will nicht groß werden«. Die Kinder sind von umwerfenden Abenteuern auf der Taka-Tuka-Insel zurückgekehrt und das Leben ist ein lustiges Spiel. Nur eine Sorge wirft ihren Schatten über die Freude. Als Annika ruft: »Wir wollen es uns richtig schön machen!«, kommt ihnen der bohrende Zweifel daran, dass es immer so schön bleiben kann. Und deshalb fasst Pippi einen Entschluss:

»*Ich will niemals groß werden*«, sagte Thomas entschieden.
»*Ich auch nicht*«, sagte Annika.
»*Nein, darum muss man sich wirklich nicht reißen*«, sagte Pippi. »*Große Menschen haben niemals etwas Lustiges. Sie ha-*

*ben nur einen Haufen langweilige Arbeit und komische Kleider und Hühneraugen und Kumminalsteuern.« (...)
»Und spielen können sie auch nicht«, sagte Annika. »Uch, dass man unbedingt groß werden muss!«*

Der Zeit und dem Alter können wir alle nicht entgehen – jedenfalls nicht bei lebendigem Leib. Die Zeit vergeht, sagen wir im Rückblick, was heißen soll, dass das Glas bereits halb leer ist. Die Zeit kommt, könnten wir in der Vorausschau sagen und dasselbe Glas für halb voll erklären. Auf jeden Fall: Die Zeit bewegt sich. Die Zeit fließt – gegen uns, von uns, mit uns. Nur äußerst selten steht die Zeit still.

Oder steht sie vielleicht die ganze Zeit still? »Das stehende Nun« hat Augustinus das genannt, *nunc stans*. Die Vergangenheit ist vergangen und sie *ist* nicht mehr. Die Zukunft kommt – hoffentlich –, aber sie *ist* noch nicht. Das Einzige, was ist, ist das Jetzt, und alles, was ist, ist im Jetzt. Aber wenn wir uns dieses Jetzt genauer ansehen, wie es Augustinus in einer der scharfsinnigsten Analysen des Phänomens Zeit gemacht hat, die wir in der Philosophiegeschichte finden können, dann schrumpft es zu einem Punkt – ohne Ausdehnung, ohne Inhalt. Das Jetzt, das die einzige existierende Zeit ist, schrumpft zum Nichts! Und deshalb tat Augustinus den viel zitierten Ausspruch: »Was Zeit ist? Wenn niemand mich danach fragt, dann weiß ich es. Aber wenn ich gefragt werde und erklären will, dann weiß ich es nicht.«

Als Pippi zum Geburtstag von Thomas und Annika eine Spieldose bekam, setzte sie sich hin und »drehte und drehte und schien alles andere vergessen zu haben«. Und die Spieldose spielte das Lied: »Ach, du lieber Augustin ...«

Und unser lieber Augustinus war – ob aufgesetzt oder ehrlich – bescheiden. Er konnte besser als die meisten anderen verstehen und erklären, was Zeit ist. Obwohl das jetzige Jetzt das Einzige ist, was existiert, gibt es doch Zukunft in unserer Erwartung und Vergangenheit in unserer Erinnerung. Die Zeit wird als ausgedehnt *erlebt*, als etwas Bleibendes. Und dieses *innere Zeitbewusstsein* finden wir bei modernen Zeitdenkern wie Bergson, Husserl und Heidegger.

Augustinus beschäftigte sich mit dem Gegensatz zwischen Zeit und Ewigkeit. Während Gott in seiner Allgegenwart, die auch die Zeit umfasst, alles versteht, ist unser menschliches Verständnis auf die Zeit beschränkt und deshalb in sich mangelhaft, und das gilt auch für unser Verständnis dessen, was Zeit ist. Aber wenn wir uns auf den Augenblick konzentrieren, können wir einen Blick in die Ewigkeit werfen.

Die erwähnten Denker wollten die Zeiterfahrung vor einer verflachten, physikalischen Uhrzeit retten – ohne in die Ewigkeit zu greifen. Die innere, qualitative Zeit gehört uns in Freiheit. Sie ist ein anhaltender Strom, der intuitiv erfasst wird (Bergson), oder ein Sein zum Tod, das sich im entscheidenden Augenblick öffnet (Heidegger).

Pippi beschließt, nicht groß zu werden. Der Wunsch, das Joch der Zeit abzuschütteln, steckt tief im Menschen. Die Sehnsucht nach dem Nirwana. Der Traum vom Paradies. Die Hoffnung auf die ewige Seligkeit. Möglich oder unmöglich? Bei Astrid Lindgren ist es möglich. Mio wird auf die andere Seite versetzt, ins Land der Ferne, wo er seit Tausenden und Abertausenden von Jahren erwartet wird. Jonathan und Karl Löwenherz machen den Sprung nach Nangijala, in die Zeit der Abenteuer und der Lagerfeuer.

Die Zeit, die in Nangijala und im Land der Ferne herrscht, ist nicht die Ewigkeit, im christlichen Sinne, sondern Unendlichkeit oder mystische Ewigkeitszeit. Sie ist das »Es war einmal« des Märchens. Hier sind tausend Jahre wie ein Tag und ein Tag wie tausend Jahre.

Pippi hat sich entschieden, und sie verfügt auch im Handgemenge mit der Zeit über übermenschliche Kraft. Genauer gesagt: Sie besitzt die Medusin, die sie und ihre Freunde vor den Zerstörungen des Alters retten kann. Sie holt die drei Krummeluspillen, die ihr in Rio einmal ein alter Indianerhäuptling gegeben hat. Diese Pillen weisen eine auffällige Ähnlichkeit mit gelben Erbsen auf und müssen in einem dunklen Zimmer genommen werden, wobei der Zauberspruch aufgesagt wird:

»Liebe kleine Krummelus,
niemals will ich werden gruß.«

»Groß, meinst du wohl«, sagte Thomas. Aber nein. »Wenn ich

gruß gesagt hab, dann mein ich gruß«, sagte Pippi, wie bereits schon einmal zitiert. Und dann erzählt sie eine schrecklich traurige Geschichte über einen Jungen in Rio, der groß sagte statt gruß, und der daraufhin wuchs wie Unkraut, mehrere Meter pro Tag. Das Letzte, was man von ihm gehört hat, war, »als er auf die Idee kam, an der Sonne zu lecken. Er bekam eine Brandwunde auf der Zunge und stieß einen solchen Schmerzensschrei aus, dass die Blumen unten auf der Erde verwelkten.«

Hier sehen wir, wie entscheidend noch der kleinste Unterschied sein kann. Hier ist wirklich die Rede vom »kleinen Unterschied und seinen großen Folgen« oder wieder von »the difference that makes a difference«. Ein einziger Vokal wird falsch ausgesprochen – und schon bricht die Katastrophe herein.

Scheinbar geht es Pippi um den Reim, wenn sie auf »gruß« besteht, während Thomas und die Leser doch mit »groß« rechnen.

Es besteht ein Unterschied zwischen Krummeluspillen und Erbsen. Der Unterschied ist zwar klein, bedeutet aber für die Wirkung alles. Es ist wie mit dem Brot des Abendmahls, das sich von einer normalen Oblate kaum unterscheidet. Aber nach Thomas von Aquin und seiner Transsubstanziationslehre wird in dieser heiligen Verwandlung die Substanz ausgetauscht – das Brot *wird* zu Christi Leib –, während die äußeren, sinnlich erfahrbaren Eigenschaften, die Akzidenz, erhalten bleiben. Der Glaube ermöglicht es, zu verwandeln ohne zu verändern. Und der Glaube schenkt Gewissheit, die der sinnlichen Erfahrung widerspricht. Wie Thomas, der Namensvetter des Kirchenlehrers, es ausdrückt:

»Wenn ich nicht wüsste, dass es Krummeluspillen waren, könnte ich darauf schwören, dass es gewöhnliche Erbsen waren.«

Nachdem die Krummeluspillen zu dem richtigen Zauberspruch eingenommen worden sind und sie sich in aller Zukunft davor gesichert haben, gruß und langweilig zu werden, stellt Pippi sich eine Szene in der Zukunft vor, bei der eine alte Dame den im Garten spielenden Thomas fragt:

»›Wie alt bist du, mein kleiner Freund?‹
Und dann sagst du: 53 Jahre, wenn ich mich recht erinnere.«
Thomas lachte zufrieden.

> *»Dann findet sie sicher, dass ich mächtig klein bin«, sagte er.*
> *»Klar«, meinte Pippi. »Aber dann kannst du ja sagen, dass du größer warst, als du kleiner warst.«*

Die Krummeluspillen öffnen den Weg in eine wundersame Welt, in der unser alltägliches Zeitverständnis zusammenbricht. In der modernen Physik sind solche Vorstellungen inzwischen Alltagskost:

Auf die Ausweitung des Universums nach dem »big bang« könnte ein Zusammenziehen zum »big crunch« hin gefolgt sein, sodass in der Zeit alles symmetrisch wird, nicht nur in den großen Bewegungen, sondern bis hinein in die kleinsten Details. Eine solche Theorie wurde in den 1960er Jahren von einem weiteren Namensvetter aufgestellt, Thomas Gold. Er ging davon aus, dass der Weg der Zeit sich umkehren müsse, wenn das Universum sich zusammenzieht. Alle Prozesse würden dann umgekehrt werden, die Regentropfen nach oben fallen und die Menschen jünger werden. Der Film der Welt würde ganz einfach rückwärts abgespult werden.

Diese schockierende Möglichkeit ist kein neuer Gedanke. Platon geht in seinem Dialog *Parmenides* darauf ein, wenn er auf die Relativität und die mögliche Umkehrbarkeit der Zeit zu sprechen kommt. Nach scharfsinnigen Überlegungen zum Thema Zeit und Altern kommt er zu dem Schluss, dass alles, was in der Zeit ist, notwendigerweise älter und jünger zugleich als es selbst werden muss.

> *Die Sterne leuchteten über dem Dach der Villa Kunterbunt. Dort war Pippi. Sie würde immer da sein. Es war wunderbar, daran zu denken. Die Jahre würden vergehen, aber Pippi und Thomas und Annika würden nicht groß werden. Natürlich nur, wenn die Kraft aus den Krummeluspillen nicht herausgegangen war! (...) Ja, das war ein wunderbar tröstlicher Gedanke – Pippi würde für immer in der Villa Kunterbunt bleiben.*

So endet die Geschichte von Pippi. Und wir können bestätigen, dass die Krummeluspillen ihre Wirkung nicht verloren hatten. Pippi und Thomas und Annika sind heute noch so jung wie vor fast sechzig Jahren, als die Geschichte geschrieben wurde. Sie leben in der Ewigkeitszeit, in der Zeit von Abenteuer und Lagerfeuer, im ewig gültigen, immer existierenden Reich der Fiktion. Dort werden sie Besuch von immer neuen Generationen von Kindern bekommen – und von Erwachsenen, die zugeben können, dass das Leben mehr zu bieten hat als jede Menge Arbeit, blöde Kleider und Hühneraugen und Kumminalsteuern.

»Puh, das war aber ein langer Vortrag von Anfang bis Ende, vor allem für einen Mann in meinem Alter.«

Sokrates rieb sich die Augen, während Pippi losprustete.

»Kriegst du müde Augen davon, dass du Fridolf beim Vorlesen zuhörst?«

Sokrates schüttelte den Kopf. »Nein, davon, dass ich den anderen zuhöre, die fast ohne Unterbrechung geredet haben. Ich habe ja kaum eine einzige Frage dazwischenwerfen können. Und da mache ich doch lieber, dass ich zu den anderen Toten zurückkomme.«

Pippi sprang ein wenig ängstlich auf. »Aber du kommst doch hoffentlich mal wieder in die Villa Kunterbunt, Sokrates? Ich hätte dich so gern zum Kaffeeklatsch in der hohlen Eiche eingeladen, aber das Loch muss zuerst noch ein bisschen größer werden. Vielleicht in hundert Jahren oder so?«

»Liebe Pippi, du weißt doch, dass ich am liebsten auf der Erde bleibe. Und nicht nur auf der Erde, sondern in der Stadt. Und nicht nur in der Stadt, sondern auf dem Marktplatz, wo ich mit anderen Männern über wichtige Dinge sprechen kann. Unser Freund Phaidros hat mich einmal durch das Stadttor an ein Flussufer gelockt, das unter Platanen im Reich Pans gelegen war. Aber da hatte er auch als Köder eine Rede über Liebe geschrieben. Nein, Bäume und solche Dinge können mir nichts beibringen …«

»Das kannst du in dem Dialog nachlesen, der meinen Namen trägt«, sagte Fridolf stolz.

»Platons Dialog *Fridolf*?«, fragte Pippi.

»Nein, *Phaidros*.«

Pippi dachte nach. Dann sagte sie: »Weißt du, Sokrates, dann glaube ich, wir sind uns doch nicht so ähnlich. Kennst du den Unterschied zwischen Pippi und Sokrates? Ich geb dir einen Tipp ... das ist so ähnlich wie der Unterschied zwischen meinem Pferd und meinem Affen.«

»Das weiß ich nun wirklich nicht«, sagte Sokrates.

»Und der *feine Herr* wusste es auch nicht. Wenn einer von ihnen auf einen Baum klettert, dann ist das nicht Sokrates.«

Plötzlich sprang Pippi auf und jagte wie ein Blitz um das Haus, die Eiche hoch und wieder herunter. Auf der Veranda blieb sie dann stehen und schüttelte die Zöpfe.

»Kein Theodor und kein Agaton. Das ist seltsam. Die lassen sich doch so gern vorlesen. Hast du sie heute schon gesehen, Fridolf?«

»Du meinst doch wohl nicht Theodoros und Agathon?«, rief Sokrates. »Die kenne ich auch!«

»Richtig«, sagte Fridolf. »Komisch, dass sie noch nicht gekommen sind. Aber auf eine seltsame Weise nehme ich die Anwesenheit ihrer Abwesenheit wahr.«

Fridolf hatte eine kleine Schwäche für feine Ausdrücke und kluge Redensarten.

Pippi breitete begeistert die Arme aus: »Die haben es doch wirklich geschafft, meine Freunde, die Seeräuber, von heute und deine vollosofischen Freunde von vor Jahrtausenden zu sein. Das nenne ich Vielseitigkeit!«

»Aber meine Liebe«, wandte Sokrates ein. »Das können doch nicht dieselben sein!«

»Nein, aber trotzdem.« Pippi zuckte sorglos mit den Schultern. »Ich habe übrigens auch noch viele andere Freunde, die du noch nicht kennst. Vielleicht könnten wir uns morgen wieder treffen?«

»Denk einfach an mich, dann komme ich vielleicht«, sagte Sokrates. Seine Stimme klang plötzlich müde. »Meine Sandalen für ein Pferd ... mir werden langsam die Beine müde. Kann ich deins leihen, Pippi? Oder nein, das ist nicht nötig, hier kommt Anti...«

»Ich habe Michel und Karlsson und Rasmus und Rasmus und Rasmus und Krümel und Jonathan versprochen, dass sie dich kennen lernen können«, fiel Pippi ihm ins Wort. »Um zu hören ...«

Sokrates achtete nicht auf diese Unterbrechung und fiel seinerseits Pippi ins Wort: »Antiphon, Platons Halbbruder, der Pferdezüchter, der lebende und tote Seelen kennt. Und er hat sein geflügeltes Ross bei sich, das frei durch alle vorstellbaren Welten fliegt ...«

»… um zu hören, was du für ein alter Querkopf bist, Sokrates, wenn du erst Pfefferkuchen mit Saft und Pfannkuchen mit Käferfüllung bekommen hast.«

»Jetzt müssen wir aber nach Hause«, sagte Thomas plötzlich.

»Ja, danke für alles, Pippi und Sokrates und Fridolf«, sagte Annika und fügte höflich hinzu: »Das war alles sehr interessant.«

»Ich danke euch«, sagte Sokrates. »Und danke für die Bewirtung. Große Kaffeetassen voll Saft sind viel besser als zwei doppelte Schierlingsbecher. Pippi, meine Liebe, ich verspreche, dass ich dich wieder besuchen werde.«

»Ich bin ja gespannt darauf, ob du dann im Kopf fast so stark wie ich geworden bist«, lachte Pippi, fiel Sokrates um den Hals und drückte ihn an sich.

Als sie durch das Tor gingen, blieb Sokrates plötzlich stehen, wie von einer inneren Stimme zurückgehalten.

»Wir können einander hier nicht einfach in Pans und Pippis Reich verlassen, ohne mit einem passenden Gebet für alles zu danken. Im Namen von uns allen will ich die höheren Mächte anrufen, wie damals unter der Platane: O lieber Pan und andere Götter, die hier wohnen. Lasst mich in meinem Inneren schön werden – und lasst mein Äußeres, so wie es ist, meinem Inneren gehorchen. Lasst mich den Weisen für reich halten – und lasst mich nur so viel Gold besitzen, wie man mit gesundem Sinn ertragen kann.«

»Ja, das ist wirklich nicht wenig«, sagte Pippi.

Sie blieben einen Moment stehen und horchten auf das leise Sausen des Windes in der Eiche. Dann trennten sich ihre Wege.

Pippi schaute zu, wie Sokrates das Tor zur Villa Kunterbunt schloss, sich hinter Antiphon auf das geflügelte Ross schwang und hoch über dem Dach von Thomas und Annika, wo die ersten Sterne aufleuchteten, davonflog. Dann hob sie das Pferd auf die Veranda und setzte sich in die Küche, um mit Herrn Nilsson über Philosophie zu diskutieren.

THEODOR: Glaubst du, Sokrates hat begriffen, dass *er* diesmal *unsere* Erfindung war?

AGATON: Aber sicher! Warum ist er denn sonst so schnell abgehauen?

THEODOR: Hast du dir jemals überlegt, Agaton, dass auch du und ich vielleicht von irgendwem ausgedacht worden sind? Kalle Blomquist, der Meisterdetektiv, denkt das doch mitten im Entführungsdrama!

AGATON: Diese Möglichkeit hat Lillebjörn in Lennart Hellsings Erzählung über die beiden Kinder doch längst zurückgewiesen. Ich denke, also gibt es mich, sagt Lillebjörn. Also ist er ein lebendes Wesen und nicht zum Beispiel ein Sternbild.

THEODOR: Aber wenn wir nun doch nur Träume sind, und wenn wir uns einreden, dass es uns gibt, eben weil wir im Traum reden und denken?

AGATON: Ich weiß noch, wie damals auf meinem Trinkgelage Alkibiades hereinplatzte und mein Haupt bekränzte und mich den »allerweisesten und schönsten aller Männer« nannte. Wenn ich also träume, dann bin ich das Beste, was sich jemals irgendwer ausgedacht hat, ich, Agaton, der Gute.

THEODOR: Ich fürchte, dieser Platz ist bereits besetzt, Agaton. Das Beste, was sich jemals irgendwer ausgedacht hat, ist Karlsson vom Dach. Aber das ist eine andere Geschichte.

Danksagungen

An aufmunternden Zurufen und hilfreichen Vorschlägen hat es uns während der Arbeit an der norwegischen Ausgabe von *Pippi & Sokrates* nicht gefehlt – und als wir dann an der kürzeren Fassung saßen, die in schwedischer, finnischer, polnischer und jetzt in deutscher Übersetzung erschienen ist, passierte dasselbe. Manchen haben wir schon in der norwegischen Originalausgabe gedankt. Hier geht es nun weiter.
Unser herzlicher Dank gilt:
– den drei Hebammen der deutschen Ausgabe: unserer Agentin Gudrun Hebel, deren Begeisterung für das Buch ansteckend war, unserer Lektorin Alexandra Rak, deren Name auf Norwegisch »Aufrecht« bedeutet, und unserer Übersetzerin Gabriele Haefs, die mit vielen schweren Stemmeinsätzen dafür gesorgt hat, dass das Ganze so leicht wirkt – genau wie Pippi. Deutsch ist die Sprache der Philosophie, in deutschem Sprachgewand scheint unser Buch heimgekehrt zu sein!
– Margareta Strömstedt, die uns ihre frische und reichhaltige Lindgren-Biografie geschickt hat, als wir an der norwegischen Ausgabe saßen, und deren Vorwort für die schwedische – und jetzt auch für die deutsche – Ausgabe unseren Text durchaus in den Schatten stellen kann.
– Lena Törnqvist vom Schwedischen Kinderbuchinstitut, Inger Adolfsson von der Bibliothek Vimmerby und Inger Marie Lande vom Norwegischen Kinderbuchinstitut, die uns überaus zuvorkommend Bücher und Informationen besorgt haben.
– Karin Nyman, die ihre Mutter, Astrid Lindgren, gebeten hat, von Pippi Langstrumpf zu erzählen, und die uns gastfreundlich ins Haus der Dichterin geführt hat, wo die Bücherregale von breit gestreuter und tief greifender Lektüre zeugen.

– Unser erster und letzter Dank aber gilt der unsterblichen Astrid Lindgren selber. Wie Malin im Märchen *Klingt meine Linde* ist sie für das Auge verschwunden, doch das nur, um der Seele, die mit ihrem Spiel die Stiefkinder des Lebens rettet, Leben und Seele zu geben. Lindgren ist der Lindenzweig.
– Wir danken für die unermessliche Freude, die deine Bücher Generationen von Kindern und Erwachsenen in aller Welt geschenkt haben. Durch diese Freude haben sie uns auch Trost, Versöhnung, Spannung, Lachen, Tränen, Fantasie und Erkenntnis gegeben. Und kaum jemand wird von dem Verdacht gequält, es könne sich dabei um Philosophie handeln. Auch dafür danken wir.

Oslo, 20. Mai 2003,
Jørgen Gaare und Øystein Sjaastad

PS. Wir danken auch Pippi und Sokrates, die sich aus eigenen Stücken zum Gastmahl in der Villa Kunterbunt eingeladen haben. Und wir danken Agaton und Theodor – und Agathon und Theodoros – für ihre große Geduld mit unseren Einfällen. Vielleicht ist es ja auch umgekehrt. Vielleicht sind wir *ihre* Einfälle?

Literatur

Bücher von Astrid Lindgren

1949	Pippi Langstrumpf
1950	Pippi Langstrumpf geht an Bord
	Meisterdetektiv Blomquist (Kalle Blomquist – Meisterdetektiv, 1996)
1951	Pippi in Taka-Tuka-Land
	Kalle Blomquist lebt gefährlich
1952	Im Wald sind keine Räuber
	Kati in Amerika
	Sammelaugust und andere Kinder
1953	Kati in Italien
	Kerstin und ich
1954	Kalle Blomquist, Eva-Lotte und Rasmus (Kalle Blomquist, Eva-Lotta und Rasmus, 1996)
	Kati in Paris
	Britt-Mari erleichtert ihr Herz
	Wir Kinder aus Bullerbü
1955	Mehr von uns Kindern aus Bullerbü
	Mio, mein Mio
1956	Immer lustig in Bullerbü
	Karlsson vom Dach
1957	Die Kinder aus der Krachmacherstraße
	Nils Karlsson-Däumling
	Rasmus und der Landstreicher
1958	Rasmus, Pontus und der Schwertschlucker
1960	Klingt meine Linde
1961	Madita
1962	Lotta zieht um
1963	Karlsson fliegt wieder
1964	Michel in der Suppenschüssel
1965	Ferien auf Saltkrokan

1966 Michel muss mehr Männchen machen
1967 Pippi Langstrumpf (Gesamtausgabe)
1968 Der beste Karlsson der Welt
1969 Kalle Blomquist (Gesamtausgabe)
1970 Michel bringt die Welt in Ordnung
Die Kinder aus Bullerbü (Gesamtausgabe)
1972 Immer dieser Michel (Gesamtausgabe)
1974 Die Brüder Löwenherz
Allerliebste Schwester
1975 Karlsson vom Dach (Gesamtausgabe)
1976 Madita und Pims
1977 Das entschwundene Land
1980 Madita (Gesamtausgabe)
1982 Ronja Räubertochter
1986 Als Klein-Ida auch mal Unfug machen wollte
Michels Unfug Nr. 325
1987 Nur nicht knausern, sagte Michel aus Lönneberga
Rupp Rüpel, das grausigste Gespenst aus Småland
1989 Der Räuber Assar Bubbla

Bücher über Astrid Lindgren

Buttenschøn, Ellen: Historien om et »påhit«. Om Pippifiguren og Astrid Lindgrens gennembrudsværk, Kopenhagen, 1975

Edström, Vivi: Astrid Lindgren. Im Land der Märchen und Abenteuer, Hamburg, 1997

Ehriander, Helene und Hedén, Birger (Hrsg.): Bild och text i Astrid Lindgrens värld, Lund, 1997

Hedén, Birger: »Pippi é drazy!« In: Ehriander/Hedén, a.a.O.

Kåreland, Lena: Modernismen i barnkammaren. Barnlitteraturens 40-tal, Stockholm, 1999

Lundqvist, Ulla: Århundradets barn. Fenomenet Pippi Långstrump och dess föruttsättninger, Stockholm, 1979

Metcalf, Eva-Maria: Astrid Lindgren, New York, 1995

Miles, Ulrika: »Melankolins hjärta – om Astrid Lindgrens sagor och noveller«, in: Röster om Astrid Lindgren, Stockholm, 1996

Ørvig, Mary (Hrsg.): Ein bok om Astrid Lindgren, Stockholm, 1977

Ørvig, Mary, Eriksson, Marianne, Sjöqvist, Birgitta (Hrsg.): Duvdrottningen. En bok til Astrid Lindgren, Stockholm, 1987

Rönnberg, Margareta: En lek för ögat. 28 filmberättelser av Astrid Lindgren, Uppsala, 1987

Röster om Astrid Lindgren, Stockholm, 1995
Storn, Thomas: »Från bok till serie. Transmediseringen av Pippi Långstrump«, in: Ehriander/Hedén, a.a.O.
Strömstedt, Margareta: Astrid Lindgren. Ein Lebensbild, Hamburg, 2001
Strömstedt, Margareta: »Du och jag, Alfred – om kärlekens kärna, om manligt och kvinligt hos Astrid Lindgren«, in: Röster om Astrid Lindgren, a.a.O.
Törnqvist, Lena: Astrid aus Vimmerby, Hamburg, 1999

Bücher über Kinderliteratur

Bache-Wiig, Harald (Hrsg.): Nye veier til barneboka, Oslo, 1997
Edström, Vivi: Barnbokens form, Stockholm 1980
Grenz, Dagmar: Kinderliteratur – Literatur für Erwachsene, München, 1990
Kåreland, Lena: Möte med barneboken, Neuausgabe, Stockholm, 2001
Lurie, Alison: Don't tell the grown-ups! Subversive children's literature, Boston/USA, 1900
Mjør, Ingeborg, Birkeland, Tone, Risa, Gunvor: Barnelitteratur – sjangrar och teksttypar, Oslo, 2000
Møhl, Bo und Schack, May: Når børn læser – litteraturoplevelse og fantasi, Kopenhagen, 1980
Nikolajevna, Maria (Hrsg.): Modern litteraturteorie och metod i barnlitteraturforskningen, Stockholm, 1981
Zweigbergk, Eva von: Barnboken i Sverige 1750–1950, Stockholm, 1965

Bücher über Philosophie

Aristoteles: Nikomachische Ethik, Jena, 1909
Augustinus: Bekenntnisse, Zürich, 1950
Austin, John Longshaw: How to do things with words, Cambridge, Mass., 1975
Bentham, Jeremy: An introduction to the principles of morals and legislation, Oxford, 1996
Berkeley, George: Principles of human knowledge, Hrsg. G. J. Warlock, Glasgow, 1981
Beyer, Harald: Nietzsche og Norden I–II, Bergen, 1958
Descartes, René: Von der Methode des Gedankens, Berlin, 1942

Gustafsson, Lars: Sprache und Lüge: Drei Sprachwissenschaftliche Extremisten, München, 1980
Hume, David: Treatise on human nature, Oxford, 2000
Kant, Immanuel: Grundlegung zur Metaphysik der Sitten, 1785
Kant, Immanuel: Kritik der praktischen Vernunft, 1788
Kant, Immanuel: Kritik der Urteilskraft, 1790
Kierkegaard, Søren: Entweder – oder, 1845
Kierkegaard, Søren: Über den Begriff Ironie, 1841 (zitiert nach Jor, Finn: Søren und Regine, München, 1999)
Mill, John Stuart: Das Nützlichkeitsprinzip, Leipzig, 1869
Nietzsche, Friedrich: Der Wille zur Macht, 1906
Nietzsche, Friedrich: Jenseits von Gut und Böse, 1886
Nietzsche, Friedrich: Also sprach Zarathustra, 1883–1892
Nietzsche, Friedrich: Zur Genealogie der Moral, 1887
Nietzsche, Friedrich: Die Geburt der Tragödie im Geiste der Musik, 1872
Ogden, C. K. und Richards, I. A.: The meaning of meaning, London, 1972
Paine, Thomas: Das Zeitalter der Vernunft, Philadelphia, 1869
Platon: Das Gastmahl, Berlin, 1925
Platon: Parmenides, Zürich, 1985
Platon: Apologie, Charmides, Gorgias, Berlin, 1963
Platon: Theaitetos, in: Spätdialoge und andere Texte, Zürich, 1965
Rousseau, Jean-Jacques: Emil oder von der Erziehung, Potsdam, 1919
Sartre, Jean-Paul: Das Sein und das Nichts, Reinbek, 1952
Schopenhauer, Arthur: Die Welt als Wille und Vorstellung, 1819/44
Wyller, Egil A.: Der späte Platon, o.O., o. J.
Zapffe, Peter Wessel: Om det tragiske, Oslo, 1941
Zapffe, Peter Wessel: Den logiske sandkasse, Oslo, 1966

Sonstige Literatur

Ambjörnsson, Ronny: Mansmyter. James Bond, Don Juan, Tarzan och andra grabbar, überarbeitete Ausgabe, Stockholm, 2001
Aristophanes: Die Wolken, in: Komödien, Berlin, 1960
Beauvoir, Simone de: Das andere Geschlecht, Reinbek, 1951
Danielsson, Tage: Grallimmatik, Stockholm, 1966
Dante Alighieri: Die göttliche Komödie, Leipzig, 1907
Douglas, Mary: Ritual, Tabu und Körpersymbolik, Frankfurt am Main, 1974
Jung, C. G.: Four archetypes: mother, rebirth, spirit, trickster, London, 1986
Freud, Sigmund: Psychopathologie des Alltagslebens, Berlin, 1902

Freud, Sigmund: Traumdeutung, Leipzig, 1908
Hamsun, Knut: Sult, Christiania, o. J. (diverse deutsche Ausgaben, daher zitiert nach dem norwegischen Original)
Høffding, Harald: Den store humor. En psykologisk studie, Kopenhagen, 1967
Key, Ellen: Das Jahrhundert des Kindes, Berlin, 1903
Leach, Edmund: Anthropological Aspects of Language: Animal Categories and Verbal Abuse, in: Lennenberg, Eric (Hrsg.): New Directions in the Study of Language, Cambridge, Mass., 1964
Malinowski, Bronislaw: Argonauts of the Western Pacific, London, 1922
Mead, Margaret: Coming of Age in Samoa, New York, 1949
Meyer, Siri: Pippi leser teksten. Essays om språkets makt og maktens språk, Oslo, 1995
Milne, A. A.: Pu der Bär, Berlin, 1932
Moberg, Åsa: Simone och jag. Tankar kring Simone de Beauvoir, Falum, 1996
Wiestad, Else (Hrsg.): De store hundreårsbølgene. Kjønnsdebatten gjennom 300 år, Oslo, 1994

Register

Abendmahl 231
Addison, Joseph 54
Adler, Alfred 26, 113
Agathon 15, 17, 20, 21, 85, 234, 238
ahimsa 141
Alice im Wunderland (Carroll) 33, 40, 65
Alkibiades 15, 17, 82, 83, 236
Allen, Woody 64, 193
Alma Svensson (Michels Mutter) 179, 219, 220, 221, 224
Also sprach Zarathustra (Nietzsche) 106, 107, 112, 129, 242
Ambjörnsson, Ronny 66, 242
amor fati 115
analytische Aussage (Behauptung) 21, 121, 159, 193
Andersen, Benny 184
Andersen, Hans Christian 146
Anne auf Green Gables (Montgomery) 33
Annika 25, 29, 42, 43, 46, 50, 55, 66, 67, 73, 82, 84, 87, 89, 98, 113, 114, 116, 122, 126, 138, 140, 142, 143, 150, 153, 156, 157, 167, 181, 187, 215, 216, 217, 224, 227, 228, 229, 232, 235
Antiphon 140, 234, 235
Antipoden 41
Antirationalität 52

Anton Svensson (Michels Vater) 219, 220
Apollon 16
apori 81, 89, 101
Argonauts of the Western Pacific (Malinowski) 243
argumentum ad baculum 67
Aristokischer Radikalismus 108
Aristophanes 20, 35, 84, 91, 92, 95, 242
Artemis (Diana) 223
Äsop 159
Augustinus 147, 151, 229, 230, 241
Austin, John 184, 185, 241

Bacon, Francis 68
Bateson, Gregory 181
Beauvoir, Simone de 144, 207, 210, 213, 215, 217, 219, 223, 225, 242, 243
Berg Eriksen, Trond 112
Bergson, Henri 229, 230
Berkeley, George 68, 71, 241
big bang 232
big crunch 232
Bildersklaven 123
Bilderstürmer 102
Bildung
  Herzensbildung 48, 56, 57, 58
Bildungsroman 48
Blomsterlund 58, 138
Bonnier, Albert 27, 106

Borges, Jorge Luis 170
böser Glaube 225
Brandes, Georg 109, 110
Buddha 13, 130

Carnap, Rudolf 183
carpe diem 115, 118
Carroll, Lewis 175, 176
Charmides (Platon) 86, 87, 242
Christine, Königin 69
Christus 101, 105, 165, 166
Cicero, Marcus Tullius 76
Coming of Age in Samoa (Mead) 243
Common Sense (Paine) 71, 77

daimon 84
Danielsson, Tage 176, 242
Dante Alighieri 242
Das andere Geschlecht (de Beauvoir) 208, 242
Das Jahrhundert des Kindes (Key) 50, 107, 243
Das Lachen (Bergson) 136
Das Land, das es nicht gibt (Södergran) 107
Das Land der Ferne 146, 230
Dawkins, Richard 132
de Staël, Germaine de 55
Delphi, das Orakel von 80, 81
Demeter 61
Denken, männliches und weibliches 214
Der Wille zur Macht (Nietzsche) 104, 115, 242
Der Witz (Freud) 136
Descartes, René 69, 241
deus ex machina 93
Dialektik 94, 101
Die Brüder Löwenherz 146
Die Geburt der Tragödie im Geiste der Musik (Nietzsche) 242

Die göttliche Komödie (Dante) 242
Die Schatzinsel (Stevenson) 114
Die Wolken (Aristophanes) 35, 92, 95, 242
Diotima 210
Disziplinierung 49, 89, 120, 121, 122, 123
docta ignorantia 166
Don Juan 27, 242
Douglas, Mary 192, 194, 197, 242
Dreifaltigkeit 40
Dualismus 69
Dungkäfer 33, 162, 163

edle Wilde, der 39
Edström, Vivi 27, 145, 147, 240, 241
Efraim Langstrumpf 29, 44, 56, 114
Egil Skallagrimsson 109
Ehe, patriarchalische 211, 213
Eine Verteidigung der Rechte der Frau (Wollstonecraft) 211
Einstein, Albert 45
Empirismus 71
Engels, Friedrich 213
Engström, Albert 128, 131, 133, 134
Entwicklungslehre 38
Erasmus Montanus (Holberg) 71, 72
Erbsünde 147
Erfahrungsphilosophie 68
Eros 172, 174, 206, 207
Ersatznamen 174
Erziehung 28, 50, 89, 106, 122, 193, 219, 242
ethische Werte 124
ethnische Säuberung 195
Evolution 132
Existenzialismus 216, 224, 226
existenzielle Themen 28

245

Faust (Goethe) 27, 109, 150
Feminismus 213
Ferien auf Saltkrokan 107, 182, 239
Feuersbrunst 11, 200
Fliegenpilz 17, 70
Förster-Nietzsche, Elisabeth 107
Foucault, Michel 72, 120, 121
Frankenstein (Shelley) 210
Französische Revolution 68, 213
Freeman, Derek 44, 45
Frege, Gottlob 178
Freud, Sigmund 107, 136

Gaia (Mutter Erde) 214
Galgenhumor 131, 134
Gastmahl (Platon) 15, 238, 242
Genie 184
glandula pinealis (Zirbeldrüse) 69
Glatzen-Per 180, 191, 225, 226
Globalisierung 39
Gnostik 151, 166
Godwin, William 210
Goethe, Johann Wolfgang von 150
Gold, Thomas 232
Gorgias 18, 35, 103, 242
Gouge, Olympe de 210
Grallimmatik (Danielsson) 176, 242
Gustafsson, Lars 149, 242

Habermas, Jürgen 67
Hades 61
Hägerström, Axel 123, 124
Hamlet 27, 149
Hamsun, Knut 33, 170, 171, 172, 174, 243
Hansson, Ola 106
Harpyien 223
Hawking, Stephen W. 41
Hebammenkunst 80, 81, 86, 95
Hedén, Birger 65, 240, 241
Hedenius, Ingemar 123, 124

Hegel, Georg Wilhelm Friedrich 45, 67, 68, 95, 98, 151, 174, 189
Heidegger, Martin 137, 144, 155, 157, 168, 226, 227, 229, 230
Hein, Piet 80
Hellsing, Lennart 236
Heraklit 23, 36, 47, 64, 67, 80, 102, 104, 128, 154, 155, 170, 190, 208, 228
Hermogenes 160
Herodot 37
Herr Nilsson 18, 59, 99, 179, 186, 187
Herzensskarabäus 163
Hexentanz 99
Hippias 35
Høffding, Harald 243
Holberg, Ludvig 71
Hölderlin, Friedrich 137
Hölle 40, 181
Homer 16
homo faber 64
homo ludens 64
homo ridens 64
homo sapiens 64
Hume, David 68, 242
Humor
  bei Nietzsche 129, 135, 137
  grotesker 143
  und Verständnis 148
  Verhältnis zur Ironie 136
Humpty Dumpty
  Theorie der Bedeutung 176
Hunger (Hamsun) 169, 170, 171, 172
Husserl, Edmund 229
Huxley, Aldous 69, 185
hypothetisch-deduktive Methode 159

Ibsen, Henrik 213
Idealisierung 133, 223

Ideenlehre 194, 195
Im Land der Dämmerung 144
Immanenz 216, 217, 218, 220, 222, 224, 225
Individualpsychologie 26
intentionaler Fehlschluss 176
Ion (Platon) 88
Irigaray, Luce 214
Ironie 11, 52, 81, 82, 91, 92, 94, 95, 97, 99, 100, 101, 102, 125, 136, 137, 145, 200, 225, 242

James, William 190, 192
Jean Paul (Richter) 78
Jenseits von Gut und Böse (Nietzsche) 119, 242
Jetzt, das 229
Johannesevangelium 150
Johnson, Samuel 71
Josua 43
Jung, C. G. 56, 242
Justinus 165, 166

Kaffeehaus 54, 55
Kaffeeklatsch 53, 54, 55, 56, 126, 184, 200, 233
Kalle Blomquist 134
Kant, Immanuel
   das Frauenbild bei 212
Kåreland, Lena 240, 241
Karlsson vom Dach 62, 72, 104, 116, 175, 200, 201, 202, 207, 220, 236, 239, 240
Kati in Italien 40, 239
Key, Ellen 12, 47, 50, 51, 58, 107, 108, 115
Key, Emil 108
kheper 162
Kierkegaard, Søren 19, 64, 81, 84, 91, 92, 95, 96, 99, 101, 128, 135, 136, 242
Kinderbücher 9, 176

Kindererziehung 39, 77, 108
Kindheit, ewige 181, 224
Kiriwina 38, 41
Kore 61
Kratylos (Platon) 160, 161
Kritik der reinen Vernunft (Kant) 70
Krummeluspillen 15, 48, 141, 181, 230, 231, 232
Kulturkritik 37, 39

Laches (Platon) 88
Lagerlöf, Selma 34
Landquist, John 27, 192
Langer, Joakim 44
Lans, Charles 201
Leach, Edmund 190, 197, 198, 199, 243
Leary, Timothy 70
Lebensgefühl 117, 118, 129, 135
Lebensraum 132
Lebensschmerz 125, 127
Lebenswille 130
Letters on Education (Macauley) 212
Libido 106
Lindgren, Astrid
   Lebensanschauung 134, 137
   literarische Einflüsse 26
   Muttergestalten bei 219
   Sprachphilosophie bei 159, 160, 176, 180
   und die Frauenbewegung 210
   und Tabu 152, 190, 191, 193, 194, 197, 198, 200, 201, 218, 242
Lindgren, Karin 106
Linguistik 173, 181
Locke, John 68
Logik 61, 65, 67, 74, 97, 183, 195, 196, 214, 253, 256
logos 150, 151, 155, 165, 166
logos spermatikos 165

LSD 70
Lukasevangelium 165
Lundqvist, Ulla 24, 27, 50, 65, 240
Lustprinzip 11, 28, 42, 61
Luther, Martin 70
Luzifer 40
Lysias 21

Macauley, Catherine 212
Machotum 210
Macht, der Wille zur 26, 104, 105, 106, 108, 113, 114, 115, 138, 139
Machtphilosophie 89
Madita und Pims 133, 155, 178, 240
maieutik 86, 95
Malinowski, Bronislaw 38, 243
mana 191
Männermythen (Ambjörnsson) 66
Mark Aurel 165
Marx, Karl 19
Marxismus 226
Mathematik 57, 59, 60, 66
Matriarchat 218
Mead, Margaret 39, 40, 42, 43, 78
Megalomania 62
Megalopsychia 62
Melancholie 126, 128, 143, 144
Memento mori 145
Metaphern 184
Metaphysik (Aristoteles) 31, 242
Metcalf, Eva-Maria 26, 240
Michel 19, 72, 104, 108, 109, 116, 119, 120, 134, 147, 179, 191, 200, 201, 202, 204, 211, 221, 224, 234, 239, 240
Michel in Lönneberga 147, 202, 204, 240
Mill, John Stuart 213
Miller, Alice 122, 123
Milne, A. A. 243
minimales Paar (Linguistik) 181

Minotaurus 32
Mio 18, 146, 171, 200, 230, 239
Mitleid 105, 137, 138, 141
Moberg, Åsa 219, 243
mundus inversus 34
Mutter und Tochter, Beziehung zwischen 218
Mutter, Pippis Verlust der 141
Myrdal, Alva 50

Namensgebung 108, 160, 168, 180, 222
Nangijala 230
Neill, A. S. 50
Nietzsche, Friedrich 26, 33, 102, 103, 104, 105, 106, 107, 108, 109, 110, 112, 113, 115, 116, 117, 118, 119, 124, 129, 130, 135, 137, 138, 140, 144, 150, 213, 241, 242
Nihilismus 104, 111, 124, 125
Nikolaus von Kues 166
nomos 37
Nonsens
  sprachlicher 65
nunc stans (das bestehende Jetzt) 229

Odysseus 10, 16, 223
Ökoethik 141
Ogden, C. K. 179, 242
Ontologie 146
Optimismus 129, 130, 137, 142

Pädagogik, freie 49, 51
Paine, Thomas 71
Palmborg, Stina 50
Pan 235
Paracelsus 56
Parmenides (Platon) 67, 140, 194, 195, 232, 242
particularia 87
Perniola, Mario 123

Persephone 61
Perspektive (kindliche) 66, 116, 117, 119, 135, 136, 192, 197, 200
Perspektivismus 116, 117
Perspektivmonopol 117
Pessimismus
und Humor 137
pessimistische Philosophie 130
Petterson, Carl Emil 44
Phaidros 21, 34, 35, 62, 63, 75, 187, 206, 227, 233
Phaidros (Platon) 21, 34, 35, 62, 63, 75, 187, 206, 227, 233
Phainarete 80
Phallokratie 215
Phänomenologie 203
Philosophie
Bedeutung der 25
kritische 70
pädagogische 49, 52
Phonem 181
Phrontisterion 93
Physis 37
Pippi Langstrumpf
als Befreierin 11, 24, 65, 88, 89
als Friedensstifterin 140
als Ironikerin 85, 89, 96
als Machtmensch 62, 103, 139
als Übermensch 11, 26, 29, 48, 105, 106, 108, 113, 136, 200
als Untergräberin der Vernunft 64
als Vorbild 58
als Worterfinderin 71, 182
Anarchie bei 49
Erziehung bei 56
Existenzialismus bei 216, 224
Gegenbeispiele in 36, 97
Bildung bei 85
Mitgefühl bei 138, 139
mythische Züge in 28

Reaktionen auf 201
Rezeptionsgeschichte 27, 90
Sprachphilosophie 156
Übersetzung von 90
und Geld 97
und Herakles 29
und Nietzsche 102, 103, 104
und Sokrates 10, 11, 12, 17, 18, 46, 63, 78, 79, 80, 82, 88, 90, 101, 102, 103, 125, 152, 205, 234, 235, 237, 238, 254, 255
unsympathische Züge 110
verdrängte Angst bei 28
Verhältnis zu Tieren 138
Verhältnis zum Vater 30
Verhältnis zur Schule 26
Zensur von 90
Zweideutigkeit 24, 95, 97, 196, 197
Pippi-Fehde 28, 99, 200
Platon 18, 20, 30, 33, 59, 62, 67, 83, 91, 105, 130, 140, 160, 161, 172, 174, 194, 232, 242
Pluto 61, 62
Polynesien 190
Popper, Karl 67
Poros 172
Possibilismus 38
Postmodernismus 215
Prediger 220
Protagoras 18, 35
Protagoras (Platon) 18, 35
Prøysen, Alf 36, 38
Psychoanalyse 87, 106, 141
Psychopathologie 173, 174, 242
Psychopathologie des Alltagslebens (Freud) 242
Pu der Bär (Milne) 33, 47, 182, 243
Puritanismus 195
Purity and Danger (Douglas) 192
purus 195

Pythagoras 59
Pythagoreer 41

Quine, Willard van Orman 183, 184

Rasmus, Pontus und der Schwertschlucker 186, 239
Rasmus und der Landstreicher 121, 133, 239
rationales Denken 65
Rationalismus 66, 71, 72
Rechenexempel 85
»Redekur« 87
Regius, Helena 44
Reiss-Andersen, Gunnar 208
repressive Toleranz 217
Robinson Crusoe (Defoe) 10, 27, 40, 51, 66
Ronja 18, 149, 176, 180, 191, 196, 200, 201, 202, 221, 222, 223, 224, 225, 226, 240
Ronja Räubertochter 176, 191, 221, 224, 226, 240
Rousseau, Jean-Jacques 26, 39, 50, 51, 212, 242
Russell, Bertrand 23, 26, 50, 106

Sachensucher 10, 25, 84, 115, 167, 203
Samoa 39, 41, 44
Sandemose, Aksel 121
Sartre, Jean-Paul 144, 207, 217, 219, 223, 224, 225, 226, 242
Scherz 136
Schiffbruch 73, 113
Schmutz 192
   Angst vor 193
Schopenhauer, Arthur 130, 242
Schöpfungsbericht 150
Schwesternkollektiv 218
Seemannsgeschichten 25, 32, 144

Seeräuberei 29, 48
Selbstbild, kindliches 24
Selbstironie 68
Selbstmord 146
Sentientisten 141
Shakespeare, William 13, 34, 149
Shelley, Mary Wollstonecraft 210, 211, 212
Simone och jag (Moberg) 243
Sindu 44
Sirenen 223
Sitte und Brauch 25, 29, 36, 37, 47, 54, 191
Skarabäus (Scarabaeus sacer) 33, 162, 163, 164, 166, 172
Sklavenmoral 110, 115
Södergran, Edith 107
Sokrates
   als Ironiker 81
   Anklage gegen 90
   Tod 13, 16, 78, 81, 90, 91, 184
   Verteidigungsrede 81
sokratische Begriffsanalyse 120
sokratischer Dialog 83
Sonnenau 146
Sophismus 18, 21, 31, 35, 37, 86, 207
Sozialisten 105
Sperma 165, 197
Spock, Benjamin 12, 77, 78
Sprache und Lüge (Gustafsson) 149, 242
Sprache, Entwicklung von
   konventionelle 48, 53, 119
   naturalistische Sicht der 155, 160
   nominalistische Sicht der 155, 160
   und Macht 90, 118, 172, 184
Sprachhandlungstheorie 184, 186
Sprachkritik 133
sprachlogische Analysen 51

Sprachphilosophie 159, 160, 176, 180
Spuk 200
Spunk 26, 71, 149, 153, 154, 156, 157, 158, 159, 160, 162, 163, 166, 167, 170, 174, 179, 180, 186, 188
Steen, Harald Heide 197
Stimmrecht 213
Stoiker 165, 166
Storn, Thomas 176, 241
Strindberg, August 34
Strömstedt, Margareta 13, 106, 128, 143, 210, 237, 241
Südsee
   Traum von der 39
Summerhill 50
Sündenbekenntnis 148
Sündenfall 141, 151, 167
symposion (Platon) 15, 20, 82, 85, 130, 206
synthetische Aussage (Behauptung) 183

Tabar 44
Tabu 190
Taka-Tuka-Land 20, 30, 239
Tarzan 10, 27, 75, 242
Tatler 54
Taylor, Harriet 213
Tegnér, Esaias 228
teilnehmende Beobachtung 38, 42, 226
Thanatos 174
Theaitetos (Platon) 81, 85, 242
Theodoros 20, 21, 85, 234, 238
The Theory of the Leisure Class (Veblen) 212
Thomas 25, 29, 36, 42, 43, 45, 46, 50, 55, 56, 66, 71, 73, 74, 75, 82, 83, 84, 87, 94, 95, 98, 101, 113, 114, 115, 126, 138, 140, 142, 143, 144, 150, 151, 153, 156, 159, 160, 167, 176, 181, 216, 217, 224, 227, 228, 229, 230, 231, 232, 235, 241, 242

Thomas von Aquin 151, 231
Thrasymmachos 103
Tiamat 32
Tiefenpsychologie 56
Tod 16, 17, 28, 33, 60, 61, 87, 104, 126, 128, 130, 135, 145, 147, 151, 174, 184, 191, 199, 213, 227, 230
Tonga 190
Tønnessen, Herman 131, 132
Tragikomödie 127, 128, 146, 206
Tragödie, Verhältnis zum Humor 146
Transsubstantiationslehre 131
Transzendenz 215, 216, 217, 220, 221, 223, 224, 225
Traumdeutung (Freud) 107, 243
Trobiandinseln 38
Tugenden 82, 102, 105, 217

Über-Ich 53
Übermensch
   im Gegensatz zur Sklavenmentalität 105
universalia 87
Universum, das sich erweiternde 132, 134, 170, 232
Unordnung 193, 194, 197, 198, 203
»Ur-Pippi« 27, 163
Utilitaristen 105

Veblen, Thorstein 212
Verdrängung 133, 137, 173
Vergesslichkeit 174
Vergil 41
Verkehrte Welt 34, 41
Vernunft
   gesunde 11, 54, 62, 63, 64, 70, 71, 72, 73, 74, 78
   kleinliche 11

251

Kritik an 64
umgekehrte 65
und Mitgefühl 11
via negativa 166, 172
Völkerkunde 38
Voltaire, François Marie Arouet 55

Weiblichkeit 209
Wessel, Johan Herman 131, 132, 139, 206, 242
Widerspruchsprinzip 65
Wilden, Anthony 66, 173
Wilhelm Meister (Goethe) 48
Wir Kinder aus Bullerbü 116, 117
Wittgenstein, Ludwig 33, 157, 159
Witze 136
Wollstonecraft, Mary 210, 211, 212
Wort
  Bedeutungsbildung 198
  neue Wörter 51, 156
  und Zweideutigkeit 24

Wortspiele 65, 97
Wyller, Egil A. 161, 242

Xanthippe 178, 205, 207, 210
Xenophanes 37, 38
Xenophon 91, 187

Zapffe, Berit 131, 132, 133, 139, 155, 242
Zapffe, Peter Wessel 131, 132, 133, 139, 155, 242
Zarathustra
  Verhältnis zu Pippi 111, 112, 115, 118, 129, 184
Zauberlieder 87
Zeit, als Phänomen
  Relativität der 229, 232
  Umkehrbarkeit der 232
Zoon politikon 64
Zweigbergk, Eva von 49, 241

Epilog

AGATON: Komm, Theodor. Jetzt gehen wir – ganz einfach!

THEODOR: Sofort?

AGATON: Besser, wir machen, dass wir wegkommen. Nehmen wir den Wiederweg.

THEODOR: Ich weiß nicht so recht, wie ...

AGATON: Rückwärts, das ist doch klar!

THEODOR: Wie stellst du dir das denn vor?

AGATON: Was? Das ist doch wie mit Pippi. Zuerst geht sie geradeaus, und als sie wieder nach Hause will, geht sie rückwärts, um sich nicht umdrehen zu müssen.

THEODOR: Aber das ist doch total idiotisch!

AGATON: Sag das nicht. Auf diese Weise wird die innere Logik des Lebens demonstriert. Es geht hier um das eigentliche Alphabet des Lebens, Theodor! Vorwärts – und dann *wieder* spiegelverkehrt zurück. Du kennst doch unsere Wieder-Gänger?

THEODOR: Jetzt kapier ich überhaupt nichts mehr.

AGATON: Macht nichts. Ich dachte an unser Erbmaterial, die Gene. Hier liegen die Buchstaben in langen Ketten, zum Beispiel

A-T-A-T-A-T ... und jede Kette ist mit einer Gegenkette verbunden, die das Ganze rückwärts wiederholt: T-A-T-A-T-A ...

THEODOR: Ata ... tata ... also echt!

AGATON: Verstehst du nicht? Wir beide sind doch A-T, T-A. Spiegelbilder voneinander. Und das wiederum bedeutet ...

THEODOR: Warum in aller Welt ziehst du das jetzt noch hinzu?

AGATON: Wenn Pippi und Sokrates Zwillinge sind, dann sind sie genau wie wir!

THEODOR: Solchen Unsinn hab ich ja noch nie gehört.

AGATON: Unsinn ist der Stoff, aus dem sie und wir zugeschnitten sind. Buchstabenunsinn. Aber jetzt kommt mir eine Idee. Wenn wir beide Pippis Erfindung sind – sie erzählt ja schließlich wilde Geschichten über uns –, dann können wir es ihr nachmachen: sie und ihren Doppelgänger erfinden.

THEODOR: Wenn hier einer Pippis Erfindung ist, dann du.

AGATON: Du bist aber ebenso verkehrt wie Pippi.

THEODOR: Können wir das nicht einfach alles vergessen?

AGATON: Ja, aber das wäre ein bisschen leichtfertig.

THEODOR: Oder eher umgekehrt. Aber zurück zu dem Wiederweg ...

AGATON: Es wäre vielleicht nicht so schlecht, alles zu überspringen, bis zum Schluss, bis Seite 233!

THEODOR: Es wäre vielleicht nicht so schlecht, alles zu überspringen, bis zum Schluss, bis Seite 233.

AGATON: Oder eher umgekehrt. Aber zurück zu dem Wiederweg ...

THEODOR: Ja, aber das wäre ein bisschen leichtfertig.

AGATON: Können wir das nicht einfach alles vergessen?

THEODOR: Du bist aber genauso verkehrt wie Pippi.

AGATON: Wenn hier einer Pippis Erfindung ist, dann du.

THEODOR: Unsinn ist der Stoff, aus dem sie und wir zugeschnitten sind. Buchstabenunsinn. Aber jetzt kommt mir eine Idee. Wenn wir beide Pippis Erfindung sind – sie erzählt ja schließlich wilde Geschichten über uns –, dann können wir es ihr nachmachen: sie und ihren Doppelgänger erfinden.

AGATON: Solchen Unsinn hab ich ja noch nie gehört.

THEODOR: Wenn Pippi und Sokrates Zwillinge sind, dann sind sie genau wie wir!.

AGATON: Warum in aller Welt ziehst du das jetzt noch hinzu?

THEODOR: Verstehst du nicht? Wir beide sind doch A-T, T-A. Spiegelbilder voneinander. Und das wiederum bedeutet ...

AGATON: Ata ... tata ... also echt!

THEODOR: Macht nichts. Ich dachte an unser Erbmaterial, die Gene. Hier liegen die Buchstaben in langen Ketten, zum Beispiel A-T-A-T-A-T ... und jede Kette ist mit einer Gegenkette verbunden, die das Ganze rückwärts wiederholt: T-A-T-A-T-A ... A und T sind, zusammen mit einigen anderen Stoffen, C und G, die vier Buchstaben im Alphabet des Lebens, um nicht zu sagen das Alpha-Tau des Lebens.

AGATON: Jetzt kapier ich gar nichts mehr! Das hab ich voriges Mal nicht gesagt – als das mein Text war.

THEODOR: Was du nicht sagst! Auf diese Weise wird die innere Logik des Lebens illustriert. Hier ist die Rede vom eigentlichen Alphabet des Lebens, Agaton! Vorwärts – und dann wieder spiegelverkehrt zurück. Und dann kommt es oft zu Mutationen – einfach zur Lustifikation. Du kennst doch unsere Wiedergänger?

AGATON: Das ist doch total idiotisch!

THEODOR: Was? Das ist doch wie mit Pippi. Zuerst geht sie geradeaus, und als sie wieder nach Hause will, geht sie rückwärts, um sich nicht umdrehen zu müssen.

AGATON: Wie stellst du dir das denn vor?

THEODOR: Rückwärts, das ist doch klar.

AGATON: Ich weiß nicht so recht, wie …

THEODOR: Besser, wir machen, dass wir wegkommen. Nehmen wir den Wiederweg.

AGATON: Sofort?

THEODOR: Komm, Agaton, jetzt gehen wir – ganz einfach!